企业孵化器发展研究

——以江西省为例

刘　峰　杨兴峰　郭文姣◎著

科学出版社

北　京

内 容 简 介

本书从企业孵化器的起源、概念内涵、类型、性质、功能、发展趋势等角度展示了国内外企业孵化器的发展趋势，以江西省企业孵化器为例分析了我国企业孵化器的发展成效，建设问题及其原因。书中还围绕江西省企业孵化器发展面临的机遇与挑战，从基本思路、总体目标、体系布局、发展战略、重点任务、政策环境、考核评价等方面探讨了江西省企业孵化器的未来发展路径。

本书适合技术经济、科研管理等相关科研人员与技术转移转化从业人员阅读。

图书在版编目（CIP）数据

企业孵化器发展研究：以江西省为例 / 刘峰，杨兴峰，郭文姣著. —北京：科学出版社，2023.3

ISBN 978-7-03-074572-9

Ⅰ.①企… Ⅱ.①刘… ②杨… ③郭… Ⅲ.①企业孵化器-研究-江西 Ⅳ.①F279.275.6

中国版本图书馆CIP数据核字（2022）第253617号

责任编辑：朱萍萍　赵　洁 / 责任校对：韩　杨

责任印制：徐晓晨 / 封面设计：有道文化

科学出版社出版

北京东黄城根北街16号

邮政编码：100717

http://www.sciencep.com

北京建宏印刷有限公司印刷

科学出版社发行　各地新华书店经销

*

2023年3月第　一　版　开本：720×1000　1/16

2024年3月第二次印刷　印张：14 1/4

字数：215 000

定价：98.00元

（如有印装质量问题，我社负责调换）

前　言

中国的企业孵化器建设历经了30多个春秋，江西省的企业孵化器建设也走过了不平凡的30多年。当前，我国科技创新创业面临向高质量阶段加快发展的新要求，江西省委、省政府正以“政治引领、创新驱动、改革攻坚、开放提升、绿色崛起、兴赣富民”为工作方针，加快推动创新型省份建设的步伐。但是，作为中部省份的江西因诸多因素所限，在推进经济社会发展、创新引领崛起中还存在诸多不足和短板。在这一历史背景下，加快江西省企业孵化器的转型发展步伐，尽快形成与科技创新创业大发展相匹配乃至适当超前的服务能力，对于补齐江西产业链条短板，培育发展新技术、新产业、新业态、新模式，具有重要战略意义。

本书系统梳理了国内外企业孵化器的发展趋势，以江西省企业孵化器为例详细分析了我国企业孵化器的建设成效与存在问题，同时还对江西省企业孵化器如何创新模式、突显发展成效、服务实体经济等方面的问题做出理性思考与回答，为指导、服务和助推江西省企业孵化器的建设与长足发展提供了基础依据与理论支持。

本书由刘峰设计框架、制作总体要求，杨兴峰、郭文姣负责数据资料的整理与分析。全书写作的具体分工如下：第一章由刘峰、郭文姣执笔，第二章由杨兴峰、郭文姣执笔，第三章由刘峰、杨兴峰执笔，附录由杨兴峰整理。全书由刘峰、杨兴峰统稿，郭文姣校对。本书的顺利出版离不开各界朋友的支持与帮助，在此，特向江西省各设区市科技部门、部分科技企业孵化器、众创空间等致以谢意；向科学出版社的编辑们的辛勤付出致以谢意；书中引用了部分学者的相关资料数据，在此特致谢意！

限于思想认识和研究工作欠深等原因，书中难免存在疏漏和不足之处，恳请读者批评指正。

作　者

2022年12月

目　录

第一章　绪　　论

第一节　孵化器的起源

企业孵化器（简称孵化器）在我国也被称为科技企业孵化器、高新技术创业服务中心，是一种新型的社会经济组织。它通过为新创办的中小型企业提供物理空间、基础设施和一系列服务支持，降低企业的创业风险和创业成本，提高企业的成活率和成功率，进而推动高新技术产业发展。孵化器起源于20世纪50年代的美国，是伴随着新技术产业革命的兴起而发展起来的。它的产生和发展是经济、科技进步的必然结果，并与当时的社会背景紧密相连。自诞生以来，孵化器在推动高新技术产业的发展、孵化和培育中小型科技企业、振兴区域经济、培养新的经济增长点等方面发挥了巨大作用。

一、横空出世（1959～1985年）

1959年，美国乔·曼库索（Joe Mancuso）首次提出了“孵化器”的概念，并在纽约贝特维亚（Batavia）成立了第一个孵化器——贝特维亚工业中心（Batavia Industrial Center）。贝特维亚工业中心的成立不仅宣告了孵化器的横空出世，也标志着创业孵化时代的到来。

当时，随着新科技革命的到来，高附加值的高新技术产品不断出现，社会经济取得跨越式的发展，企业组织也面临着新的机遇和挑战。大型企业在当时的社会中占据主导地位，但是由于企业内部组织结构及层次复杂，受到第二次世界大战后经济衰退的影响及新科技革命的冲击，很多企业难以适应竞争激烈的市场环境，生产效率低且转产困难。同期，中小型企业在美国经济发展中的表现却相当活跃。但是美国的中小型企业的 5 年存活率仅为 20%，10 年存活率仅为 10%①。

为了能够帮助这些在经济发展中活跃的中小型企业茁壮成长起来，美国创办了孵化器，通过政策引导和资金注入的方式帮助这些新成立的、实力相对较弱的企业成长，增强它们的竞争力，同时为社会创造就业机会，缓解就业矛盾，促进社会稳定。孵化器在促进小型企业成活率方面效果显著，经过孵化器孵化的企业存活率达到 80%②。

在该阶段，孵化器主要通过建立新的企业组织来缓解区域高失业率的状况，主要功能集中在提供基本设施、企业管理职能配套服务及代理部分政府职能③。在这一时期，美国政府成立了美国国家科学基金会和小企业管理局。它们对孵化器的发展起到极大的促进作用。美国的绝大多数孵化器都是依靠美国科学基金会提供的资金建立的。在该阶段，孵化器主要由政府主导型孵化器、大学主导型孵化器和少量企业主导型孵化器组成。政府主导型孵化器主要是为企业提供办公场所和共享资源，在孵化服务方面做得比较少。孵化器运营资金主要来源于政府拨款、办公场所租金及物业管理费④。

二、以小见大（1986～1995 年）

（一）美国孵化器逐步发展

20 世纪 80 年代中后期，美国的大多数州通过了有关建立孵化器的法律，政府还给企业提供部分资金和优惠政策，引导建立一批专门提供种子资金和启动资金的机构，以解决初创企业资金短缺的问题。至此开始，美国政府对孵化器的支持，不仅表现在资金和优惠政策方面，而且建立和健全了法律法规，使得孵化器的运作有法可依⑤。

这一时期的孵化器大多数是由政府直接资助成立的，并且大多是非营利性孵化器和混合型孵化器。孵化器的功能有所拓展，开始提供创业教育、培训、种子资金和启动资金等相关服务。各级政府也逐渐意识到孵化器在振兴

①② 王敬. 2012. 创业孵化器技术效率的评测研究[D]. 大连：大连理工大学博士学位论文.
③ 李威. 2013. 美国企业孵化器发展的成功经验与启示[J]. 安徽科技，(2)：55-56.
④ 钱平凡，李志能. 2000. 孵化器运作的国际经验与我国孵化器产业的发展对策[J]. 管理世界，(6)：78-84.
⑤ 李威. 2013. 美国企业孵化器发展的成功经验与启示[J]. 安徽科技，(2)：55-56.

经济方面的重要作用，开始加大对各种孵化器的支持力度，产生了一大批孵化器，其中虚拟孵化器也开始出现。虚拟孵化器是通过网络让创业者直接浏览有关数据库，寻找能够为其答疑解惑的人或机构的组织。

当时，很多孵化器没有良好的经营业绩支撑其生存，而那些能为企业提供具有特色专业化服务的孵化器则具有较好的收入。经过市场的淘汰机制，孵化器领域的专业孵化服务能力水平有了极大的提高。孵化器的资金来源除了政府财政支持、房屋租金、物业管理费之外，增加了对企业提供增值服务的收入。因此，这一阶段还涌现出大量的专业型孵化器。大多数孵化器开始注重为企业提供专业化的服务。

总体来说，孵化器在这个阶段主要扮演四种角色：①为孵化企业提供经营场所；②为孵化企业提供公共行政服务，降低运营成本；③为入驻企业提供技术平台支持等；④在孵化器的管理下令入驻企业共享企业间的资源。

（二）中国孵化器开始起步

20 世纪 80 年代中期以来，在新技术革命浪潮的推动下，很多国家注意到孵化器在孵化和培育中小型科技企业、推动高新技术产业发展等方面的重要作用，大力扶持孵化器的建设，孵化器在全球范围开始活跃。

我国的孵化器事业是科技体制和经济体制改革的产物。20 世纪 80 年代，在以信息技术、新能源技术、生物技术等为代表的新兴技术迭起的背景下，为促进我国科技成果向现实生产力的转化，加快新兴产业及高新兴技术产业化发展，我国开始谋划并推动建设孵化器。因此，孵化器在我国也被称为科技企业孵化器，旨在推动科技型创业企业发展。

1987 年 5 月，美国孵化器专家鲁斯坦 • 拉卡卡（Rustam Lalkaka）将“孵化器”的概念推向中国[①]；同年 6 月，我国第一个孵化器——武汉东湖新技术创业者中心（1991 年更名为“武汉东湖新技术创业中心”）成立，孵化器正式落地我国，并逐步成为服务创业企业，促进创新发展的重要载体。从此，我国的孵化器事业开始起步，到 20 世纪 90 年代中期，我国的孵化器数量已达到 70 多个，孵化场地面积为 40 多万平方米，在孵企业有 1800 余个[②]。

① 中国高新区研究中心. 2020. 当前我国科技企业孵化器发展问题与建议[EB/OL]. http://www.chrc.org.cn/news/show-142.html[2022-05-11].

② 科学技术部火炬高技术产业开发中心. 2019. 2019 中国火炬统计年鉴[M]. 北京：中国统计出版社.

此外，芬兰、以色列的发展比较典型。芬兰承担企业孵化服务的主体主要有两个，一个是芬兰国家技术发展中心（TEKES），另一个是大学科技园孵化器，孵化器设在科技园内。芬兰国家技术发展中心成立于1983年，宗旨是提高芬兰在世界市场上的竞争力，增加产品出口，创造就业机会，促进社会发展①。1982年，芬兰在斯堪的纳维亚地区建立了第一个科学园，即奥卢科技园②。现在，芬兰的科学园（也有叫技术中心）分布在全国多个城市，科技园的核心为孵化器为进驻的科技企业提供各种孵化服务工作。以色列政府自1991年起设立专门的“孵化器计划”，年孵化资金预算从180万美元增加到2000年的3000万美元，累计支持项目792个，毕业的592个项目中成功的有308个，成功率为52%，平均每个项目吸引投资130万美元，792个项目累计吸引投资3.2亿美元③。由于“孵化器计划”的带动，高科技企业迅速发展，同时也吸引了大量的风险投资，风险投资从1994年的3亿多美元，到2000年提升到23亿美元④。

三、茁壮成长（1996～2013年）

（一）美国孵化器茁壮成长

在该阶段，美国孵化器不仅数量增长显著，而且孵化器行业逐渐出现了营利性孵化器、专业型孵化器等不同类型的创业孵化机构。首先，美国孵化器行业在专业型孵化器的基础上开始出现新型营利性孵化器。孵化器的组织形式开始出现较大变化，主要体现在：孵化器投资以私营企业或创业投资者为主，并以营利为目的；孵化器开始对入驻企业进行严格的评估，建立筛选机制；孵化团队能有效地整合社会资源，促进入驻企业快速成长；孵化器投资与服务于具有高科技、高成长特征的特定行业企业，并最终通过出售企业的股权获取高额回报。

① 科学技术部火炬高技术产业开发中心. 2013. 欧洲孵化器跟踪研究[EB/OL]. http://www.ctp.gov.cn/fhq/gjjy/201312/a64cd77401914abca1ea7f0f00f799fb.shtml[2014-10-03].

② 中国国际科技交流中心. 2020. 构建有利于科技经济融合的创新组织——案例2：芬兰奥卢科技园（大学科技园）[EB/OL]https://www.ciste.org.cn/index.php?m=content&c=index&a=show&catid=98&id=1148[2021-07-02].

③ 科学技术部火炬高技术产业开发中心. 以色列科技企业孵化器研究[EB/OL]. http://www.ctp.gov.cn/fhq/gjjy/201312/a42541a989bd4fe9a851800587023de9.shtml[2021-11-10].

④ 科学技术部火炬高技术产业开发中心. 2013. 以色列科技企业孵化器研究[EB/OL]. http://www.ctp.gov.cn/fhq/gjjy/201312/a42541a989bd4fe9a851800587023de9.shtml[2018-12-05].

其次，伴随着孵化器企业化模式的推广，越来越多创业者注重孵化器细分市场的选择，从而导致孵化器的服务竞争也日趋激烈。这一阶段的孵化器大都采用企业化管理模式，试图在更大的范围内，综合利用更多的服务资源来为企业提供更好的服务，使孵化器自身得到更好的发展。

这一阶段，美国孵化器总数和平均入驻企业数量同时增长，19 世纪 80 年代美国只有十几个孵化器，到 2012 年已经发展到 1400 个孵化器，孵化器的平均入驻企业数量是 35 个。这一阶段，科研院所成为孵化器最主要的外部资金来源，有 1/3 孵化器的首要外部资金来源是科研院所；地方政府、非营利性的地区经济发展组织是孵化器外部资金的第二大来源，分别占到 16%和 25%。这一阶段，美国孵化器仍以综合类型为主，约占 54%，专业技术领域孵化器仅占 37%。这一阶段，多数孵化器将孵化对象限定在信息技术、生物科技、计算机软件、能源、环境、医疗与保健技术等领域。该阶段，孵化器的主要目标是创造就业机会，推动区域经济发展，因此，服务器的主体是非营利性的，非营利型孵化器约占 93%，营利性孵化器约占 7%①。

（二）全球孵化器发展显著

该阶段，科技企业加速器逐渐兴起，其特点是商业性强，一般由企业投资设立，以追求孵化项目营利为目的。继美国之后，孵化器这种组织形式在世界各国得到认同和推广。

（三）中国孵化器迎头赶上

在前期政府主导发展的基础上，这一阶段我国孵化器进入茁壮成长阶段，主要表现为投资主体多元化、形式多样化、功能专业化、技术服务平台化和组织网络化，即由政府单一投资建立的社会公益性孵化器扩展到政府、公益部门、高校、研发机构、企业、投资机构独立或合作建立的社会公益性、非营利性与营利性孵化器共存的多元化发展模式，从单一经典综合性孵化器向包括专业型孵化器及现代多种衍生类型孵化器的组合发展模式发展。《2019 中国火炬统计年鉴》数据显示，截至 2013 年底，我国孵化器数量已达到 1464 个，孵化器场地面积增加到 5379.3 万平方米，总面积跃居世界首

---

① 左志刚，安琪. 2014. 美国科技企业孵化器发展最新动态及其启示[J]. 世界科技研究与发展，36（5）：566-573.

位，在孵企业数量达到 8653 个。

四、遂成大势（2014 年至今）

（一）美国孵化器趋于成熟

伴随着创业孵化集团的出现，美国孵化器进入变革发展阶段。创业孵化集团本身就是初创企业，通常由成功的创业者主导孵化初创企业，具备独立的投资功能。创业孵化器集团突破了以往孵化器的功能，开始向企业提供企业发展战略、品牌经营和公司治理结构方面的支持，并且追求企业孵化的最终成功。这种模式集创意、管理和投资于一体，更加满足互联网企业对速度和竞争力的需求，且大大扩展了传统孵化器的功能，如提供市场营销、竞争研究分析和法律顾问等服务。随着环境的变化及对孵化器自身认识的不断变化，美国孵化器的经营主体、组织形式、服务功能和经营目标相应地出现了较大调整，孵化器成为促进美国经济与科技发展的有效工具①。

企业化运作模式是孵化器发展的关键。在这一阶段，美国孵化器大多实行市场化运作模式和现代企业的管理模式。美国发达的市场经济要求孵化器必须成为独立自主、自负盈亏的市场竞争主体，需要及时根据客户的需求来调整自己的服务，促进自身的发展与壮大。

孵化器与风险投资的紧密结合是孵化器发展的基础。伴随着风险投资的发展，孵化器与风险投资的融合互动是一种必然的发展趋势。美国孵化器通过对在孵企业的风险投资，实现孵化器与在孵企业的共赢，加速实现孵化器产业化发展。从孵化功能方面来看，美国创业孵化集团融合了风险投资、多元化控股集团和孵化器的功能，建立了孵化器与风险投资紧密结合的良好模式，促进了孵化器的健康持续发展。

（二）中国孵化器蓬勃发展

2015 年 1 月，李克强总理在世界经济论坛新领军者年会上提出要推动“大众创业、万众创新”（简称“双创”）②。孵化器作为“大众创业、万众创新”的重

① 李威. 2013. 美国企业孵化器发展的成功经验与启示[J]. 安徽科技，(2)：55-56.

② 人民网. 2015. 李克强在世界经济论坛二〇一五年年会上的特别致辞[EB/OL]. http://cpc.people.com.cn/n/2015/0123/c64094-26435540.html?ol4f[2022-05-11].

要抓手进入迅猛发展的时期。截至2019年底，我国孵化器数量达到5206个，孵化场地面积达到12 927.9万平方米①，无论从孵化器数量、在孵面积，还是从在孵企业、创造就业等指标来看，中国已跃居世界前列，成为世界孵化器大国。

在“大众创业、万众创新”的驱动下，面向“早期孵化”的众创空间开始涌现并迅速发展壮大。2014年底，全国初具规模的创客空间、创业咖啡等创新型创业孵化机构仅有几十个。中华人民共和国科学技术部（简称科技部）在创客空间等新型孵化器的基础上提出了“众创空间”的概念，并发布一系列的指导文件，建立相关的政策扶持体系，营造了众创空间建设发展的大好环境。2016年底，众创空间的数量迅速增加到4298个，截至2019年底，众创空间的数量已达8000个②。

第二节 孵化器的概念

一、孵化器的发展内涵

从国内外孵化器的发展历程可以看出，孵化器的发展轨迹是由向企业提供简单的实体服务办公场所，到提供简单的物业服务、公共秘书共享服务，再到提供管理咨询服务，最后演变到向入驻企业提供投资与专业创业孵化服务，并通过转让入驻企业的股权获取高额回报的。但是，不同国家和地区的孵化器在不同的时代背景下各具特色，形成了适合本土经济社会发展的相应模式和特色，因此不同国家和地区的孵化器在组织机构、运作方式方面也各不相同，以至于孵化器的名称不尽相同。美国一般称其为企业孵化器或技术孵化器，澳大利亚称为孵化中心，欧洲称为创新中心，我国称为科技企业孵化器、创业中心、创新孵化器或育成中心。并且，孵化器的概念和内涵并不是一成不变的，而是随着时代背景的发展和不同国家发展环境的不同而不断演化和丰富的。

① 资料来源：科学技术部火炬高技术产业开发中心. 2019. 2019中国火炬统计年鉴[M]. 北京：中国统计出版社.

② 资料来源：科学技术部火炬高技术产业开发中心. 2017. 2017中国火炬统计年鉴[M]. 北京：中国统计出版社. 科学技术部火炬高技术产业开发中心. 2020. 2020中国火炬统计年鉴[M]. 北京：中国统计出版社.

（一）孵化器在美国

美国孵化器的发展历经了由政府资助为主的单一发展阶段，到以政府调控、引导为主，科研院所、非营利性机构、地方政府、企业主导型孵化器及网络型孵化器多元化自由发展的阶段；服务内容由单一提供场地服务转变为提供资金、专业孵化服务等多元化服务。美国孵化器的发展注重根植于本地经济，依托科研院所资源，深度嵌入本地社会网络。同时，在孵化器运营上追求精简与高效，在服务对象上倾向高新企业。

20 世纪 50 年代，美国处于第二次世界大战后的经济衰退状态，各地政府将发展目标定为发展高新技术企业。在此背景下，世界上第一个孵化器贝特维亚工业中心成立。在该阶段，孵化器主要通过建立新的企业组织来缓解区域高失业率的状况，主要功能集中在提供基本设施、企业管理职能配套服务及代理部分政府职能。

20 世纪 80 年代中后期，美国的大多数州通过了有关建立孵化器的法律，政府还给企业提供部分资金和优惠政策，引导建立了一批专门提供种子资金和启动资金的机构，以解决初创企业资金短缺的问题。美国各级政府逐渐意识到孵化器在振兴经济方面的重要作用，开始加大对各种孵化器的支持力度，形成了一大批孵化器。

20 世纪 90 年代中后期，伴随着风险资本的介入，孵化器开始呈现企业化运作趋势，服务对象向外扩张，服务形式多样化。伴随着孵化器企业化模式的推广，越来越多创业者注重孵化器细分市场的选择，出现了一大批专业型孵化器，进一步推动了孵化器的竞争和快速成长。

21 世纪初至今，孵化器向着创业孵化集团方向发展，创业孵化器集团突破了以往孵化器的功能，开始向企业提供企业发展战略、品牌经营和公司治理结构方面的支持，并且追求企业孵化的最终成功。随着环境的变化及对孵化器自身认识的不断变化，美国孵化器的经营主体、组织形式、服务功能和经营目标相应地出现了较大调整，孵化器已成为促进美国经济与科技发展的有效工具。

（二）孵化器在德国

德国的孵化器实践始于 1983 年，虽然起步时间较晚，但发展很快。20

世纪 80 年代末，德国的大学就开始利用孵化器来培育衍生企业，并将其作为促进研究成果产业化的主要方式。从最开始的促进产业调整，到培育创新和创造就业的手段，再到现在的技术转化助推器，孵化器功能的强化和与社会需要的紧密联系使德国的孵化器发展呈现欣欣向荣的局面。孵化器在德国有各种名称，如技术中心（technology centers）、企业孵化器（business incubators）、企业孵化中心（business incubation centers）、企业创新中心（business innovation centers）、科学园（science parks）、技术园（technology parks）等。德国对“科技企业孵化器”的定义是“创业和创业团队的支持系统”。孵化器为它们提供技能、知识和其他必要的资源，推动公司发展[①]。

早期德国孵化器以政府主导型为主。自 20 世纪 90 年代中期以来，越来越多的私人企业主动发起建立了孵化器，包括很多外商投资建立的民营孵化器。另外，向国际扩展、开拓新的产业方向是德国孵化器发展的重要方向。

（三）孵化器在中国

我国孵化器的发展主要分为两个阶段。第一阶段是 1988～2010 年。在此期间，科技部实行推动高新技术产业发展的“火炬计划”，并明确提出要大力发展科技企业孵化器。在这个背景下，科技企业孵化器主要以“政府主导、财政投入”方式建立，创业中心、大学科技园、留学人员创业园、国际企业孵化器、专业型孵化器等纷纷涌现。2010 年之后，孵化器的发展进入第二阶段。随着新一轮创新创业浪潮的到来，孵化模式发生转变，各类新型孵化器快速发展。另外，社会资本也开始投入孵化器建设，并逐步成为推动我国孵化器升级进化的主要力量。创客空间型、高校实践型、媒体驱动型、投资驱动型、联合办公型、创业咖啡馆、企业平台型等类型的众创空间大量涌现，进一步延长了创业孵化服务链条，并逐步发展成为我国创业孵化事业的重要力量。

孵化器引入我国是在 20 世纪 80 年代后期，它是在全球新兴技术迭起、我国开始进行经济体制和科技体制改革的背景下成立的。孵化器在我国也称高新技术创业服务中心，通过为新创办的科技型中小型企业提供物理空间、

① 宦静. 2013. 国外民营孵化器经营模式分析[J]. 杭州科技，(3)：55-59.

基础设施及系统的服务支持，进而降低创业者的创业风险和创业成本，提高创业成功率，促进科技成果快速转化，培养成功的企业和企业家。武汉东湖新技术创业者中心是我国成立的首个科技企业孵化器，旨在通过支持科技人员创业推动高新技术产业发展。

1996 年 1 月，国家科学技术委员会（简称国家科委）颁布了《国家高新技术创业服务中心认定暂行办法》，首次对国家创业中心的各个条件做了具体规定①。国家高新技术产业服务中心认定工作的开展，进一步推动了孵化器的规模化和健康发展。同期，我国开始探索大学科技园、专业型孵化器、留学人员创业园、国际企业孵化器、国有企业孵化器等专业型孵化器的发展路径，推动发展国家级孵化器。

21 世纪以来，随着改革开放的深入和创新驱动发展战略的实施，诞生了一批新型创业模式和创业孵化模式的创新型孵化器。随着国家推动“大众创业、万众创新”发展，众创空间应势而生并迅速壮大，成为我国孵化体系的重要组成部分。

二、孵化器的功能特点

孵化器是包括各种类型的科技企业孵化器、留学人员创业园、大学科技园、众创空间等在内的创业孵化机构的统称。2018 年，科技部印发的《科技企业孵化器管理办法》指出，科技企业孵化器（含众创空间等）是以促进科技成果转化，培育科技企业和企业家精神为宗旨，提供物理空间、共享设施和专业化服务的科技创业服务机构，是国家创新体系的重要组成部分、创新创业人才的培养基地、大众创新创业的支撑平台②。

孵化器的主要功能是围绕科技企业的成长需求，集聚各类要素资源，推动科技创新创业，提供创业场地、共享设施、技术服务、咨询服务、投资融资、创业辅导、资源对接等服务，降低创业成本，提高创业存活率，促进企业成长，以创业带动就业，激发全社会创新创业活力。

孵化器的建设目标是落实国家创新驱动发展战略，构建完善的创业孵化

① 《中国创业孵化 30 年》编委会. 2017. 中国创业孵化 30 年（1987—2017）[M]. 北京：科学技术文献出版社.

② 科技部. 2018. 关于印发《科技企业孵化器管理办法》的通知[EB/OL]. http://www.gov.cn/gongbao/content/2019/content_5380370.htm[2020-04-08].

服务体系，不断提高服务能力和孵化成效，形成主体多元、类型多样、业态丰富的发展格局，持续孵化新企业、催生新产业、形成新业态，推动创新与创业结合、线上与线下结合、投资与孵化结合，培育经济发展新动能，促进实体经济转型升级，为建设现代化经济体系提供支撑。

三、孵化器的服务对象

随着发展需求的不断变化，孵化器针对的创业群体也日趋多样化，形成了面向特定专业技术领域和特定创业者群体服务的专业型孵化器，如大学科技园、专业型孵化器、留学人员创业园、大型企业孵化器、国际企业孵化器等。

（一）大学科技园

大学科技园是基于大学的智力资源优势和相关优势学科对产业的辐射带动优势，以大学为依托设立的重要科技服务平台和机构。大学科技园与普通孵化器的区别在于其本身已拥有优势学科、相关专业技术人才和科技资源，从而以重点学科的优势技术来带动当地相关产业的发展。20 世纪 50 年代末，国外大学科技园在美国硅谷兴起，斯坦福研究园是全球第一个大学科技园。随后，美国、日本、法国、英国等都依托著名高校建立起相应的高新技术开发区、大学科技城等不同名称的类似机构。大学科技园的设立吸引大批科技型中小企业入驻，有力推动了当地经济发展。20 世纪 90 年代以来，各国通过调整政府政策、协调高等院校与企业之间的合作关系，纷纷制定优惠政策，鼓励发展大学科技园，把大学科技园作为高新技术成果产业化、商品化、国际化的重要基地。

（二）专业型孵化器

专业型孵化器是指围绕某一特定技术领域，在孵化对象、孵化条件、服务内容和管理团队上实现专业化，培育和发展具有技术特长或优势的高新技术企业的一种孵化器形式。与普通孵化器相比，专业型孵化器重点围绕国家重点发展的新兴产业而建设，具有多方面的优势。

（1）空间集聚优势。孵化服务的专业性能够吸引大量本领域的优势项目和创新能力强的企业入驻。

（2）产业集聚优势。通过集聚本领域企业，同类企业之间形成了更广泛的协作关系，促进产业内资源的高效配置。

（3）创新集聚优势。通过科学实验、检测、加工等共享技术设施和良好的专业化服务功能，逐渐聚集同行业技术人才和创新人才，形成相关技术企业的集聚和技术溢出效应。专业型孵化器能促进信息的共享与增值、中介机构的整合与兼并、共同市场的形成与完善、创业资金的融会与周转，实现创新集聚[①]。

（三）留学人员创业园

留学人员创业园是为海外归国人员这一特定创业群体提供孵化服务的孵化器，具有特定的孵化对象。随着全球化的不断推进及中国创新创业环境的逐渐改善，掀起海外人才归国潮，庞大的海外归国人才队伍已成为我国国际技术转移转化和推动自主创新的重要力量。作为科技企业孵化器，留学人员创业园是吸引和支撑海外归国人才创新创业的主要载体[②]。

（四）大型企业孵化器

大型企业孵化器是指由大型企业创办的孵化器。在我国，大型企业孵化器的典型模式是国有企业孵化器。创业者可以利用国有企业的各种资源为科技创业人员提供更好的环境、条件和服务，如充分利用闲置厂房、机器设备、企业实验室、中试车间等物质条件为入孵企业的研究开发和产品创制提供基础条件；充分利用国有企业的行业基础，为入孵企业提供大量的市场信息、行业信息，协助入孵企业面对市场的挑战；向入孵企业提供优质的孵化服务、融资服务和信息服务，降低入孵企业初创期的技术、管理和市场风险，提高企业存活率等。对大型企业来说，一方面，大型企业可利用闲置资产优化其资源配置，提高资产使用效率，取得良好的经济效益和社会效益，为自己的发展提供新的商业模式；另一方面，大型企业可以孵化新技术、新产品，培育新的经济增长点，形成新的企业群体，有利于推动大型企业自身和相关行业企业持续、健康发展[③④]。

---

① 于晓丹，汪克夷，钟琦. 2009. 专业技术孵化器对高新技术产业集群作用模式研究——以大连市为例[J]. 科技进步与对策，26（22）：90-94.

② 姜海宁，张文忠，许树辉，等. 2018. 中国留学人员创业园分布及产业特征[J]. 地理科学，38（12）：1943-1951.

③ 《中国创业孵化30年》编委会. 2017. 中国创业孵化30年（1987—2017）[M]. 北京：科学技术文献出版社.

④ 王瑛，杨启智，王裕弘. 2000. 国有企业创办孵化器是一种有益的探索[J]. 未来与发展，（4）：27-29.

（五）国际企业孵化器

国际企业孵化器是面向国际小型创业企业的孵化器，同时帮助海外学者回国创业，并促进本国企业与国外企业合作。国际企业孵化器一般在企业开展国际科技与经济合作中发挥重要作用，主要通过一系列与国际孵化相关的创新活动发挥作用，如广泛开展国际交流提升孵化管理水平、举办形式多样的国际培训班和研讨会以扩大国际影响力、引进国外先进企业和技术以提升经济合作实力。

四、孵化器的类型演绎

随着创新创业形势的不断变化和创新创业链条的持续延伸，新型孵化器应势而生，蓬勃发展，包括科技企业加速器、创客空间等创新型孵化器、众创空间等。

（一）科技企业加速器

科技企业加速器是按市场机制运行，为高速成长的科技企业提供多样化服务的创新网络平台。科技企业加速器最重要的功能是为高成长企业提供个性、高端、全方位的服务，相关研究将其定义为“新型空间载体和服务网络”“提供专门服务的机构或组织”“系统服务空间”等。

1. 国外

自 1999 年美国西雅图建立了互联网企业加速器（Internet Business Accelerator）、2000 年亚特兰大建立了麦肯锡加速器（Mckinsey Accelerator）以来，科技企业加速器成了学术界研究的热点之一。美国艾奥瓦州经济发展局将科技企业加速器定义为推进已创立的新企业快速发展的机构。对于科技企业加速器的认识，有研究认为科技企业孵化器和科技企业加速器虽同为企业服务组织，但在服务对象及内容上完全不同，属于不同的商业模式。科技企业孵化器为初创企业提供市场战略、商业计划等，而科技企业加速器则重在帮助入驻企业迅速实现产品的市场化，要求入驻企业有自我生存的能力；科技企业孵化器是企业战略的计划过程，而科技企业加速器是企业战略的执行过程。也有研究认为，科技企业孵化器和科技企业加速器都属于广义上的科技企业孵化器，科技企业加速器是科技企业孵化器的 3.0 版，是第三代的科技企业孵化器。

2. 国内

科技企业加速器是为应对高成长企业对空间、资金和服务的特殊需求而成立的一种新的能有大量资金支持研发成果转化、能为企业快速扩张提供大规模物理空间的科技园区形式和管理方式。有研究认为，高新技术企业在种子期、初创期较需要政策扶持，进入成长期、成熟期后则更需要较完善的服务进行配套支持。孵化器对种子期或初创期的企业作用明显，但步入“青春期”后的企业则需要更先进的服务机构对其进行持续支持。也有研究认为，科技企业加速器是后孵化器的另一种表述，旨在延伸孵化器的概念和创业孵化服务链条。我国的科技企业加速器一般依托高新区建设，旨在从高成长企业的切实需求出发，提供定位清晰、方向明确的企业加速服务，其发展模式、管理模式的创新，对于高新区的长远发展具有很强的示范性和很高的参考价值。随着产业园区的系统构成越来越复杂，作为科技服务业平台下的重要子平台，科技企业加速器成为推进高新区、产业园区发展的重要创新平台之一[①]。

（二）创新型孵化器

创新 2.0 时代的用户创新推动了创客运动，用户创新的涌现及其协同创新、开放创新发展进一步推动了大众创新，为创客及众创空间的发展提供了肥沃的土壤。21 世纪初期，国外逐步形成美国麻省理工学院比特与原子研究中心发起的微观装配实验室（Fabrication Laboratory）、欧盟发起的生活实验室（Living Lab）、美国发展起来的黑客空间（Hackspace）、科技商店（TechShop）、创客空间（Makerspace）等各种形式的新型孵化机构。

同期，北京、上海、深圳等创新创业资源丰富、创新创业文化浓厚的先进地区也涌现了一批运作模式新、创新能力强、专业水平高、平台搭建优的新型创业服务机构。这些机构的服务内容涉及投资、孵化、培训、媒体等各个环节，大致可以分为以下 4 种类型。

（1）投资促进型，如创新工厂、车库咖啡、天使汇等。

① 吴立涛，王辉，周枭. 2019. 企业加速器的运营机制问题研究[J]. 江苏科技信息，36（27）：21-23，31.

（2）培训辅导型，如联想之星、亚杰商会等。

（3）媒体延伸型，如创业家、创业邦、36 氪等。

（4）专业服务型，如创 E+新一代信息技术产业孵化器、智汇谷人工智能产业孵化器、苏州数字健康科创园等。

2015 年，国家设立 400 亿元国家新兴产业创业投资引导基金，重点支持处于“蹒跚”起步阶段的创新型企业，促进技术与市场融合、创新与产业对接，培育面向未来的新兴产业①。在“大众创业、万众创新”的热潮之下，创业人群的递增刺激了新型孵化器的飞速发展。

新型孵化器在 2010 年左右进入国内，国内强大的制造业生态体系、丰富的人力资源、雄厚的资本，迅速成为创客扎根成长的肥沃土地。在短短几年内，创客空间迅速在国内发展起来，初步形成了以北京、上海、深圳为三大中心的创客文化圈，其中北京创客空间、上海的新车间、深圳的柴火创客空间、杭州的洋葱胶囊较著名②。

（三）众创空间

“众创空间”是我国在“大众创业、万众创新”的浪潮下，为引导各类社会主体投身创新创业，在创客空间、创新型孵化器基础上提出的概念，是顺应创新 2.0 时代用户创新、开放创新、协同创新、大众创新趋势，把握全球创客浪潮兴起的机遇，根据互联网及其应用深入发展、知识社会创新 2.0 环境下的创新创业特点和需求，通过市场化机制、专业化服务和资本化途径构建的低成本、便利化、全要素、开放式的新型创业公共服务平台的统称。

众创空间作为针对早期创业的重要服务载体，为创业者提供低成本的工作空间、网络空间、社交空间和资源共享空间，与科技企业孵化器、科技企业加速器、产业园区等共同组成创业孵化链条。众创空间的主要功能是通过创新与创业相结合、线上与线下相结合、孵化与投资相结合，以专业化服务推动创业者应用新技术、开发新产品、开拓新市场、培育新业态。

发展众创空间是推动“大众创业、万众创新”的有力抓手，是深入落实创新驱动发展战略、优化创新创业生态环境的重要举措，对于激发全社会创

---

① 国务院. 2015. 如何让 400 亿新兴产业创投基金“物尽其用”？[EB/OL]. http://www.gov.cn/xinwen/2015-01/16/content_2805382.htm[2022-11-25].

② 《中国创业孵化 30 年》编委会. 2017. 中国创业孵化 30 年（1987—2017）[M]. 北京：科学技术文献出版社.

新创业活力、加速科技成果转移转化、培育经济发展新动能、以创业带动就业具有重大意义。

五、孵化器的理论研究

企业孵化器在美国的产生不是偶然的，它是美国在第二次世界大战后出现经济衰退、地方政府寻求振兴地区经济发展战略的结果。在“孵化器”的概念提出后 20 多年的时间内，孵化器的实践及理论研究较少。20 世纪 80 年代，美国出现严重经济衰退，失业问题严重，经济发展缓慢。在这种情况下，人们开始重视中小型企业的发展。20 世纪 70 年代起，新兴技术迭起，全球科技革命开始涌现，企业孵化器逐渐成为发展高新技术产业、提升地区乃至国家竞争力的一种重要工具，并在各国发展起来。随着孵化器实践的广泛开展和不断深化，关于孵化器的理论研究也逐步开展起来。

国内外对孵化器的概念和内涵的界定不尽相同。美国企业孵化器协会认为，企业孵化器是通过一系列企业支持资源和服务，加速创业公司成长和成功所设计的经济发展工具，主要目标是给企业提供咨询服务，解决企业暴露出来的关键性商业和技术问题，培育财务自由的成功企业，从而促进技术转移及当地经济的繁荣。欧盟认为，孵化器是公共或私人研究团体向初创型企业提供支持服务的一种平台，以提供物理空间和商业支持服务，加速形成新的知识型企业①。美国孵化器专家拉卡卡认为，企业孵化器是一种受控制的工作环境，这种环境是专为培养新生企业而设计的，人们在这个环境中试图创造条件来训练、支持和发展一些成功的小企业家和盈利的企业②。我国的科技部火炬高技术产业开发中心（简称“科技部火炬中心”）认为，孵化器是培育和扶持高新技术小企业的服务载体。

在孵化器的定义方面，拉维·索奈（Ravi Sawhney）认为，科技创业将成为国际工业竞争优势的决定因素，孵化器就是扶持新企业创业的具体措施。利用孵化器创业是一项综合性战略，它要求在加快科技创新和成果转让及商

① Bresman H，Birkinshaw J，Nobel R. 1999. Knowledge transfer in international acquisitions[J]. Journal of International Business Studies，30（3）：439-462.

② Lalkaka R，Bishop J. 1998. Business incubators in economic development: An initial assessment in industrializing countries[J]. Critical Studies in Innovation，16（1）：98-101.

品化的同时，强调团队协作。政府、学术机构或私营经济部门在特定行业领域，尤其是在技术相对密集的领域，必须共同制定企业孵化或技术孵化计划，以培育创业阶段的企业①。雷蒙·斯米勒（Raymond Smilor）认为，孵化器是创新系统，能及时、有效地将资金和专业知识整合，加速新企业发展、新技术转化和经济增长②。爱德华（Edward J）和布莱克利（Blakely E J E）等提出，孵化器是促进企业创立与发展的体制，不限于一栋或数栋孵化大楼，关键要素是提供相应的支持服务③。拉卡卡（Rustam Lalkaka）等认为，孵化器作为一种少数管理人员的设施，以系统方式提供实体工作空间、公用设备及技术与商业帮助的渠道，实质上是一个以服务为导向的经营单位④。佐尔·胡塔巴拉特（Zoel Hutabarat）等认为，孵化器通过提供一个受控、灵活和支持性的环境，提供企业可负担的租金、便利的服务、商业援助和融资等方面的服务，以帮助新企业的培育、创建和早期发展⑤。

梁云志认为，企业孵化器又称创业中心，主要是为新创企业提供房屋、物业、公共配套设施等资源和相关服务，协助创业者更好地创业，降低创业失败率，促进技术创新和区域经济发展⑥。杨义兵认为，孵化器的本质就是为科技创新研究及科技创业活动提供社会资源、专业资源和服务的基础性中介服务机构⑦。李威认为，企业孵化器是指为初创企业提供必要的共性服务和基础设施的一种经济组织，如提供办公场地、技术和管理方面的培训和咨询、信息支持及协助企业融资等⑧。

在专业型孵化器的定义方面，徐泉认为，专业型孵化器是围绕某一高新技术领域展开的，不仅可以为该领域的科技成果提供成果转化服务，而且能

① Prahalad D，Sawhney R. 2010. Predictable Magic：Unleash the Power of Design Strategy to Transform Your Business[M]. Philadelphia：Wharton Sschool Ppublishing.

② Smilor R W. 1986. Managing the incubator system：Critical success factors to accelerate new company development[J]. IEEE Transactions on Engineering Management EM，34（4）：146-156.

③ Edward J，Blakely E J E，Nishikawaancy NN. 1989. US state competitive strategies for the biotechnology industry[J]. Trends in Biotechnology，（9）：222-226.

④ Lalkaka R，Bishop J. 1998. Business incubators in economic development：An initial assessment in industrializing countries[J]. Critical Studies in Innovation，16（1）：98-101.

⑤ Hutabarat Z，Pandin M. 2014. Absorptive capacity of business incubator for SME'S rural community located in Indonesia's village[J]. Procedia-Social and Behavioral Sciences，115：373-377.

⑥ 梁云志. 2010. 孵化器商业模式创新：关于专业孵化器参与创业投资的研究[D]. 上海：复旦大学博士学位论文.

⑦ 杨义兵. 2020. 创业孵化器运行效率与商业模式研究[D]. 长春：吉林大学博士学位论文.

⑧ 李威. 2013. 美国企业孵化器发展的成功经验与启示[J]. 安徽科技，（2）：55-56.

为该领域的新的创业企业提供孵化服务①。陆钢等认为，专业型孵化器是指能够为某一特定领域中的创业企业提供专业孵化服务的孵化器②。迈克尔·施瓦茨（Michael Schwartz）等认为，专业型孵化器是指专注于某个或某些互补领域的企业孵化器③。于晓丹等认为，专业技术企业孵化器是指围绕某一特定技术领域，在孵化对象、孵化条件、服务内容和管理团队专业上实现专业化，培育和发展具有技术特长或优势的高新技术企业的一种孵化器形式④。

在孵化器的分类方面，罗莎·格里马尔迪（Rosa Grimaldi）等将孵化器分成企业创新中心、大学企业孵化器、公司所有企业孵化器和个体所有企业孵化器四类。在此基础上，他们还将孵化器服务分为两种模式，一种侧重于有形资产和硬件设施，项目多为长期规划；另一种侧重于提供资金和知识、管理经验等无形资产及高价值、专业化服务，项目多为短期规划⑤。路易斯·彼得斯（Lois Peters）等按照孵化器是否盈利，将孵化器分为非营利性企业孵化器、营利性企业孵化器和大学企业孵化器三种模式⑥。梁云志认为，根据孵化器的股东来源，孵化器可简单分为国有孵化器和私营孵化器；根据经营目标，孵化器可分为营利性孵化器和非营利性孵化器；根据经营模式，孵化器可分为企业孵化器、事业单位孵化器和国有孵化器；根据经营特点，孵化器可分为综合型孵化器、专业型孵化器、投资型孵化器和国际孵化器⑦。张宇等认为，孵化器的发展进程可分为三种类型的进化模式，即政府推动型孵化器、房地产主导型孵化器、经营型孵化器⑧。

综上所述，中外学者或组织机构对孵化器的定义一般可以分为如下几类。第一类，从孵化器形成的社会条件进行定义，认为孵化器既是一种社会

① 徐泉. 2001. 高新技术孵化器的企业化——兼论杨浦孵化基地的实践[D]. 上海：复旦大学硕士学位论文.
② 陆钢，张明忠. 2007. 专业孵化器的高效能与低成本[J]. 中国高校科技与产业化，（3）：71-72.
③ Schwartz M，Hornych C. 2008. Specialization as strategy for business incubators：An assessment of the Central German Multimedia Center[J]. Technovation，28（7）：436-449.
④ 于晓丹，汪克夷，钟琦. 2009. 企业孵化器知识网络及其创新机制研究[J]. 科技与管理，11（6）：56-59.
⑤ Grimaldi R，Grandi A. 2005. Business incubators and new venture creation：An assessment of incubating models[J]. Technovation，25（2）：111-121.
⑥ Peters L，Rice M，Sundararajan M. 2004. The role of incubators in the entrepreneurial process[J]. The Journal of Technology Transfer，29（1）：83-91.
⑦ 梁云志. 2010. 孵化器商业模式创新：关于专业孵化器参与创业投资的研究[D]. 上海：复旦大学博士学位论文.
⑧ 张宇，麦晴峰，段琪. 2015. 新一代科技企业孵化器战略联盟形成及运营机制研究[J]. 科技进步与对策，（6）：100-104.

经济的组织形式，又是一种创业推动经济发展的理念，重点在于企业孵化器的组织性质和对企业提供的服务功能。第二类，从影响功能及构成因素定义，认为孵化器的核心功能是培育初创企业，孵化器应该包括建筑空间、后勤设施、技术管理咨询及融资服务等组成要素。第三类，从社会经济功能进行定义，将孵化器视为创新资源整合系统或平台，强调孵化器的创新杠杆作用，涉及企业孵化器和孵化企业运作有关的外部环境和机构，以及企业孵化器与孵化企业的互动。第四类，从组织性质进行界定，认为孵化器是一套创新系统、一个受控环境或一类中介服务机构等，关注孵化企业生存与发展的环境。

虽然孵化器的名称、定义各异，但其目标基本一致，就是为中小型技术企业的诞生与成长营造一个适宜的环境。在此环境中，国家和地方政府通常为新创的中小型企业提供运行初期的支持和帮助，主要包括：优惠的政策和发展空间，基础设施及场地、通信、办公设备等公用设施和资源，必要的管理培训和指导，市场、工商、税务、法律、金融等方面的专业咨询和服务等。在实践中，孵化器也衍生出各式各样的类型。以我国为例，典型的孵化器包括高新技术创业服务中心、大学科技园、留学人员创业园、专业型孵化器、国际孵化器、虚拟孵化器、大型企业内部衍生孵化器等。

第三节 孵化器的类型

一、综合型孵化器

（一）综合型孵化器的内涵

一般来说，综合型孵化器是指不专门面向特定专业技术领域和特定创业者群体服务的科技企业孵化器。综合型孵化器也称为企业创业中心，是为了促进创业，提高新创企业成活率，通过政府的引导和扶持，整合多种资源为创业者提供便利的创业条件、创业场所、创业服务的专门机构。综合型孵化器是培育创新型企业的重要生产组织形式，通过提供各种有形条件和无形服务为孵化企业提供帮助，旨在引领创新型企业逐步向正确的方向发展，向市场转移。

（二）综合型孵化器的主要服务内容

这类企业孵化器面向社会吸纳可转化的高新技术成果和有发展前景的小型科技企业，为其提供孵化场地和相应的物业管理、投资融资、市场开拓、发展咨询、企业管理培训、财务管理、法律和政策咨询等必要的服务，为科技成果转化和科技企业的培育提供良好的条件。一个成熟的孵化器一般具备如下几个方面的服务内容。

1. 硬件服务

硬件服务主要是有形的可视化条件，如企业发展所需的办公场地、实验设施等实物资源。具体来说，孵化器提供的硬件服务包括公司的办公空间、公共实验室与生产车间、基本通信设施、安全生产环境、公共设施、基础资产管理服务等。

2. 软件服务

相对于硬件服务而言，软件服务提供的更多是无形服务，如企业经营理念与管理培训等。一般来说，大多数初创企业的管理团队都处于职业发展的早期阶段，他们对业务管理情况并不是特别熟悉，没有丰富的企业发展经验。同时，由于初创企业内部没有标准化工作流程，因此有经验人员的有组织指导尤为必要。孵化器关注的是孵化企业的基本需求，通过整合社会网络资源进行孵化服务和定向指导。例如，开展创业教育和知识培训；帮助企业协调各种关系，享受各种优惠政策；宣传和扩大企业知名度；建立投融资渠道，为企业发展提供所需资金，减少资金压力；为公司提供咨询和策划服务，以确定目标市场；建立公共技术平台，支持企业技术创新；联络中介组织，提供一系列个性化服务，如财务会计、法律服务、信息管理等；组织企业参与国际交流，拓展业务合作，开拓企业销售渠道；提供双向甚至多向的信息共享平台，促进企业间合作等。

3. 资金支持

企业发展过程中的资金是必不可少的要素，因此为企业提供投融资服务已经成为孵化器服务体系建设的重中之重。一般来说，孵化器融资服务主要包括以下几个方面。

（1）政府资金。孵化器通过定期培训等方式，辅导创业企业根据自身特点申报各类政府资金计划项目，为企业争取政府资金支持。

（2）银行贷款。创业企业由于成立时间短，可供抵押物少，难以获得银行抵押贷款，孵化器则能通过为企业提供抵押担保服务，帮助企业获得银行资金支持。

（3）风险投资。将风险资本引入企业孵化活动，会加速高科技企业的孵化培育和产业发展。孵化器通过对创业企业进行专题培训，辅导其撰写商业计划书，从而增加创业企业融资成功率。

（三）我国综合型孵化器的发展

全球的孵化器始于1959年美国纽约的贝特维亚工业中心。自出现以来，孵化器在提升小型企业成活率、为社会创造就业机会、缓解就业矛盾等方面效果显著，因而在世界各国得到认同和推广。从1987年武汉东湖新技术创业者中心成立至今，我国的孵化器从无到有，走过一条引进、学习和创新的发展道路。

1. 发轫起步阶段（1984～1987年）

这一阶段是我国孵化器的探索阶段，投资主体是政府，组织模式以综合型孵化器为主，孵化服务主要表现在提供共享的孵化场地等硬件设施方面。

2. 探索发展阶段（1988～1999年）

在这一阶段，我国孵化器在探索中不断总结经验，稳步发展，科技企业孵化器初具规模，到1999年底已覆盖了90%以上的省份，孵化器数量达到116个①。在该阶段，政府仍是孵化器的投资主体。同时，通过学习借鉴国际经验，我国开始探索多元化孵化器发展路径，在综合型孵化器的基础上探索出了面向特定专业技术领域和特定创业者群体的多种新型孵化器组织形式。

3. 深化发展阶段（2000～2013年）

在这一阶段，我国孵化器规模迅速扩大并跃居世界前列，数量达到

① 《中国创业孵化30年》编委会. 2017. 中国创业孵化30年（1987—2017）[M]. 北京：科学技术文献出版社.

1468 个①。在该阶段，孵化器的发展环境日益完善，孵化器行业管理日趋成熟并实现体系化。在此基础上，多模式孵化器稳步成长，创新型孵化器开始萌芽。综合型孵化器仍然是孵化器中最重要的类型之一，且服务内容、运行模式、融资渠道等均朝着多元化方向发展。

4. 蓬勃发展阶段（2014 年以来）

通过近 30 年高速发展，我国孵化器规模进一步扩大。截至 2016 年底，我国创业孵化载体多达 7533 个，累计孵化科技型中小型企业 20 余万个，数量和规模已跃居世界首位①。截至 2019 年底，我国拥有各类孵化器总数已经超过 1.3 万个，孵化器在孵科技型创业企业共有 21.7 万个②。在该阶段，孵化器为在孵企业提供包括从融资到法律咨询、从人才引进到创业培训、从培育技术到管理支持等全方位、多层次的支撑服务，形成了集技术、融资、培训、管理、咨询为一体的孵化服务支撑平台。

二、专业型孵化器

（一）专业型孵化器的内涵

专业型孵化器是在综合型孵化器的基础上发展起来的，专门针对某个高新技术领域的科技成果转化或某些特定企业培育的孵化机构。狭义上的专业型孵化器是指专业技术孵化器，指以专业技术领域为划分孵化对象界限标准的孵化器，除为孵化企业提供一般性孵化服务外，还提供公共技术平台、通用的专业技术设备和专业化的孵化服务，如软件孵化器、生物医药孵化器等。广义上的专业型孵化器还包括专门孵化器，主要指特定历史阶段针对特定创业群体提供孵化服务的孵化器，如留学人员创业园、大型企业孵化器、国际企业孵化器等。当前，专业型孵化器已成为孵化器发展的重要趋势，可以提供更有针对性、更专业的创业设施，更专业的技术服务、经营管理，以及更及时的政策指导③④。

① 中华人民共和国中央人民政府. 2017. 我国孵化器数量规模跃居世界首位[EB/OL]. http://www.gov.cn/xinwen/2017-09/19/content_5226151.htm[2022-07-06].

② 科学技术部火炬高技术产业开发中心. 2020. 中国创业孵化发展报告 2020[M]. 北京：科学技术文献出版社.

③ 于晓丹，汪克夷，钟琦. 2009. 专业技术孵化器对高新技术产业集群作用模式研究——以大连市为例[J]. 科技进步与对策，26（22）：90-94.

④ 殷亚文. 2015. 专业孵化器绩效的实证研究[D]. 北京：北京邮电大学硕士学位论文.

相对于综合型孵化器而言，专业型孵化器在吸引本领域优势项目、集聚本领域内高端技术人才、降低创业企业成本等方面具有显著优势，有利于形成本地区特色的产业集群①。

首先，专业型孵化器除提供与综合型孵化器共有的一般服务外，还为在孵企业提供专业化的中试基地、实验室和专业化的技术平台，减少了初创企业公用技术设施的投入。专业型孵化器还提供专业化的技术咨询、专业化的管理培训，在很大程度上为初创企业在技术研发、生产运作、经营管理及市场开拓方面节省了成本。

其次，专业型孵化器在建立之初就明确了服务领域和对象，在自身人才、设备配置上具备专业化基础，并通过提供专业化设备、服务吸引某一行业内的创业者与初创企业，从而推动在一定范围内逐渐形成覆盖全行业的产业链。因此，专业型孵化器内聚集的是一批以专业化分工和协作为基础的同一产业或相关产业的中小企业群，能够提高信息交流的便利性，加大信息共享，有利于在创新中发挥集群优势。

最后，专业型孵化器能最大限度地整合专业领域的内外部资源，为在孵企业服务。专业型孵化器由于能够介入在孵企业和项目的管理与运作，并从改善内部管理、协作市场开拓、融资策划等方面为企业提供支持，因而易于实现企业化运作，进而提高经济效益和孵化成功率。

（二）专业型孵化器的主要特征

专业型孵化器除了具有综合型孵化器的基本服务功能外，还能够为创业企业提供专业化的公共技术服务，包括专业化的技术开发、测试等方面的设施，专业化的辅导团队，专业化的投融资服务等，是孵化器深化发展的产物。

相对综合型孵化器，专业型孵化器在孵化场地设计和使用上更注重专业特色，各项服务的专业色彩浓厚，孵化能力和水平较高，因而可以提供更加准确的视角和更加精准的服务，对促进相关技术领域的成果转化、企业培育、产业发展发挥着重要作用。伴随着孵化器多元化发展的不断演进，孵化

① 于晓丹，汪克夷，钟琦. 2009. 专业技术孵化器对高新技术产业集群作用模式研究——以大连市为例[J]. 科技进步与对策，26（22）：90-94.

器间的竞争更加依赖于技术、人才和市场等专业化资源，因而孵化器的专业化发展成为必然趋势。

1. 深度专业化孵化机制

专业型孵化器具备相对专业、完善的孵化服务体系，从筛选项目入驻孵化器的专业化评审团队，到入驻后的创业教育培训、创业导师服务、创业投融资服务、技术创新服务、政策咨询服务、创新创业活动组织服务，再到初创企业知识产权运营、企业经营管理、财务会计事务、市场开发与营销等各方面、各环节、各流程，均有专业化团队跟踪服务。

2. 成熟的专业运营团队

孵化器本身也是新创企业，需要成熟的职业化队伍来运营管理。专业型孵化器的运营团队既懂得孵化器的日常运行管理，又有较强的社会活动能力与沟通技巧，同时非常了解在孵企业的技术、市场等情况，并具有较强的预见能力。

3. 聚焦专业领域

孵化器涉及领域如果大而全，则极易陷入泛而不精、劳而无功的境地。专业型孵化器专心聚焦一个或若干个专业领域，“吃透”上下游，打通产业链条，可以帮助企业找到正确位置，解决企业最初的立足点，为企业成长发展奠定基础①。

（三）我国专业型孵化器的发展

专业型孵化器是综合型孵化器演变发展形成的新型企业孵化器形式。孵化器最早出现于美国，它是美国在第二次世界大战后出现经济衰退、地方政府寻求振兴地区经济发展战略的结果。1990 年以后，美国的孵化器经过一段时间的发展，种类越来越多。在这一时期，一些孵化器无法持续经营，而一些孵化器则借助资本市场快速地将创业企业孵化成上市公司，孵化器的运营模式特别是其持续发展模式引起社会和学术界新的关注。随之新出现的孵化器主要以营利为目的。新型营利性孵化器着重为企业提供高附加值的管理咨询服务和资本服务，并在服务领域和服务对象上有所侧重。随着科技与经济

① Lalkaka R，Bishop J. 1998. Business incubators in economic development：An initial assessment in industrializing countries[J]. Critical Studies in Innovation，16（1）：98-101.

的不断进步，人们对企业核心竞争优势的需求也越来越迫切，从而推动了孵化器向专业化方向发展。

1. 我国专业型孵化器的起源与发展

1994 年，我国第一个专业型孵化器宜兴环保科技创业中心成立。随后，一批专业型孵化器陆续建立并开始运行，逐步发展了软件、集成电路设计、光电信息、生物医药等专业型孵化器，对相关技术领域的成果转化、企业培育、产业发展发挥了重要作用。随着我国创业孵化事业的深入发展，适应各类主体创新创业需要的、富有特色的专业型孵化器不断涌现，一批软件、生物、新材料、制造业、高新技术、多媒体、都市工业设计、环保、集成电路设计和农业高新技术等专业特色极为鲜明的专业型孵化器随着高新技术产业的发展应运而生，有力地促进了相关领域的产业发展。

2. 我国留学人员创业园的起源与发展

1994 年，我国成立首个留学人员创业园——南京（金陵）留学人员创业园（后正式授牌为“金陵海外学子科技工业园”），随后一批留学人员创业园区相继成立。2000 年，国家印发《关于组织开展国家留学人员创业园示范建设试点工作的通知》，并开展留学人员创业园示范建设试点工作。随后，我国留学人员回国创新创业环境日益完善，留学人员创业园快速发展。留学人员创业园成为中国科技企业孵化器的重要组成部分，在吸引海外人才创业和培育成功企业家等多方面发挥了重要作用。

3. 我国大型企业孵化器的起源与发展

1999 年，我国成立首个以国有企业为依托的产业孵化基地——北京北内制造业高新技术孵化基地有限公司。国有企业孵化器的创建对于构建企业新机制，扩大与大学、科研院所进行产学研合作，引入高新技术成果，促进产业结构调整和升级，推动国有企业的改革与发展等方面起到积极作用，取得了明显成果。目前，我国发展较好的几个国有企业孵化器包括北京北内制造业高新技术孵化基地有限公司、北京崇熙科技孵化器有限公司、北京诺飞科技孵化器有限公司、北京首特科技孵化器有限责任公司等。它们成功的共性在于立足自身行业，找准自身优势，推进先进技术对传统产业的改造。

三、大学科技园

（一）大学科技园的内涵

美国斯坦福大学建立了世界上第一个大学科技园——斯坦福研究园。大学科技园作为一种新兴的组织机构，迅速引起社会关注与学界的研究，但是对于“大学科技园”的概念尚未达成一个统一规范的界定，有人称之为科学园，有人称之为科学城、科学技术园区等。由科技部、教育部印发的《国家大学科技园管理办法》指出，国家大学科技园是指以具有科研优势特色的大学为依托，将高校科教智力资源与市场优势创新资源紧密结合，推动创新资源集成、科技成果转化、科技创业孵化、创新人才培养和开放协同发展，促进科技、教育、经济融通和军民融合的重要平台和科技服务机构。

（二）大学科技园的主要特征

作为高新技术企业的孵化基地、创新创业人才的培养基地、高等学校服务经济建设的窗口和技术创新的示范基地，大学科技园的建立可以使科技人员不脱离学校母体，依托学校的科研条件，教学与科研兼顾，创造良好的企业发展环境。

大学科技园以“依靠优势学科、发展特色产业”为指导，结合大学学科建设，重点推动科技成果产业化，推动了以大学为核心的区域创新网络的形成，是对国家创新体系建设的重要贡献。大学科技园在本质上属于孵化器性质，不断将最新科技成果转化为产品，向社会输送高新技术企业和企业化的科技成果，辐射和带动地区高新技术产业的发展[①]。

（三）我国大学科技园的发展

1951 年，全球第一个大学科技园——斯坦福研究园创立。一方面，研究园的发展使土地不断升值，为斯坦福大学的发展提供了财力；另一方面，园区内高新技术不断地转化为生产力，为美国西部经济的发展提供了源源不断的动力。斯坦福研究园的成功，让人们认识到把高校的教学科研与区域经济紧密结合在一起的重要意义。斯坦福研究园的成功，使大学科技园作为一种新模式得到世界上许多国家和地区的认可并迅速推广。积极兴办大学科技园逐渐成为许多国家和地区的一项发展战略，而不再是大学的一种自发行为。

① 韩新明. 2020. 我国大学科技园服务能力建设研究[D]. 合肥：中国科学技术大学博士学位论文.

1959年，美国依托麻省理工学院、哈佛大学建立了128公路高新技术区，依托北卡罗来纳大学、北卡罗来纳州立大学和杜克大学建立了北卡罗来纳州三角研究园。日本于20世纪60年代依托筑波大学启动了筑波科学城计划[①]。为了紧跟世界发展潮流，英国自1972年起先后建立了赫利奥瓦特大学科技园、剑桥科技园、沃里克大学科技园等一大批科技园。进入20世纪80年代以后，由于世界经济的整体复苏及斯坦福研究园、剑桥科技园的示范效应，大学科技园在全球范围蓬勃发展。德国于1983年依托柏林工业大学建立了西柏林革新与创业中心。此后，其他一些国家也纷纷跟进，建立了不同形式的大学科技园，大学科技园作为一项制度设计逐渐在各个国家广泛推行。70多年的历史表明，大学科技园已经成为全球各国经济发展的内生驱动力量。

1991年，东北大学创建了我国第一个大学科技园，即东北大学科技园。此后，北京大学、清华大学纷纷建立科技园。1999年，科技部、教育部成立了全国大学科技园工作指导委员会，从国家层面联合推动大学科技园工作。2000年，科技部、教育部印发《国家大学科技园管理试行办法》。2001年，首批认定清华大学科技园等22个大学科技园为国家大学科技园。我国重视大学科技园建设，从土地、财税、企业孵化、产业扶持等方面给予了支持措施，截至2021年6月，已认定11个批次共计141个国家大学科技园[②]。经过30多年的建设发展，我国大学科技园的投资主体更加多元、服务内容日渐丰富、运营成效不断提升，在服务高校教学科研、推动科技成果转化、助力区域经济发展等方面发挥了重要作用，已经成为我国科技体制改革创新的试验基地、科技人员创新创业的核心载体、校企资源融合共享的枢纽平台、支撑创新驱动发展的重要力量[③]。

四、众创空间

（一）众创空间的内涵

在我国着力推进“大众创业、万众创新”发展的背景下，科技部在多次

① 李司东. 2020. 推进我国大学科技园发展的新思路和新对策[J]. 科学发展，(12)：24-33.
② 科技部. 2021. 科技部教育部认定第十一批国家大学科技园[EB/OL]. https://www.safea.gov.cn/zzjg/jgsz/cgzhyqycxs/cgzhgzdt/202106/t20210603_175038.html[2021-11-18].
③ 唐家龙，胡玉莹. 2021. 全面推进我国大学科技园建设的对策建议[J]. 科技中国，(9)：79-83.

调研创客空间、创新型孵化器的基础上，总结各地经验，于2014年12月提炼出了“众创空间”的概念，旨在以构建众创空间为载体，整合资源，打造新常态下经济发展新引擎。

众创空间是顺应新一轮科技革命和产业变革新趋势、有效满足网络时代大众创新创业需求的新型创业服务平台，是针对早期创业的重要服务载体，为创业者提供低成本的工作空间、网络空间、社交空间和资源共享空间，与科技企业孵化器、科技企业加速器、产业园区等共同组成创业孵化链条①。专业化众创空间是聚焦细分产业领域、推动科技创新创业、服务于实体经济的重要创新创业服务平台，强调服务对象、孵化条件和服务内容的高度专业化，是能够高效配置和集成各类创新要素实现精准孵化，推动龙头骨干企业、中小微企业、科研院所、高校、创客多方协同创新的重要载体。发展专业化众创空间是促进众创空间向纵深发展的重要举措。

众创空间的提出和蓬勃发展有力促进了我国创新创业工作的开展，推动了产业经济转型和创新能力提升。首先，众创空间的出现解决了创业早期孵化难题，形成了从创意到产业的完整创新创业服务生态；进一步延伸了创新创业的服务触角，完善了科技创业孵化链条的前端环节，进一步降低了创业的成本和门槛，提供了更专业、更便捷、更系统的“早期孵化”服务。其次，众创空间打开了投资与孵化相结合的大门，大量民间资本参与到“大众创业、万众创新”中。“投资+孵化”已成为众创空间发展的重要模式。最后，市场化运行的众创空间有效降低了创业和创业孵化的门槛，通过孵化服务促进了创新创业工作的有机结合，推动实体经济转型升级②。

众创空间的主要服务类型如下：

（1）创客空间型。这类众创空间以创客为服务对象，向其提供开放的办公场所、聚会场所、DIY材料、加工设备和实验室等，利用交流协作实现知识和技术的共享。典型代表有雷格斯（Regus）、上海的新车间、深圳的柴火创客空间、杭州的洋葱胶囊等③。

---

① 佚名. 2016. 创新2.0时代的众创及众创空间国内外发展[J]. 办公自动化，21（6）：26-30.

② 国务院. 2015. 国务院关于加快构建大众创业万众创新支撑平台的指导意见[EB/OL]. http://www.gov.cn/zhengce/content/2015-09/26/content_10183.htm[2020-04-08].

③ 乔辉，吴绍棠. 2017. 众创空间对创业孵化器功能影响研究[J]. 科技创业月刊，30（1）：29-31.

（2）高校实践型。这类众创空间利用高等教育平台的科研资源和校友资源，充分发挥创业导师的作用，将理论与实践相结合，成为大学生创新创业实践平台或创业基地。典型代表有清华 x-lab、北大创业孵化营、交大慧谷、复翼互联等。

（3）媒体驱动型。这类众创空间一般由传统媒体企业牵头，利用媒体宣传的优势为创业企业提供市场推广服务，增加曝光率，同时提供投融资服务和信息服务等配套服务。典型代表有 36 氪、UCloud 等。

（4）投资驱动型。这类众创空间一般由知名天使投资人或创投机构牵头，通过资本的集聚吸引优质的创业项目，促进创业企业成长。典型代表有创新工场、天使汇、飞马旅等。

（5）联合办公型。这类众创空间由地产开发商牵头，盘活闲置房地产资源，提供开放式工作空间和社交平台，通常针对家居办公族、旅行出差者或者小型工作团队。典型代表有 WeWork、SOHO 3Q、优客工场（UrWork）、洪泰创新空间等。

（6）创业咖啡馆。这类众创空间以咖啡馆为基础，大多设立在产业园区或其他创业资源聚集地，为创业者或创业团队提供办公场地和交流平台，通过交流实现融资、招聘等活动。典型代表有车库咖啡、3W 咖啡馆等。

（7）企业平台型。这类众创空间由大公司牵头创立，基于企业现有的技术资源、人脉资源和市场资源，通过技术扶持、资本注入和市场开拓等服务提高创业成功率。典型代表有腾讯创业基地（北京）、中国电信孵化基地等。

（8）创业社区。这类众创空间是为创业者提供集工作、社交、居住和娱乐为一体的综合型创业生态体系。典型代表有北京小样青年社区、YOU+（优家）国际青年公寓等。

（二）众创空间的主要特征

众创空间呈现市场化、多样化、重服务、共享化、国际化等鲜明特点。

1. 市场化

众创空间是在互联网时代，根据市场需求最先由创客建立的创新创业服务组织或机构。当前，各类社会主体纷纷创办众创空间，但是绝大多数由民间投资建设，技术拉动和市场拉动成为众创空间发展的强大动力。众创空间的市场化能够充分发挥市场在资源配置中的决定性作用，以社会力量为主，构建市场化的众创空间，以满足个性化、多样化的消费需求和用户体验为出发点，促进创新创意与市场需求和社会资本的有效对接。

2. 多样化

以市场需求为导向发展起来的众创空间呈现多样化的模式，以满足不同类型创新创业群体的需求。

（1）运营主体多元化。众创空间的运营主体从原先的政府、企业迅速拓展至高校、地产商、天使投资人、成功企业家、平台型大企业、创业投资机构等社会力量，极大地丰富了创业孵化的形态与内涵。

（2）运营模式多样化。以创新工场、车库咖啡、36 氪、天使汇等为代表的众创空间，主要针对创业企业的成长需求，采取多样化的方法孵化和培育企业，为企业提供创业指导、培训、投融资、技术对接等服务，增加创业成功率，并通过股权投资回报获得收益。

3. 重服务

众创空间是专注于为在孵企业提供各种高附加值的孵化服务，打造创新与创业相结合、线上线下相结合、孵化与投资相结合的创新创业服务平台，这种理念赋予了众创空间“降门槛、轻资产、重服务”的特性。

4. 共享化

众创空间运用“开放+共享”的互联思维，为创业者提供技术共享、人才共享、金融共享平台，并通过持续吸纳拥有新概念的创业者，把各类创新创业主体聚合起来自发地沟通、碰撞、协同、分享。同时，众创空间通过聚集天使投资人在短时间内帮助创业者完成从概念到产品、从创业到公司的转变，完成真正意义上的孵化，从而催生一批又一批创业企业的产生。另外，各地纷纷成立联盟或协会，使分散的众创空间走向联合，打破众创空间之间的物理空间限制，实现众创空间之间资源的流动和共享，构建众创产业生态圈。

5. 国际化

很多众创空间充分整合利用全球创新创业资源，广泛开展与海外资本、人才、技术项目及孵化机构的交流与合作，实现创新创业要素跨地区、跨行业自由流动。同时，众创空间通过引进国外先进创业孵化理念和模式，搭建国际创新创业合作平台，开拓国际合作业务，促进跨国科技企业孵化，提升孵化能力。

（三）我国众创空间的发展

在我国经济发展由高速增长转为中高速增长的“新常态”大背景下，我国政府审时度势地提出了“大众创业、万众创新”的时代口号，旨在转变经济发展方式，为经济增长培育新动力。“大众创业、万众创新”新时代的到来，意味着我国必须要从过去以高投资、进出口驱动的经济发展模式转变为依赖高新技术、人才红利及互联网技术驱动的经济发展模式。现阶段实现经济发展模式成功转变的关键就是如何做好创新与创业，也就是“双创”驱动。

众创空间提出以来，国务院及各相关部委通过多项措施积极推动众创空间在全国的布局和专业化发展。一是发布《发展众创空间工作指引》（国科发火〔2015〕297 号），明确了众创空间的功能定位、服务特点和发展导向，引导各地众创空间建设，促进健康发展。同时采取地方推荐、科技部备案的方式，示范各地发展成效突出的众创空间，并将备案的众创空间纳入国家级孵化器管理服务体系。二是发展专业化众创空间，充分发挥各类创新主体的积极性和创造性，发挥科技创新的引领和驱动作用，紧密对接实体经济，有效支撑我国经济结构调整和产业转型升级，并提出了专业化众创空间应具备的基本条件，梳理形成了专业化众创空间备案的标准和工作流程。三是研究制定扶持众创空间发展的财政和税收政策，将众创空间纳入孵化器的税收优惠政策体系。四是开展各类活动，推动全国众创空间建设。五是推动众创空间集聚发展。通过政府引导、市场推动等方式，助推众创空间形成集聚，实现创新创业资源的高度聚合①。

在国家各相关部委的积极推动下，我国众创空间事业蓬勃发展。《2020 中国火炬统计年鉴》数据显示，2019 年度我国众创空间数量已经达到 8000 个，其中国家备案的众创空间 1819 个②。众创空间通过市场化机制、

① 科技部. 2015. 科技部关于印发《发展众创空间工作指引》的通知[EB/OL]. http://www.gov.cn/zhengce/2015-09/08/content_5023530.htm[2020-04-08].

② 科学技术部火炬高技术产业开发中心. 2020. 2020 中国火炬统计年鉴[M]. 北京：中国统计出版社.

专业化服务和资本化途径构建了低成本、便利化、全要素、开放式的新型创业服务平台，为创业者提供低成本的工作空间、网络空间、社交空间和资源共享空间，解决了早期创业团队孵化难题，构建起完整的创业孵化服务链条，吸引了大量民间资本和各类社会机构参与孵化事业，推动形成了全社会共同参与的创新创业良好氛围。

五、科技企业加速器

（一）科技企业加速器的内涵

科技企业加速器又称为种子加速器，以高成长科技企业为服务对象，主要功能是通过提供满足企业加速成长的发展空间，配备小试、中试等专业技术平台，提供企业规模化发展的技术研发、资本对接、市场拓展等深层次孵化服务，加速科技企业做大做强。

企业从种子期、创业期发展到快速成长阶段，对物理空间、配套设施、技术平台、投融资、市场网络、人力资源等提出了更高的要求，而传统的孵化器、大学科技园等服务模式已难以满足相应的需求，因而出现了科技企业加速器这种新的服务模式。科技企业加速器的设立受到孵化器的启发，又不完全等同于孵化器，服务对象主要是经过初步孵化并度过初创期，在国内外的产业发展实践中具有独创性的科技型中小企业。

科技企业加速器是介于孵化器和大学科技园之间的一种中间业态，是孵化器发展的动态延伸，是大学科技园从外延式扩张进入内涵式发展的初步尝试，是一系列服务的提供者、组织者和管理者。科技企业加速器旨在培育新的经济增长点，通过服务模式和管理模式创新，满足高成长企业对于空间、管理、服务、合作等方面的个性化需求，具有更强的集群吸引力和创新网络形态。作为一种集中、有效的整合资源工具，科技企业加速器不断地将资源整合到科技企业加速器及高成长性企业周围，建立与政府、企业、高校、研究机构、中介机构、科技园区的宽阔通道，组织和搭建创新服务网络。

科技企业加速器的投资主体较多，有企业、政府、大学、科技园和中介组织等，其中企业是主要投资者。由于投资主体较多，因此形成了多样化的科技企业加速器投资模式，主要有：①“政府-大学”模式，投资主体为政府和大学，依托大学的资源优势进行产学研合作；②“政府-中介组织”模式，投资主体是政府，中介组织主要承担科技企业加速器的运营维护工作；③“政府-科技园”模式，政府投入启动基金，科技园区提供基础设施，并对科技企业加速器进行管理；④“企业-大学”模式，投资主体为企业，企业依托大学的资源优势开展产学研合作；⑤“企业-中介组织”模式，投资主体由企业及其他多元化主体构成，如银行、医院、协会等；⑥“企业-大学-中介组织”模式，由大学、企业、中介组织联合兴建，中介组织主要负责科技企业加速器的日常运维工作[①]。

（二）科技企业加速器的主要特征和服务内容

科技企业加速器一般有 4 个特征：①具有为高成长企业提供开放与快速专业化空间扩张的功能；②具备资源有效整合的能力；③具有市场化和网络化的特点；④具有专业性和知识性的特点。

科技企业加速器的服务框架体系包括“三个保障、四大平台、五类服务”。三个保障是基础型服务，包括提供开放的、可快速拓展的空间服务，优质的、高增值的配套设施服务，优惠的、远瞻性的政策服务。四大平台包括市场网络平台、技术支撑平台、规模化融资平台、高端人力资源平台。五类服务包括全方位商务服务、开拓性展会服务、深层次财务法律服务、合作型咨询服务及定制的、互动的信息服务[②]。

科技企业加速器通常在短期内（12 个月内）很难盈利，因此政府一般会提供补贴和资助以推动新创立的科技企业加速器发展，帮助科技企业加速器运营。公共资金资助通常以政府扶持和补贴的形式开展。私人资本是科技企业加速器的资助主体，包括高净值个人、天使投资组织、私人投资人和大公司等。这些投资者希望创业企业提出公司转让，从而获得盈利[③]。

在创业企业早期的 3～5 年内，创业企业产生的收入主要用于再投资，而且创业企业的退出在短期内也不太现实，因此科技企业加速器通常在数年内不会从投资业务中获得回报。要弥补日常的经营成本，科技企业加速器开始

① 何科方，钟书华. 2009. 企业加速器的渊源与发展模式[J]. 科研管理，30（6）：62-68，75.

② 李志远. 2007. 孵化器与现代企业加速器[J]. 中国高新区，（9）：31-32.

③ 佚名. 2018. 2015 年美国和加拿大加速器发展报告[EB/OL]. https://cloud.tencent.com/developer/article/1113233[2020-11-08].

探索新的运作模式，以期望能够获得收益。这些途径包括导师费用、租赁办公空间收费、主持活动收费、大型企业赞助等。

（三）我国科技企业加速器的发展

科技企业加速器最早产生于美国的西雅图，相较于其他创业孵化机构来说，科技企业加速器出现的时间较晚，但在美国政府的大力支持下，美国的科技企业加速器发展非常迅速，并取得了显著成效。20 世纪末期，科技企业加速器逐步发展成为高新技术、高成长企业青睐的服务机构，现已遍布中国、法国、英国、加拿大、澳大利亚、墨西哥等世界各国。

我国孵化器诞生以来，已孵化培育了大批企业，对科技产业化起到重要推动作用。但随着孵化器的进一步发展，一方面，孵化毕业企业数量增多，对人力、资金、信息、空间、服务等资源的需求量剧增，原有的孵化器难以与之相匹配①；另一方面，虽然孵化器培养了众多企业，但其成长性却并不乐观，孵化企业中 5 年内公开上市的高新技术企业占比极低，大多数企业处于漫长的成长期。21 世纪以来，中国经济快速发展，推动了一大批企业进入高速成长扩张期。高成长企业对空间、资金和服务的需求是一般孵化器难以满足的，急需一种新的能有大量资金支持研发成果转化、能为企业快速扩张提供大规模物理空间的科技园区形式和管理方式的出现。于是，以满足高成长企业的需求为出发点、为企业提供加速发展的机制——现代企业加速器在我国应运而生。

2007 年，科技部正式批准中关村科技园区永丰产业基地作为国家首个建设科技企业加速器试点单位，正式拉开了中国科技企业加速器建设的序幕，科技企业加速器也因此纳入国家实施自主创新战略的政策体系，进入快速发展阶段。随后，深圳、无锡等地的科技园区相继开展科技企业加速器建设试点，国内兴起一股科技企业加速器建设热潮，如广州开发区将科技企业加速器作为“三促进一保持”十大重点工程之一，无锡高新区致力于打造孵化器、科技企业加速器、科技园“三级跳”的发展模式等。

2007 年 4 月，科技部在《国家高新技术产业开发区“十一五”发展规划

① 何科方，钟书华. 2010. 企业加速器发展在中国[C]//中国科学学与科技政策研究会. 第六届中国科技政策与管理学术年会论文集. 中国科学学与科技政策研究会：13.

纲要》提出："要积极搭建强化服务功能、丰富服务手段并能够整合配置资源的科技企业加速器，以满足快速增长的、与创业期企业不同的高成长性企业服务需求。各国家高新区要根据自身情况，把科技企业加速器的建设与专业型孵化器、大学科技园和创新服务体系建设等结合起来，为高速成长企业提供高品质服务。通过市场化手段运营科技企业加速器，打通我国高科技企业成长通道，加速高成长企业发展壮大。"①

总体来说，科技企业加速器作为一种新型的组织形式和商业模式，在我国还处于初步发展阶段，需要更多实践和研究探索。未来，我国科技企业加速器应围绕高成长企业发展需求，发展企业总部型、技术中试型、专业园等多种类型，向个性化、定制化、精准化、柔性化方向创新，不断完善技术研发、资本运作、人力资源、市场开拓、国际合作、知识产权等服务。同时，健全入驻企业筛选机制及上市并购、股权转让等企业退出机制；深刻理解孵化器和科技企业加速器的内涵差别，针对高成长企业与初创企业在服务需求方面的差异，从服务内容、服务方式、物理空间等方面创新服务模式，做好高成长企业加速工作。

第四节 孵化器的性质

虽然各类孵化器作为专门培育和扶持创业中小型企业成长、促进技术转移的一种机构有许多共同特点，但由于各类孵化器的发展目标、运行政策、经费来源和发展环境不同，因此孵化器具有不同的性质。

一、社会公益型

这类孵化器一般是由政府或非营利公益组织创办，主要目的是培育和聚集高科技的创业群体，创造更多的就业机会，增加税收来源，提升区域创新能力，促进区域经济发展。这类孵化器主要为创业者提供创业培训，寻找天

① 科技部. 2007. 国家高新技术产业开发区"十一五"发展规划纲要[EB/OL]. http://www.ctp.gov.cn/gxq/zcfg/200706/1461296f44034049a73aa2278a7685c.shtml[2020-11-08].

使投资人，提供创业导师，帮助企业进行市场分析，开展项目路演，提供财务、法律、知识产权等服务①。

（一）政府主导创办

政府主导创办的孵化器是中国孵化器发展的重要特色。早期，国内孵化器基本上由政府主导。当前，由于中国优质创新资源分布不均衡，在许多欠发达地区，政府依然是孵化器建设中的主要力量。这些政府主导创办的孵化器通常是由各地区科技部门、高新区管理委员会或国有企业等投资创办的，并派出一定数量的事业编制人员进行孵化器的管理工作。这类孵化器可视为政府职能的延伸，具有较强的政府性质。

在孵化器的功能定位方面，政府主导创办的孵化器旨在发展具有政府倾向性的新兴产业或增加区域科技型企业数量，为区域经济增长贡献新增长点，即政府主导创办的孵化器的目标不在于追求短期内的经济利益，而更多关注于服务区域重大发展战略的能力。区别于其他类型孵化器，政府主导创办的孵化器往往孵化空间充裕、配套设施完善。政府主导创办的孵化器较容易与科研机构、中介服务机构或高校等达成联合孵化协议，而且也相对容易获得各级政府的财政资助。此类孵化器的公益性初衷也制约了其市场化的发展，如在项目风险投资方面存在过于谨慎、运营体制不够灵活、从业人员受制度约束难以分享优秀在孵企业的成功收益等问题。此外，作为政府扶持的促进科技创新创业的职能部门，政府对该类孵化器的孵化器绩效考核标准往往侧重于非经济指标，如入孵企业的数量、孵化器规模、在孵企业专利申请和高新技术企业申请等，容易诱发该类孵化器为了达标而盲目扩张孵化器规模。

（1）全额拨款事业单位管理机制。早期，我国科技企业孵化器建设主要由政府投资创办，从武汉东湖新技术创业者中心到各地创办的创业中心，其机构性质往往以事业单位为主，以公益为目的，政府给予特殊的扶持政策并创造必要的孵化条件。这种体制在当时背景下对探索和积累引导高新技术产业发展的宝贵经验、支持民营科技企业发展发挥了重要作用。

（2）事业单位企业化管理机制。随着我国经济体制改革的不断深化，建立全额拨款事业单位性质的孵化器已不合时宜，创业中心应在服务中探索发

① 陈晴. 2014. 美国硅谷孵化器的发展经验对我国的启示[J]. 中国科技产业，（8）：36-39.

展，建立自我发展的良性循环。经过一段时间的探索，我国孵化器总结出了事业单位企业化管理的运营模式。例如，1990 年 9 月，武汉东湖新技术创业者中心开始探索实行事业单位企业化管理的运行机制，经济上自收自支，自负盈亏。这个全国率先实行的孵化器运营机制，直到今天仍是中国科技企业孵化器的经典模式。1991 年 6 月，广州第一个孵化器广州市高新技术创业服务中心成立，开始实行企业管理、独立核算、自负盈亏的发展模式，在“服务为主、开发为辅”的方针指导下，坚持“背靠政府、面向市场、一头在大学、一头在海外”的工作原则，为本地区科技中小型企业的发展营造环境、培育人才、创造价值，有效推动了地区经济和创新服务体系的建设，取得了显著成绩。

（二）非营利公益组织创办

非营利公益组织创办的孵化器一般称为社会组织孵化器、非营利组织孵化器或社会组织培育中心，是支持型社会组织衍生而来的孵化机构。作为承接政府部门公共服务职能和培育社会组织专业服务能力的公益资源“聚集地”，社会组织孵化器致力于社会组织能力建设、资源链接、交流互动服务。

自 2006 年上海浦东非营利组织发展中心首创“公益孵化器”模式以来，社会组织孵化器因其相较于传统的行政培育模式具有专业性、灵活性、适应性等优势，在我国各地迅猛发展起来。2012 年，我国社会组织孵化器尚不足 50 个，但截至 2017 年底，全国共成立了 1400 余个社会组织孵化器，而且每年还在以 15%的增速不断增加。作为支持型社会组织，各地社会组织孵化器发挥着综合保障、能力培养、宣传推广、专业服务等功能[①]。

二、市场经营型

市场经营型孵化器是指由社会资本投入，完全采取自主经营、自负盈亏经营方式的孵化器。这类孵化器一般由投资家、地产商、大型企业创办，通过对创业企业和项目进行投资而获得利润，同时也为创业者创造一个实现理想的创业环境。

① 冯梦成. 2019. 社会组织孵化器的发展困境及建设路径[J]. 学会，(7)：40-44，64.

市场经营型孵化器是20世纪90年代后期才逐步发展起来的，其资金来源主要是企业和风险基金，并通过资本助力吸引大量创业公司入驻。该类孵化器以企业家或者企业为主导，拥有成熟的管理团队，并融合了传统孵化器与投资公司的特点，实行多方位一体化的经营模式。

该类型孵化器的主要特点是实行高度市场化的发展模式，在这个模式下，能够让市场资源更加合理地进行配置。市场经营型孵化器拥有独立自主的经营权，以资本运作和产品结构优化为主要任务，以获得全新的盈利点、占领市场最高位为最终目的。因此，市场经营性孵化器高度重视产品与市场需求的结合，以此吸引更多的投资者，获得更多的运营资本，从而提高孵化效率和成功率。

例如，璞跃（Plug and Play）就是市场经营型孵化器的典型代表。它创办于2006年的硅谷（Silicon Valley），早期曾先后成功投资孵化了谷歌（Google）、贝宝（PayPal）、多宝箱（Dropbox）等多个互联网行业科技巨头公司，业务涵盖早期投资、企业创新服务、创新生态空间运营等。经过10多年的发展和超过20年的长期积累，目前在全球设立40多个创新生态空间和区域办公室；累计投资超过1600个初创企业，为超过17 000个初创企业进行孵化加速，为超过500个全球领先大型企业提供联合创新服务①。

随着璞跃全球业务的拓展，2016年，璞跃中国（Plug and Play China）成立，开设了企业创新、城市创新、高校创新、投资合作、国际合作、创业合作等业务，搭建了中国领军的线上线下创新平台，并配套构建了包括大型企业、初创公司、城市伙伴、风险投资机构、高校科研院所、行业导师等多维度的创新生态伙伴体系。

三、高校主导型

大学主导型孵化器是由高校主办的培育和扶植高校新创科技企业的服务机构。它通过为新创企业提供物理空间、基础设施和服务，降低创业者的创业风险和创业成本，提高创业成功率，促进高校科技成果转移转化。

高校、社会投资机构、在孵企业都是大学主导型孵化器的利益相关方。

① 璞跃中国. 关于我们[EB/OL]. https://www.pnpchina.com/about/[2022-07-11].

高校为孵化器投入科研人才及实验室、图书馆、科研设备、高校人文环境等优势资源，目的在于实现高校科技成果的成功转化及其产业化；社会投资机构对高校科技成果进行天使投资和风险投资，目的在于促进科技资源迅速高效地转化为社会生产力；孵化器自身提供高水平的管理团队和成熟的管理经验，目的在于获得好的经济效益；在孵企业投入高水平、高成长性的科技项目，目的在于获得良好的创业氛围和周到的孵育服务。典型的高校创办型孵化器有斯坦福研究园、剑桥科技园、清华科技园、北大科技园等。

第五节 孵化器的功能特征

一、服务性

孵化器通过向初创企业提供物理空间、研发场所、共享网络等硬件设施，同时提供一系列管理咨询服务，如政策服务、法律咨询、资本及市场服务等，以此减少创业成本，降低创业风险，提高创业成功率。随着孵化事业的发展，孵化器在注重提供舒适的办公空间及专业的基础设施基础上，逐渐转向提供高价值服务，如融资服务、培训服务、人力资源服务、创业辅导服务、企业发展咨询服务等。

（一）硬件设施服务

孵化器在发展初期主要以提供办公空间等硬件服务为主，包括根据创业者需求规划整体办公空间、选择并提供办公场所（会议室、办公室、厂房等）、公共的办公设施（打印机、复印机、传真机、网络等）、各种配套服务（保安、物业、信件收发等）[①]。例如，北京 WeWork 共享办公空间的联合办公室，通过为一些小型初创企业提供低价的办公场地，以及琐碎的物业管理服务、生活服务、生产服务和一般的办公服务，使创业者从日常的事务中解脱出来，把所有的精力集中在创业上[②③]。近年来，新型孵化器的主流发展模式之

① 杨义兵. 2020. 创业孵化器运行效率与商业模式研究[D]. 长春：吉林大学博士学位论文.
② 罗公利，肖焰恒，边伟军. 2008. 中国科技企业孵化器的创新与发展[M]. 北京：科学出版社：118-202.
③ 赵江敏. 2011. 专业技术企业孵化器入孵和毕业筛选机制研究[D]. 天津：天津大学博士学位论文.

一，即为把商业写字楼变成众筹咖啡馆或联合办公空间，为创业者提供联合办公空间①，使创业者之间形成相互交流、资源共享、互帮互助的良性循环。

（二）管理咨询服务

在硬件设施服务基础上，孵化器逐渐发展出代理部分政府职能服务、企业管理职能配套服务、深度增值服务等方面的管理咨询服务。

1. 代理部分政府职能服务

协助入驻企业办理各种手续，使入驻企业在孵化器就能办理工商登记、税务登记、银行开户等手续；主动帮助企业积极争取政府有关文件规定的各种支持，包括资金支持、申请各项补助及财税优惠政策等。

2. 企业管理职能配套服务

孵化器提供企业需要的相关政策规定和技术、专利、咨询服务，组织关于创新创业政策、知识、技术等方面的讲座、沙龙；搭建宣传展示平台，组织开展各类路演，组团参加展会，帮助企业设计制作宣传材料、展品展架等，协助企业开展技术、产品销售及拓展市场等相关活动。

3. 深度增值服务

组建专家团开展“一对一”帮扶，协助创业者对初创企业开展高效的运营管理；建立知识产权机构，协助企业检索专利技术、委托办理专利申请和商标注册等；引入金融机构、风投机构，开展融资接洽，建立“企业资金池”，解决企业融资和筹资问题；为创业者沟通各种融资渠道，争取政府的各类专项基金，并有针对性地向商业银行、风险投资机构、信用担保机构、投资公司、大型企业和个人推荐孵化项目和孵化企业，促进相互之间的合作，为创业融资提供交易平台②。

二、综合性

（一）孵化器是体制改革创新的重要载体

孵化器在科技体制改革的不同阶段都发挥了独特作用，包括在科技成果

① 崔博. 2016. 新型孵化器之春[J]. 经济，(8)：54-57.

② Lalkaka R，Bishop J. Business incubators in economic development：An initial assessment in industrializing countries[J]. Critical Studies in Innovation，1998，16（1）：98-101.

转化、科研院所改革、科技人事制度改革等方面，许多改革举措都是在孵化器中先行先试，再推广到其他组织机构的。

（二）孵化器是市场经济体系建设的推动者

孵化器培育了一大批创业者和创业企业，创造了局域市场经济环境，催生了一批市场经济主体。通过科技企业孵化器孵化科技型初创企业，促进科技成果转化，有利于实现产业集聚效应，吸引更多的相关的科技企业入驻及风险投资机构加入，对有效促进区域经济的发展和促进就业起到积极作用。此外，科技企业通过其高增值、高带动性、高战略价值方面的优势，不断为经济发展注入新鲜血液，培育经济发展新动能，催生了一批新产业，对全球经济结构、空间格局、竞争态势产生了重要影响。

（三）孵化器是国家创新体系的重要力量

孵化器中的科技创业者创造了大量的科技成果，不断诞生新的知识产权、技术标准、新产品、新服务和新的商业模式。

三、专业性

（一）服务对象的专业性

专业型孵化器与综合型孵化器的本质区别在于孵化服务对象不同，综合型孵化器对孵化对象没有限制，而专业型孵化器却仅孵化某个行业或某个特定群体的创业企业，如以特定领域为孵化对象的专业型孵化器、以海外归国创业人员为孵化对象的海外留学人员创业园、以大学科技成果转移转化为服务对象的大学科技园等。

（二）服务领域的集聚性

无论是综合型孵化器还是专业型孵化器，其孵化服务领域均呈现一定的集聚性，孵化服务领域多集中在信息技术、生物科技、计算机软件、能源、环保、（移动）互联网、生物医药、机器人与智能制造、新材料等高新技术领域。

（三）服务能力的专业性

专业型孵化器较之综合型孵化器具有不可比拟的竞争优势，主要包括：拥有更强的人才、技术、管理、市场等资源的整合能力和整合效率，孵化成功率高，投入产出比高；具有更强大的外部资源整合能力，能够引入、转化并利用外界资源，帮助重组企业资源，提高企业创新绩效；有利于吸引本专业范围内的优势项目，有利于集聚本专业领域内专家力量，有利于形成本地区特色的产业集群等。

第六节　孵化器的发展趋势

随着经济环境的变化和人们对孵化器认识的不断深入，孵化器的特征、目标、功能和表现形式都在不断发展、演变，逐步向多元化的服务体系方向发展。综合来看，全球范围内的孵化器大多经历了只提供低租金全设施、优惠政策落实、政府职能代理等服务的经典孵化器阶段，以及以提供办公场所为基础，配套以中介、融资、技术和创业培训等服务为主的现代孵化器阶段，未来孵化器将吸收更多的市场业态，运营模式、商业模式、孵化机制等都将发生巨大变革。

一、从“硬服务”为主向“软服务”体系为主的演化

引领行业发展的世界一流孵化器，更多地将精力放在“软服务”功能的打造上。例如，美国著名的孵化器 Y Combinator（简称 YC）的最大特色和优势就在于其完善的投资基金和创业导师模式，而 YC 本身是不提供办公场所的。这类平台将投资人和创业项目紧紧联系在一起，解决了创业团队在初创期非常重要的融资障碍问题。自 2005 年以来，YC 已经资助了 3000 多个初创公司[①]。美国的孵化器针对初创企业提供了更多专业、精致的服务，构成了完善的“软服务”链条。未来，国外孵化器将从以“硬服务”为主向深耕“软服务”体系为主的发展方向转变，其中投资机制、创业导师与孵化的后续支持机制将是“软服务”体系构建的重点[②]。

实行职业经理人制度也是软服务能力的重要体现，通过引进职业经理人

① What Happens at YC [EB/OL]. https://www.ycombinator.com/about[2021-07-01].
② 贾付春. 2015. 企业孵化器呈现四大趋势[EB/OL]. http://epaper.zqcn.com.cn/content/2015-09/15/content_3430.htm[2020-04-08].

提高孵化器管理水平。职业经理人不但负责孵化器自身的发展和业务模式变化，还帮助创业者组建创业团队，全程、全方位为技术转移提供各类服务。这些职业经理人往往具有强烈的创新和创业精神，通常是成功的企业家或创业者。

二、从“单一散乱”状态到“生态系统”的重构

“单一散乱”状态突出表现在孵化器与在孵企业联系单一、孵化器服务功能散乱、孵化器服务功能组合之间缺乏有机联系等方面，表明完善的孵化器生态系统尚未形成。随着互联网技术的发展及大众对孵化器认识的不断加深，孵化器生态体系正不断重构与完善，主要表现在以下几个方面。

（一）从片段孵化到打造全流程服务链条

随着孵化器的成熟发展，其功能开始前向延伸和后向拓展。孵化也将不仅是狭义的对新创立企业初创期的培育和支持，而且将包括以项目孵化为基础促进新企业的创建和对孵化毕业企业的后续支持服务，从而形成从预孵化、孵化到后孵化的完整孵化链条。根据企业的不同发展阶段进一步地细分服务和功能已成为当前孵化器发展的一种新趋势，很多一流孵化器已经形成了“预孵化-孵化-加速或后孵化”功能承接的全程企业扶植体系。

（二）从创业场地到创业社区的网络化营造

随着服务内涵的深化和虚拟化，孵化器将不仅是创业的空间场地，而且是凝聚各类创业资源的新型社会组织网络。这一网络内包括了孵化器的管理人员、顾问专家、在孵企业、毕业企业、大学或研究所、产业组织及中介服务等专业服务提供者。它们共同构成了一个支持企业创业成长的网络化社区。从这个角度看，孵化器必将成为一个聚集、组织和整合各类企业发展资源的平台，成为创业者、创业企业、创业资本、创业技术和创业服务聚集和交汇的重要节点，在长期的互动中结成创业共同体。

（三）融入新的业态

以股权众筹为特色的互联网金融发展，未来将补充至孵化器的服务功能生态系统中，为社会投资者参与天使投资提供渠道。通过利用股权众筹平

台，链接整合社会资源，将优质项目与平台上的投资者自愿结合，为孵化企业的融资需求拓展渠道[①]。

三、从“公益型”到“营利型”的长效机制构建

从全球一流的孵化器发展模式及未来发展趋势看，公益型孵化器与营利型孵化器将并行发展，但后者将逐渐成为主流模式。营利型是孵化器完全进入市场的有效选择，是市场经济的必然要求，这也就决定了孵化器的企业化运作程度日渐提升及科学的商业模式的加速构建。

（一）企业化运作程度日渐提升

企业化运作模式之所以成为孵化器的发展趋势，主要是受其较大的正向作用推动。一是孵化器投资主体由原来政府单一财政投入变为政府、企业、个人、基金等多种投资主体相结合，各投资主体对投资后果承担直接责任，从根本上保证了孵化器运作的高效率。二是孵化器的经营由政府委派的官员负责转变为职业经理人的全面介入，形成完整的委托-代理关系，以公司制运行、以实现最大化经济效益为直接目的。

（二）科学的商业模式加速构建

早期的孵化器一般由政府主导，公益属性较强，很多孵化器没有构建较科学的商业模式，孵化器的自我造血能力较弱。转变孵化器经营机制，推进市场化、企业化的建设速度将是孵化器未来发展的重要任务。“资本模式”的孵化器因能取得良好的自身效益，产生较好的社会效益，将是孵化器未来发展的方向之一。

四、从“有形孵化”到“虚拟孵化”的多元拓展

虚拟孵化是指不受物理办公载体限制的延伸孵化服务，通过建立企业服务网络为孵化器外和已经毕业的企业提供融资、咨询、信息、市场对接等支持服务。从实际的服务内涵来看，虚拟孵化器大致可以分为三类。一类是风险投资网络型，以企业早期的种子投资为纽带建立起孵化服务网络，在向企业

① 崔博. 2016. 新型孵化器之春[J]. 经济，(8)：54-57.

注入投资的同时提供各种辅导服务和资源支持企业成长；第二类是集成服务网络型，以孵化服务项目为基础遴选有潜力的企业，为其提供资助、辅导、培训等服务，并基于信息技术发展在线的服务支持体系等；第三类是平台网络型，不直接对企业提供专业性服务，只是建立一个聚集和对接资源的平台，通过信息的聚合和适度的信息管理帮助实现技术市场、投融资、产学研合作、人才、信息等方面的交流和对接。

美国作为孵化器发源地，现已出现虚拟孵化器占比上升趋势，同时实体孵化器平均占地面积开始呈现明显下降趋势。相比现有的实体运营，虚拟化运营不需要厂房、不需要工作空间，大大降低了成本；开放的平台使获取技术和源代码更容易；互联网使市场信息更加充分透明，创业者和投资者交流更加便利。

五、从“初创期”孵化向“种子期-初创期-成长期-成熟期”全链条孵化

孵化器的发展由最初为了解决就业问题、推动区域经济发展，到促进高新技术产业发展、提升区域创新能力和竞争力，再到成为促进国家/区域经济与科技发展的重要载体，发展模式也由最初的为初创期企业服务逐步向前后端延伸，形成了众创空间、科技企业孵化器、科技企业加速器、高新技术产业园区等多种形态有机结合的创业孵化服务体系，整合了从创业团队到创业企业再到高成长企业的服务资源，分别围绕创业企业发展的种子期、初创期、成长期、成熟期等不同阶段的生长规律和发展需求，提供全孵化链条服务，有效推动科技企业的培育、成长、壮大。

第二章　我国孵化器的建设与发展①②

第一节　孵化器的发展阶段

科技部专门设立的组织机构——科技部火炬中心，对孵化器事业的发展起到很好的组织、管理和推动作用。

一、萌芽起步阶段（1984～1987年）

改革开放初期，以信息技术、新能源技术、生物技术、新材料技术、空间技术、海洋技术等为代表的新兴技术迭起，全球科技竞争愈发激烈。一系列新兴产业和大批高新技术小型企业开始涌现并快速成长壮大，国际上孵化器发展已经初具规模并逐渐成为发展高新技术产业、提升地区乃至国家竞争力的重要工具。当时我国由于长期以来实行计划经济体制，科研与生产分离，高新技术产业严重落后于发达国家。在此背景下，我国开始了经济体制和科技体制系列改革，科技企业孵化器成为我国科技体制改革和顺应经济建设发展潮流的产物。武汉率先做出反应，筹建东湖新技术开发区，依托东湖地区大专院校的智力资源优势发展高新技术产业。在国家和地方政府的支持下，武汉率先探索并成立“武汉东湖新技术创业者中心”，开启了孵化器事业。

（一）国际环境的推动

从20世纪40年代起开始的以核能、电子计算机、空间技术、生物工程

① 本书对于孵化器发展现状与概况的统计分析原则是：孵化器包含科技企业孵化器与众创空间，科技企业孵化器包含各类型孵化器与国家和大学科技园等。

② 《中国创业孵化30年》编委会. 2017. 中国创业孵化30年（1987—2017）[M]. 北京：科学技术文献出版社.

的发明和应用为主要标志的第三次科技革命，对世界经济和社会发展产生了重大影响，加剧了世界各国发展的不平衡，进一步凸显了科学技术在推动生产力发展方面的重要作用，加快了科学技术转化为直接生产力的速度。在此背景下，国际科技竞争愈发激烈。20 世纪 50 年代末，世界上第一个孵化器贝特维亚工业中心在美国纽约成立，随后孵化器逐步向着规模化、产业化、集团化阶段发展，成为促进高新技术产业发展、带动区域经济和就业的重要力量。

20 世纪 70 年代起，以信息技术、新能源技术、生物技术、新材料技术、空间技术、海洋技术为代表的新兴技术迭起，全球科技革命风起云涌。进入 20 世纪 80 年代中期，一系列新兴产业和大批高新技术企业开始涌现并快速成长壮大，孵化器逐渐成为发展高新技术产业、提升地区乃至国家竞争力的一种重要工具。

（二）国内环境逐步成熟

我国的孵化器事业诞生于 20 世纪 80 年代后期，是科技体制改革和顺应经济建设发展潮流的产物。1978 年 3 月，全国科学大会在北京召开，会议提出了“四个现代化，关键是科学技术现代化”“科学技术是生产力”等，为科技教育发展奠定了基础。1978 年 12 月，党的十一届三中全会揭开了改革开放的序幕，激发了巨大的创新创业热情。新中国的科技体制是伴随计划经济体制建立起来的，突出特点是科技资源集中在科研院所。到了 20 世纪 70 年代末，随着经济体制改革的启动和不断深化，科技体制的结构性缺陷逐渐暴露，主要表现为科技与经济脱节、科技与生产分离、研发力量薄弱、缺乏科技成果转化为生产力的机制与渠道等，科技体制难以应对全球新技术革命的挑战。于是，20 世纪 80 年代，我国开始迈出科技体制改革的步伐，拟定了新时期要“坚定不移地贯彻执行科技工作为经济建设服务的方针”。

1984 年，国家科委向国务院呈报了《新的技术革命与我国对策研究的汇报提纲》，首次提出了要在我国有条件的城市试办科技园区和企业孵化器的设想。1985 年，《中共中央关于科学技术体制改革的决定》进一步明确了“经济建设必须依靠科学技术，科学技术工作必须面向经济建设”的战略方针，同时提出“促进技术成果的商品化，开拓技术市场，以适应社会主义商品经济的发展”“鼓励研究、教育、设计机构与生产单位的联合，强化企业的技术吸收和开发能力”“培养关于运用技术成果开发产业的人才”等举措，为促进科技成果向现实生产力的转化、加快新兴产业及高新技术产业化的发展、鼓励科技人员流动等的发展提供了更宽松的政策环境。随着经济体制和科技体制改革的不断深入，科技创业环境逐渐形成，民办科技企业开始活跃。

1983 年，陈春先离开中国科学院（简称中科院）后建立北京第一个民办研究所——北京市华夏新技术开发研究所；1985 年，国务院颁布了《国务院关于技术转让的暂行规定》；同年，武汉地区 60 多个高校、科研院所、大型企业组成的全国第一个有形的常设技术市场“武汉技术市场”挂牌成立，中科院创办深圳第一个高新技术企业中国科健股份有限公司；1985 年，中科院与深圳市合资成立中国大陆第一个科技工业园区“深圳科技工业园”；1987 年，国务院发布《关于进一步推进科技体制改革的若干规定》，提出“进一步放活科研机构”“进一步改革科技人员管理，放宽放活对科技人员的政策”。在上述环境下，大批科技人员走出大专院校、科研院所和企业，通过自筹资金、资源组合、自主经营、自负盈亏等方式建立民办科技企业。

（三）第一个孵化器的诞生

武汉东湖新技术创业者中心是中国孵化器事业的发源地，成立于 1987 年，是中国第一个高新技术创业服务中心，也是国内第一个由事业单位改制为公司化运作的企业孵化器。该孵化器经历了以下几个发展阶段。

（1）响应国家号召，开展高新技术产业开发区和孵化器试点示范。20 世纪 80 年代中期，为响应国家关于科技体制改革、加快新兴产业发展、建立新兴产业开发区等方面的号召，武汉率先做出反应，决定依托东湖地区大专院校的智力资源优势开发高科技产品，成立了武汉东湖智力密集小区规划办公室，对区内企业进行摸底调查。1986 年 10 月，时任国家科委主任宋健指示东湖新技术开发区要学习国外孵化器的成功经验，通过孵化器为人才流动创造环境，做好创业者的“保护伞”，并鼓励东湖新技术开发区在孵化器方面探索出新路子①。宋健对东湖新技术开发区的指示彰显了当时国家对发展高新技术产业和支持科技人员创业的决心，助推了中国孵化器的诞生与发展，因此宋健后来被孵化器从业者称为“中国企业孵化器之父”。

（2）启动筹建。1987 年 2 月，东湖新技术开发区规划办公室向武汉市科学技术委员会递交了关于成立“武汉东湖新技术创业者中心”的请示报告。报告提出支持和鼓励一批科技人员走出科研大院、创办一批民办科技企业、建议成立“武汉东湖新技术创业者中心”等意见，标志着国内第一个孵化器筹建工作正式启动。

（3）挂牌成立，企业化管理。1987 年 6 月 8 日，武汉东湖新技术创业者中心正式挂牌，武昌溪流电子研究所、实验新技术研究所、洪山区华信光电子科学研究所 3 个民办科技企业同期入孵。同年 9 月，武汉市将武汉东湖新技术创业者中心定为副县级事业单位，列事业编制 10 名，人员经费实行差额补贴，从市科委掌握的科学事业费中列支。自 1990 年 9 月起，东湖新技术创业者中心实行事业单位企业化管理，经济上自收自支，自负盈亏。这个全国率先实行的体制模式，直到今天仍是中国科技企业孵化器的经典模式。1991 年 11 月，为了与全国创业中心在命名上取得一致，武汉东湖新技术创业者中心更名为“武汉东湖新技术创业中心”。

（4）激发创业热情，带动全国孵化器事业发展。科技企业孵化器的设立，激发了科技工作者投身经济建设主战场的勇气，为科技成果转化和新型科技企业生长提供了沃土。武汉东湖新技术创业者中心成立后，通过参加全国研讨会、接待国际国内来访、承担国际学术会议、筹备全国科技创业中心协会等系列工作，将孵化器发展的相关经验扩散到全国各地，极大带动了国内其他地区孵化器的建立和发展。

（5）不断发展壮大，成为区域创新的重要力量。武汉东湖新技术创业者中心秉承“为中小科技企业提供创业孵化服务，促进科技成果商品化”的宗旨，致力于寻求符合中国国情的企业孵化器发展之路，一直专注于科技型中小企业服务市场，为中小企业提供管理咨询、投融资策划、网络、培训、物业、餐饮、通信等各类服务。30 多年来，培育了一大批科技企业和科技企业

① 《中国创业孵化 30 年》编委会. 2017. 中国创业孵化 30 年（1987—2017）[M]. 北京：科学技术文献出版社.

家，使大批科技成果转化为生产力，积累了丰富的行业资源和中小企业孵化经验。其中，武汉凯迪电力股份有限公司、武汉三特索道集团股份有限公司、武汉凡谷电子技术股份有限公司、武汉楚天激光（集团）股份有限公司、武汉国测科技股份有限公司等毕业企业成长为国内著名企业，极大地促进了区域经济的发展，带动了当地人员就业。

二、探索发展阶段（1988～1999年）

武汉东湖新技术创业者中心的建设和先行经验为科技企业孵化器的发展迈出了第一步，激发了全国多个地区的创业孵化热情，同时“火炬计划”及相关政策措施的颁布也为创新创业提供了更便利的环境。中国科技企业孵化器从武汉东湖新技术创业者中心起步，逐步发展到北京、上海、广东、天津乃至全国各地。同期，孵化器向多元化方向发展，专业型孵化器崭露头角，国有企业孵化器探索起步，国际企业孵化器扬起风帆，留学人员创业园应运而生，国家大学科技园逐步构建，各种类型的孵化器迈出了第一步。这些孵化器为不同类别的科技成果转化和新型科技企业生长提供了沃土，为我国高新技术产业的技术创新和持续发展做出初步贡献。

（一）在不断探索总结中稳定发展

1. 承担联合国课题，开展我国建立科技企业孵化器的可行性研究

武汉东湖新技术创业者中心的先试先行，得到国家科委的高度重视和认可。1987年5月，在联合国科技促进发展基金的资助下，国家科委委托中国科技促进发展研究中心开展了在中国建立企业孵化器（高新技术创业服务中心）的可行性研究课题。课题在武汉、天津、广州、深圳、西安交通大学和上海都进行了可行性研究，于1989年11月完成了《在我国建立科技企业孵化器的可行性报告》，并附有在若干个城市建立科技企业孵化器的可行性案例报告[①]。该项课题是我国科技企业孵化器的第一个专题研究，为促进我国科技企业孵化器的建设提供了科学依据，为在全国大规模推动科技企业孵化器建设奠定了坚实基础，直接促进了第一批创业中心的建立与发展。

---

① 佚名. 2022. 创始人说|颜振军：写在中国孵化器35周年[EB/OL]. http://www.wiin-wiin.com/informations/2701[2022-06-30].

2. 启动“火炬计划”，将中国科技企业孵化器建设列入国家科技产业发展计划

1988 年 8 月，经国务院批准，一项中国高新技术产业发展计划“火炬计划”正式启动实施，成为国家高技术产业总体发展战略的一个组成部分。“火炬计划”旨在成为国家高技术研究发展计划（简称 863 计划）的姊妹计划，两者相辅相成。863 计划致力于高技术的突破，培养高新技术人才并向社会扩散。“火炬计划”致力于大规模推动高技术企业的诞生和高技术产品的开发生产，以“推进高新技术成果商品化、高新技术商品产业化、高新技术产业国际化”为主旨，主要内容包括建立适合我国高新技术产业发展的环境、建设高新技术产业开发区和创业服务中心（科技企业孵化器）、组织实施“火炬计划”项目、促进高新技术产业的国际化和组织人才培训等。“火炬计划”的启动，标志着中国科技企业孵化器建设列入国家科技产业发展计划。

“火炬计划”明确提出，建设中国特色的高新技术创业服务中心是“火炬计划”的一项重要任务。作为“火炬计划”的重要组成部分，孵化器承载着培育科技型中小型企业和科技企业家的重要使命，把高新技术成果的转化、高新技术企业的孵化和培育、高新技术企业家的培育与培养作为核心任务。

3. 成立科技部火炬中心，加强孵化器培育和管理，推动孵化器的规范化发展

1989 年 10 月，科技部火炬中心正式成立，负责“火炬计划”的具体实施。科技部火炬中心通过制定管理规范和政策措施，举办培训会、研讨会、进修班，召开工作会议等系列工作，推动了科技企业孵化器在全国的普及和推广。例如，1989 年，国家科委邀请武汉东湖新技术创业者中心和英国剑桥孵化器的教授给全国 38 名科技系统干部介绍国内外孵化器的建设情况；1994 年，印发《关于对我国高新技术创业服务中心工作的原则意见》，对创业中心工作的一些根本性原则做出明确规定；1996 年颁布的《国家高新技术创业服务中心认定暂行办法》首次对国家创业中心的各项条件做了具体规定，并将按照该办法认定国家创业服务中心。1996 年，国家科委在重庆召开全国高新技术创业服务中心工作会议，总结了“八五”以来全国创业中心工作的开展方向、工作重点等。1997 年，国家科委认定首批国家高新技术创业

服务中心，天津、重庆、成都、西安、哈尔滨、长春、武汉、大庆、北京、苏州等地的创业中心被认定为第一批国家高新技术创业服务中心。

（二）科技企业孵化器初具规模①

随着我国一系列关于促进孵化器发展的政策措施深入实施，我国孵化器进一步朝着规范化、规模化的方向发展。

1. 整体数量快速增长

1987 年，中国仅有 2 个科技企业孵化器，后逐步增加，到 1999 年底，已覆盖了 90%以上的省份，数量达到 116 个，年平均增长速度超过 40%。这些孵化器是我国创业孵化事业的先行者，积累了宝贵经验，为发展具有中国特色的科技企业孵化器事业奠定了坚实基础。其中，科技企业孵化器数量较多的地区主要集中在江苏、北京、山东、上海、广东等经济发达地区和科技资源优势明显的地区。到 1999 年底，科技企业孵化器数量超过 2 个的地区分别有江苏（15 个）、北京（12 个）、山东（11 个）、上海（8 个）、广东（7 个）、湖南（6 个），河南、陕西、辽宁均为 5 个，四川、福建均为 4 个，黑龙江、广西、山西、天津、湖北、安徽均为 3 个。

2. 场地面积显著扩大

1987 年，我国第一个孵化器成立时仅有 650 平方米的租用孵化场地。此后，在国家科委和各地政府的持续推动下，全国孵化器孵化场地面积快速增加，到 1999 年，总面积达到 188.8 万平方米，扩大为最初的 2900 多倍。孵化面积的不断增加为中国科技创业企业提供了更为充裕的空间。

3. 服务企业数量持续增加

1987 年，武汉东湖新技术创业者中心成立之初，仅有 6 个企业入驻接受孵化，到 1999 年，全国 116 个孵化器的在孵企业数量总计达 5293 个，平均每个孵化器服务和支持了 46 个创业企业发展，对中国科技创业事业发展起到显著的推动作用。

① 本部分数据主要出自：《中国创业孵化 30 年》编委会. 2017. 中国创业孵化 30 年（1987—2017）[M]. 北京：科学技术文献出版社；科学技术部火炬高技术产业开发中心. 2019. 2019 中国火炬统计年鉴[M]. 北京：中国统计出版社；科学技术部火炬高技术产业开发中心. 2020. 2020 中国火炬统计年鉴[M]. 北京：中国统计出版社.

4. 经济效益开始显现

孵化器通过对运营管理机制模式的深入探索，服务能力不断提升，在孵企业的经济效益开始显现。到 1999 年，在孵企业收入总计 95.8 亿元，平均每个企业创造效益超 180 万元。

5. 创造社会就业机会

除支持和培育科技创业企业、促进产研融合与科研成果转化、推动区域科技创新与经济社会发展外，孵化器的作用还体现在创造就业机会等社会效益方面。1999 年，全国孵化器在孵企业就业人员达到 9.2 万人，平均每个孵化器创造就业机会 793 个。

6. 输出高成长性企业

孵化器的成立与不断发展，为中国科技创业企业构建了局部优越环境，有效提升了企业存活率，加速了企业成长。到 1999 年，全国孵化器累计毕业企业 1934 个，平均每个孵化器为社会输送企业约 17 个。

（三）探索多元化孵化器发展路径

从学习借鉴国际经验着手，我国最初建立的孵化器绝大部分是服务各类科技型企业的综合型孵化器，面向各高新技术领域的科技创业企业提供综合孵化服务。在不断发展探索中，我国孵化器不仅在数量上迅速增加，服务质量逐步提高，而且在类型上开始了衍生和分化，探索出面向特定专业技术领域和特定创业者群体的多种新型孵化器组织形式，使我国孵化器发展整体呈现向综合型孵化器、专业型孵化器、大学科技园、留学人员创业园、国际企业孵化器、国有企业孵化器等多种形式发展的良好态势。

1. 专业型孵化器崭露头角

1994 年 5 月，我国第一个专业型孵化器宜兴环保科技创业中心成立，随后，一批专业型孵化器陆续建立并开始运行，如软件企业孵化器、集成电路设计企业孵化器、光电信息技术企业孵化器、生物医药企业孵化器等，对相关技术领域的成果转化、企业培育、产业发展发挥了重要作用。这一时期，我国专业型孵化器主要有北京生物医药高科技孵化器、深圳生物医药孵化器、北京清华软件企业孵化器、北京新材料企业孵化器、杨凌农业高新技术企业孵化器、集成电路设计企业孵化器、北京北内制造业高新技术企业孵化器、天津海洋高新技术企业孵化器、宜兴环保科技企业孵化器、昆明生物技术企业孵化器、上海张江生物技术创业服务中心等。总体上，该阶段专业型孵化器在我国发展时间较短、经验还不够丰富、数量较少，缺乏相关领域的专业管理和服务系统。

2. 国有企业孵化器探索起步

1999 年 8 月，全国首个以国有企业为依托的产业孵化基地——北京北内制造业高新技术孵化基地有限公司成立，标志着国有企业孵化器正式登上了孵化器发展的舞台。国有企业孵化器是具有中国特色的企业孵化器类型，其产生和发展为国有企业改革发展探索了一条新路，也为我国孵化器事业的发展注入了新的活力。国有企业孵化器有利于推进国有企业体制和机制改革，盘活国有企业的存量资产，提高国有企业科技创新能力，促进科技成果转化，加快高科技改造升级传统产业的步伐；有利于孵化新技术、新产品，培育新的经济增长点，开辟新的就业群岛，形成新的企业群体；为企业充分利用大型企业完整的研发与产供销体系开展创新创业提供便利，更为国有企业的发展提供了新的商业模式选择，从而推动国有企业自身和相关行业企业持续健康发展，带动地区产业结构的升级。

3. 留学人员创业园应运而生

20 世纪 90 年代，留学人员滞留不归的现象日趋严重。为此，国家及时调整工作方针，开始制定和实施一系列政策措施，鼓励留学人员回国发展。改革开放后至 20 世纪 90 年代末期，我国赴外留学人员达 30 多万人，学成回国的有 10 万人之多，这支队伍是我国发展高新技术产业的重要人才资源。为充分调动留学人员回国创业发展的积极性，我国从中央部委到地方政府都相继制定了一系列鼓励政策，并依托高科技产业园区和科技企业孵化器探索建立专门的服务机构。

1994 年 9 月，南京国家高新技术产业开发区与南京市人事局共同发起，在全国率先建立了首个留学人员创业园——南京（金陵）留学人员创业园，后正式授牌为“金陵海外学子科技工业园”。此后，留学人员创业园建设进入探索阶段。随后，上海留学人员嘉定创业园、上海留学人员漕河泾创业园区、上海留学人员张江创业园区、上海虹桥临空留学人员创业园、烟台留学人员创业园区等一批园区相继成立。

1997 年 9 月，党的十五大发出了“鼓励留学人员回国工作或以适当方式为祖国服务”的号召，从中央部委到地方政府相继制定和颁布了一系列政策措施，鼓励留学人员开展为国服务活动。1999 年 7 月，科技部、人事部、教育部在天津召开海外学者科技创业园工作座谈会，研究启动国家留学人员创业园建设。随着政策环境的不断优化，留学人员回国创业热潮逐渐形成，北京市留学人员海淀创业园、天津市留学人员创业园、大连海外学子创业园、苏州留学人员创业园、杭州高新区留学人员创业园等一批园区纷纷启动，留学人员创业园建设进入快速发展阶段。到 1999 年底，全国已建成留学人员创业园 30 多个，为留学人员回国创业创造了良好的环境和条件。

4. 国际企业孵化器扬起风帆

在经济全球化背景下，我国在 20 世纪 90 年代探索建立了国际企业孵化器，以提升我国中小型企业的国际竞争力，帮助中国的高新技术企业开拓国际市场，逐步实现跨国经营与发展，同时帮助国外中小型科技企业和研发机构进入中国市场。1995 年 9 月，在天津召开的国际创业中心研讨会上，中外专家提出了“国际企业孵化器”的概念，建议在中国试行发展能够容纳国际小型创业企业的孵化器，同时帮助海外学子和华人华侨回国创业，并促进中外企业的合作。1996 年 8 月，科技部火炬中心在联合国开发计划署的支持下组成了由国外知名专家参加的专家组，开展建立国际企业孵化器的考察和选址工作。1997 年 5 月，根据专家组的建议，科技部确定了 8 个国际企业孵化器的试点单位，位于北京、天津、上海、苏州、武汉、西安、重庆和成都，先期开展国际企业孵化器建设，同时一批在孵项目被列入中俄、中捷、中波等政府科技合作项目。

5. 大学科技园开始起步

1991 年，东北大学率先创建了东北大学科技园。此后，北京大学、清华大学纷纷建立科技园。截至 1998 年底，全国陆续建设了 33 个大学科技园。1999 年 8 月，中共中央、国务院召开了全国技术创新大会并颁布了《中共中央 国务院关于加强技术创新，发展高科技，实现产业化的决定》（简称《决定》)。《决定》明确指出："高等学校要充分发挥自身人才、技术、信息等方面的优势，鼓励教师和科研人员进入高新技术产业开发区从事科技成果商品化、产业化工作。支持发展高等学校科技园区，培育一批知识和智力密集、具有市场竞争优势的高新技术企业和企业集团，使产学研更加紧密地结合。"同年9月，科技部、教育部成立了全国大学科技园工作指导委员会，决定从国家层面联合推动大学科技园工作。这次会议引起各方面对大学科技园的高度重视。这一阶段，在科技部与教育部共同支持下，全国在高新技术产业开发区内建立了近40个大学科技园。

三、深化发展阶段（2000～2013年）

在这一阶段，科技企业孵化器的规模迅速扩大并跃居世界前列；市场经济体系进一步完善，科技企业孵化器发展的外部环境逐步改善，国家和各地方将孵化器纳入创新战略；孵化器行业管理日趋成熟并实现体系化；多形态孵化器百花齐放，民营企业孵化器异军突起，国有企业孵化器大量涌现，大学科技园发挥独特作用，留学人员创业园进入成熟发展阶段，创新型孵化器开始萌芽，科技型中小型企业创新基金发挥了重要作用，创业投资、创业教育快速发展；行业组织开始建立并发挥作用，北京及各地的孵化器行业协会成立。孵化器发展呈现出多元化、专业化、网络化、国际化和市场化的特征，为科技企业和创业者提供了从构想、研究、开发、生产、销售到企业咨询上市全过程所需的服务，孵化质量和孵化绩效显著提高。

（一）发展规模迅速提升

经过探索阶段的发展，我国科技企业孵化器积累了大量经验，进入蓬勃发展、深化发展阶段，孵化实力与能力、产出绩效和社会效益均有显著提升，具体体现在孵化器数量、场地面积、在孵企业数量、在孵企业销售收入、毕业企业数量、孵化器服务人员数量和孵化器收入等指标上。其中，我国科技企业孵化器的数量、场地面积和在孵企业数量等指标跃居世界前列。

1. 科技企业孵化器数量迅速增加

由于国家的大力推动，从2000年开始，中国科技企业孵化器的发展由平稳上升转为快速上升，科技企业孵化器的数量从 2000 年的 164 个增长到 2013 年的 1468 个（图 2-1）。

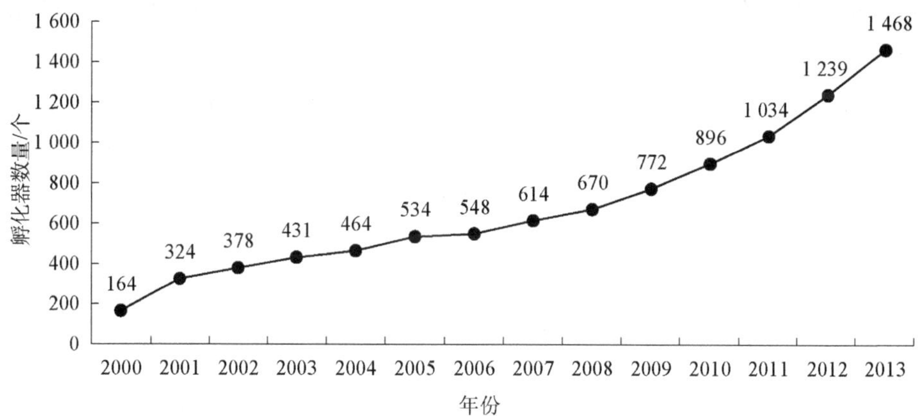

图 2-1　2000～2013 年科技企业孵化器数量发展情况

资料来源：《2020 中国火炬统计年鉴》

2. 孵化面积快速增长

在孵化器数量快速增加的同时，中国孵化器空间建设得到各地政府普遍重视，孵化面积也不断拓展，服务创业企业的能力得到显著提升。2000～2013 年，中国科技企业孵化器的场地面积从 339.5 万平方米增加到 5379.3 万平方米，总面积跃居世界首位。2013 年，平均每个科技企业孵化器的孵化场地面积达到约 3.7 万平方米（图 2-2）。

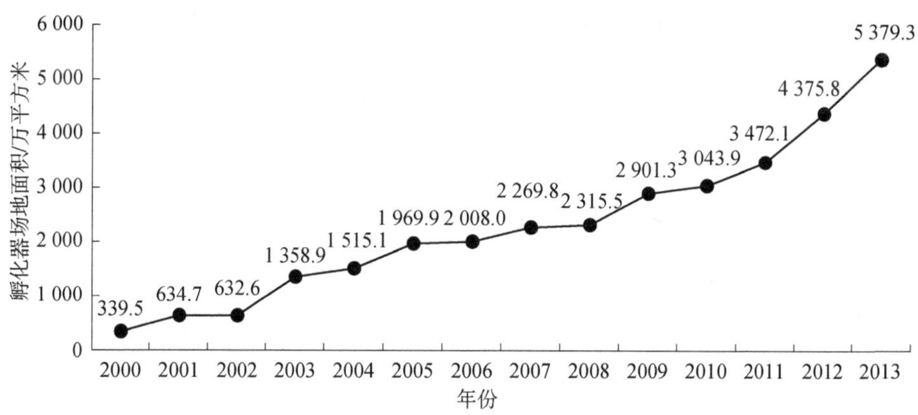

图 2-2　2000～2013 年科技企业孵化器场地面积发展情况

资料来源：《2020 中国火炬统计年鉴》

3. 在孵企业数量持续增长

随着科技企业孵化器基础设施的不断完善和容纳创业企业能力的显著提升，孵化器对创业企业的吸引力不断增强，所孵化的创业企业数量持续增加。2000 年，中国科技企业孵化器在孵企业数量达到 8653 个；到 2013 年，77 677 个在孵企业聚集在 1468 个孵化器中，平均每个科技企业孵化器孵化近 53 个创业企业。这一阶段，科技企业孵化器孵化了全国近 1/3 的科技型中小型企业，成为高层次创业者集聚地（图 2-3）。

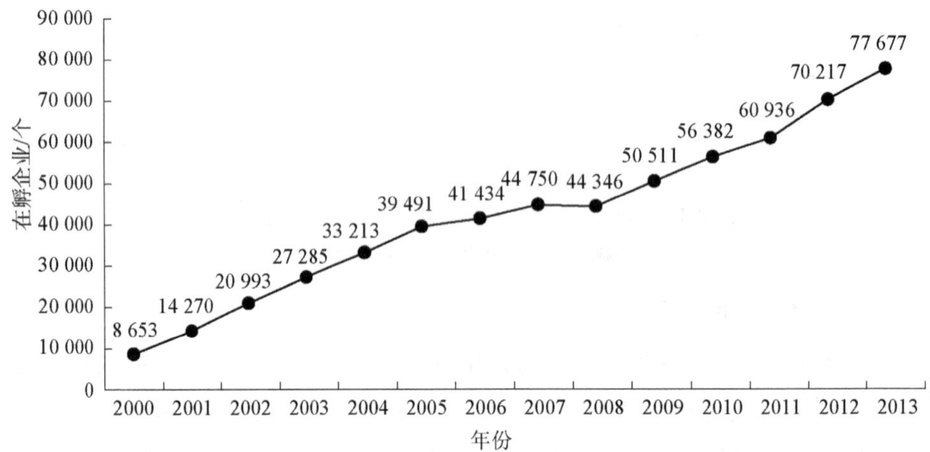

图 2-3 2000～2013 年科技企业孵化器在孵企业数量发展情况

资料来源：《2020 中国火炬统计年鉴》

4. 在孵企业绩效显著

科技企业孵化器在孵企业 2000 年总收入为 207.0 亿元，平均每个创业企业收入约为 239.2 万元。到 2013 年，全部在孵企业总收入达到 3308.8 亿元，平均每个在孵企业总收入上升至 426.0 万元，在孵企业总收入整体呈现增长态势（图 2-4）。

5. 创业带动就业社会效益显著

2000 年，科技企业孵化器在孵企业从业人员数为 14.4 万人，平均每个在孵企业从业人员 17 人①；到 2013 年，全部在孵企业从业人员数为 158.3 万人，平均每个在孵企业创造的就业岗位是 20 个。科技企业孵化器在孵企业就业人数逐年递增，以创业带动就业作用明显（图 2-5）。

① 书中来自参考资料的数据保留到小数点后一位，通过计算得到的数据保留到整数位。

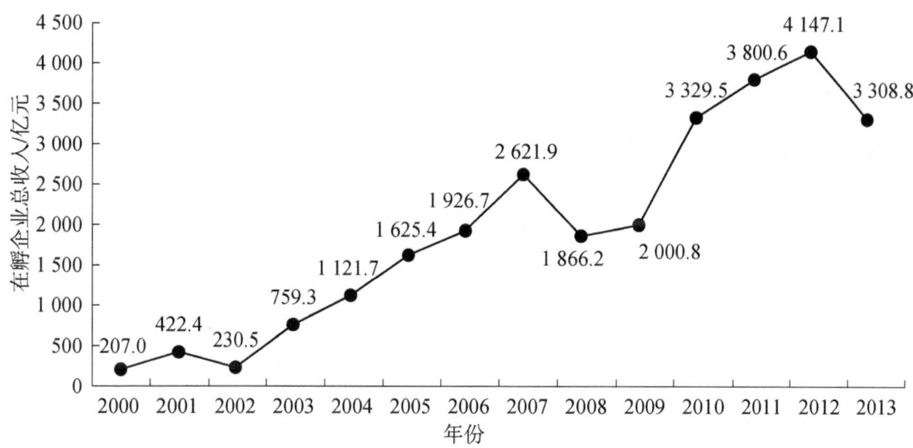

图 2-4　2000～2013 年科技企业孵化器在孵企业总收入发展情况

资料来源：《2020 中国火炬统计年鉴》

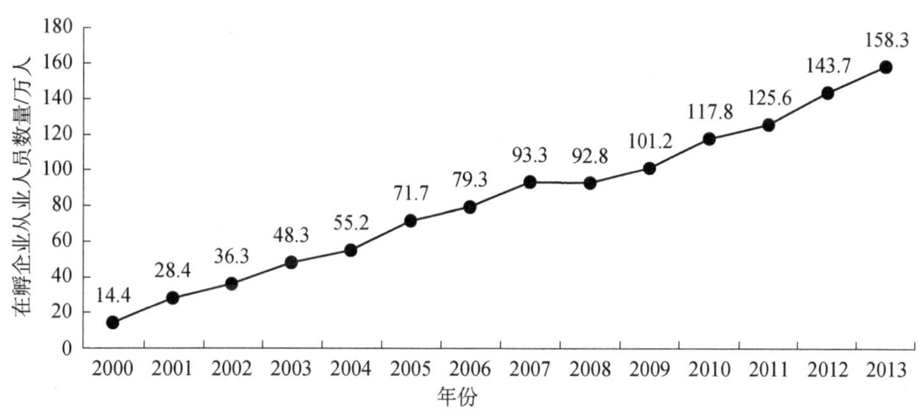

图 2-5　2000～2013 年科技企业孵化器在孵企业从业人员数量发展情况

资料来源：《2020 中国火炬统计年鉴》

6. 为经济发展输送大批科技成长企业

2000 年，科技企业孵化器累计毕业企业达到 2790 个，平均每个科技企业孵化器累计毕业企业 17 个。2013 年，科技企业孵化器累计毕业企业达到 52 146 个，平均每个科技企业孵化器累计毕业企业 36 个。在这一阶段，科技企业孵化器培育了大批科技成长企业，为经济发展提供了源源不断的动力（图 2-6）。

7. 孵化器行业自身实力显著增强

孵化实力和能力增长的同时，孵化器自身实力也在增强。孵化器从业人员数量不断增加，越来越多的人投身到孵化器事业中，为创业企业发展提供服务。2000 年，科技企业孵化器从业人员数量为 2351 人，平均每个科技企业孵化器拥有 14 名从业人员；2013 年，科技企业孵化器从业人员数量增加到 26 742 人，平均每个科技企业孵化器拥有 18 名从业人员（图 2-7）。

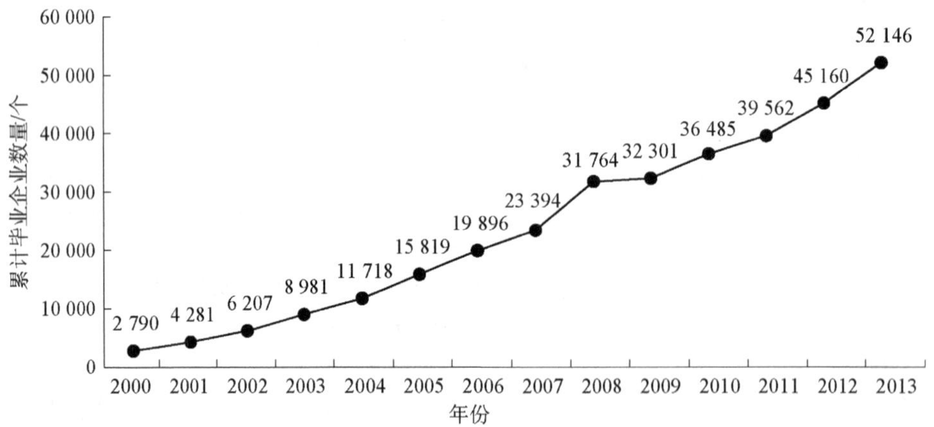

图 2-6　2000～2013 年科技企业孵化器累计毕业企业发展情况

资料来源：《2020 中国火炬统计年鉴》

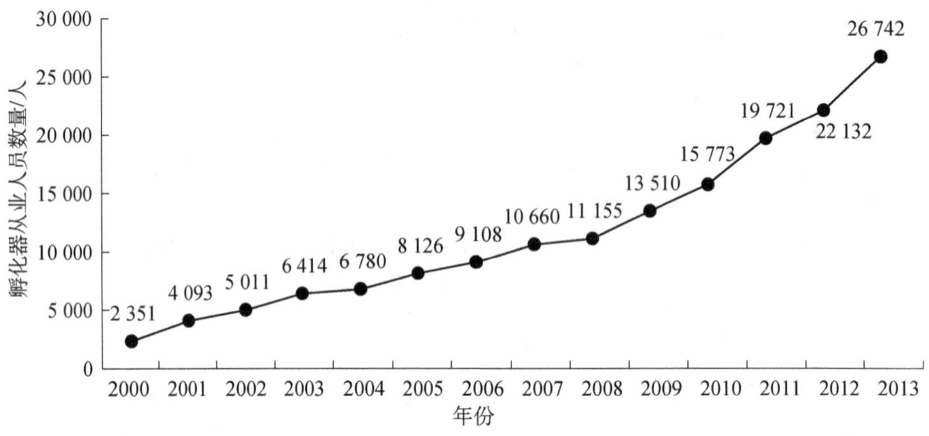

图 2-7　科技企业孵化器从业人员数量发展情况

资料来源：《中国创业孵化 30 年（1987—2017）》

8. 孵化器自身经济实力逐步提高

2000 年，科技企业孵化器自身实现收入 8.1 亿元，平均每个科技企业孵化器年营业额为 494 万元；2013 年，科技企业孵化器总收入为 181.5 亿元，平均每个企业收入约为 1236 万元（图 2-8）。

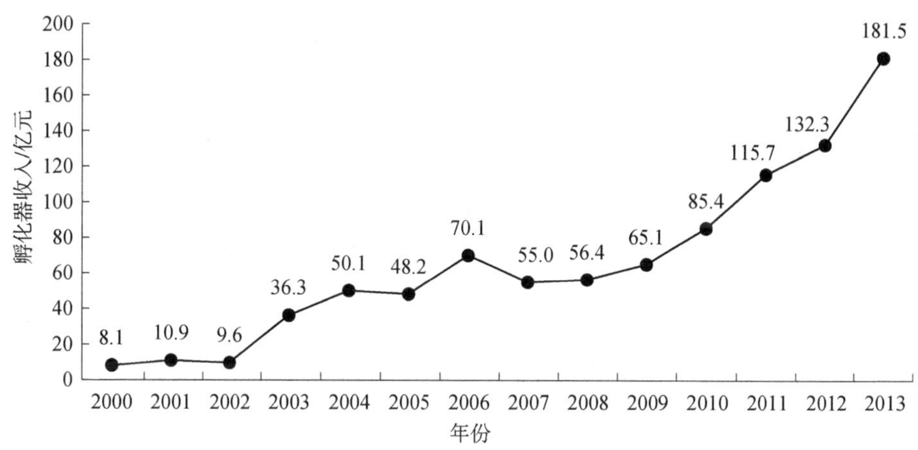

图 2-8　科技企业孵化器收入发展情况

资料来源：《中国创业孵化 30 年（1987—2017）》

（二）发展环境日益改善

2000～2013 年，中国市场经济体制和基本经济制度不断完善，持续实施科教兴国战略和建设创新型国家战略，国家创新体系不断优化，科技创新创业活力进一步迸发，科技企业孵化器发展的外部环境日益改善。

市场化改革激发创新创业活力推动中小型企业快速发展。进入 21 世纪以来，中国加入世界贸易组织（WTO），成功应对国际金融危机，并适时调结构、转方式，中国经济多年保持快速增长。确立市场经济体制，深化经济体制改革，稳步提升中国经济总量。1992 年党的十四大到 2002 年党的十六大期间，我国构建了社会主义市场经济体制的初步框架，确立了社会主义初级阶段基本经济制度和社会主义分配制度改革机制。2003 年召开的党的十六届三中全会通过了《中共中央关于完善社会主义市场经济体制若干问题的决定》，提出更大程度地发挥市场在资源配置中的基础性作用，增强企业活力和竞争力，全面深化经济体制改革。2012 年，党的十八大明确提出“经济体制改革的核心问题是处理好政府和市场的关系，必须更加尊重市场规律，更好发挥政府作用”。2013 年，党的十八届三中全会提出“使市场在资源配置中起决定性作用和更好发挥政府作用”①，强调在资源配置中，市场和政府需要

① 中国共产党第十八届中央委员会第三次全体会议公报[EB/OL]. http://news.cntv.cn/2013/11/12/ARTI1384257782885952.shtml[2021-06-01].

有机结合起来。

科教兴国战略和建设创新型国家战略及相关政策营造了有利于科技企业孵化器发展的政策环境。为贯彻落实《中华人民共和国促进科技成果转化法》，1999 年，科技部等七部委联合发布《关于促进科技成果转化的若干规定》，要求各地方支持高新技术创业服务中心（科技企业孵化器）和其他中介服务机构的建设与发展，有关部门在资金投入方面给予支持，在政策方面给予扶持；有条件的高新技术创业服务中心可以依据《中华人民共和国促进科技成果转化法》及其他有关法律、法规和文件规定，建立风险基金（创业基金）和贷款担保基金，为高新技术企业的创业和发展提供融资帮助①。这是中央政府文件首次明确提出支持创业中心发展的政策，将发展孵化器的政策层级从政府部门专项计划层面提升到国家政策层面。

1999 年 8 月，中共中央、国务院在北京召开全国技术创新大会。这次会议的主要任务是：部署贯彻落实《中共中央 国务院关于加强技术创新，发展高科技，实现产业化的决定》，进一步实施科教兴国战略，建设国家知识创新体系，加速科技成果向现实生产力转化等。同年，设立了科技型中小企业技术创新基金，政府开始大规模支持创业企业的发展。

2003 年 1 月实施的《中华人民共和国中小企业促进法》首次确定了中国科技企业孵化器的法律地位，与后来发布的鼓励科技企业孵化器发展的相关政策，共同形成了推动中国科技企业孵化器事业进一步发展的政策法律体系，营造了有利于中国科技企业孵化器发展的政策法律环境。2017 年，该项法律修订后颁布修订版，重新确定了对于当时孵化器发展的相关政策，第二十八条规定："国家鼓励建设和创办小型微型企业创业基地、孵化基地，为小型微型企业提供生产经营场地和服务。"

2006 年 1 月，中共中央、国务院召开全国科学技术大会，部署实施《国家中长期科学和技术发展规划纲要（2006—2020 年）》（简称《纲要》）。《纲要》提出，"对国家大学科技园、科技企业孵化基地、生产力促进中心、技术转移中心等科技中介服务机构开展的技术开发与服务活

① 国务院办公厅. 1999. 国务院办公厅转发科技部等部门——《关于促进科技成果转化的若干规定》[J]. 科技与法律，（1）：128-129.

动给予政策扶持”。这是在推动创新型国家建设进程中国家对科技企业孵化器发展给予的强有力政策支持，进一步确立了科技企业孵化器作为建设创新型国家有效载体的政策基调。

2010 年，中共中央、国务院发布的《国家中长期人才发展规划纲要（2010—2020 年）》同时提出，“继续加大对创业孵化器等基础设施的投入，创建创业服务网络，探索多种组织形式，为人才创业提供服务”，进一步明晰了孵化器为人才创业提供服务的战略定位，确立了科技企业孵化器作为创新创业人才培养基地的政策基调。

在推动创新型国家建设的进程中，国家还在税收政策上对科技企业孵化器的发展给予了重要支持。2006 年 2 月，国务院发布《实施〈国家中长期科学和技术发展规划纲要（2006—2020 年）〉的若干配套政策》，规定“对符合条件的科技企业孵化器、国家大学科技园自认定之日起，一定期限内免征营业税、所得税、房产税和城镇土地使用税”。孵化器税收优惠政策的出台，有力促进了科技企业孵化器的蓬勃发展，并对扶植科技创业和培育战略性新兴产业产生了积极作用。2007 年 8 月，《财政部 国家税务总局关于国家大学科技园有关税收政策问题的通知》《财政部 国家税务总局关于科技企业孵化器有关税收政策问题的通知》正式颁布。2012 年 4 月，《国务院关于进一步支持小型微型企业健康发展的意见》明确提出，“积极发展各类科技孵化器，到 2015 年，在孵企业规模达到 10 万个以上”，“规划建设小企业创业基地、科技孵化器、商贸企业集聚区等”[①]。

至此，我国形成了相对完善的孵化器发展政策支撑体系，在国家和地方财政资金支持孵化器建设发展的基础上，通过进一步提供税收支持方式，形成财政政策和税收政策并行支持的财税支持体系，并连同法律支持和行政政策，共同构成了中国孵化器发展的完整政策体系。

在良好的外部政策环境下，孵化器数量不断增加、类型不断丰富、服务能力不断提升、服务绩效显著，孵化器建设延伸到全国各个省份，并进一步扩展到县市区和镇乡村，扩大了创业服务受益者的范围；有效改善了孵化器

① 商务部. 2012. 国务院关于进一步支持小型微型企业健康发展的意见[EB/OL]. http://hk.mofcom.gov.cn/aarticle/m/201204/20120408094236.html[2021-04-01].

运行状况，弥补了孵化器房租亏损和服务支出，在降低孵化服务成本的同时，使孵化器进一步聚焦创业企业成长，培育了大批战略性新兴产业的源头企业，促进了区域经济和产业结构调整；激励社会资金对孵化器建设的投入，有效地支撑了全国科技创新创业活动。

（三）管理体系逐步成熟

在科技部主导下，在财政部、国家税务总局等部门及各地方政府、各社会组织的广泛关注下，中国科技企业孵化器的行业管理和支持体系逐渐健全。

国家行业管理渐趋成熟。为进一步加强对孵化器的指导，2000 年 4 月，科技部发布了《关于加快高新技术创业服务中心建设与发展的若干意见》。2001 年 7 月，科技部发布了《中国科技企业孵化器“十五”期间发展纲要》《关于“十五”期间大力推进科技企业孵化器建设的意见》，提出了“十五”期间孵化器发展的指导思想、原则目标和推进措施。2003 年 4 月，科技部发布了《关于进一步提高科技企业孵化器运行质量的若干意见》，在我国孵化器数量快速发展的阶段，及时提出质量并重的指导意见特别是强化运行质量，进一步加强了对全国孵化器建设的指导，并将科技企业孵化器作为加强全国高新技术产业化工作、推动国家高新区“二次创业”的重要任务之一。2005 年 1 月，科技部发布《关于印发〈高新技术创业服务中心管理办法〉的通知》，进一步明确了科技企业孵化器的宗旨、功能、目标，突出了国家高新技术创业服务中心的认定与管理，明确并细化了国家高新技术创业服务中心的企业入孵条件和毕业标准。2006 年 5 月，科技部批准设立火炬中心孵化器管理处，承担对各类科技企业孵化器的管理工作，在科技部火炬中心孵化器管理处的引导下，科技企业孵化器事业进一步走向规范化。2006 年，《中国科技企业孵化器“十一五”发展规划纲要》《科技企业孵化器（高新技术创业服务中心）认定和管理办法》相继出台，为孵化器快速发展提供了完善的政策指导和保障。随后，相关部门相继在 2012 年、2017 年出台《国家科技企业孵化器“十二五”发展规划》《国家科技企业孵化器“十三五”发展规划》等规划及政策文件。

（四）多模式孵化器稳步成长

1. 留学人员创业园快速发展

在这一阶段，随着国家对吸引留学人员回国创新创业的重视，相关政策不断丰富。2000 年 6 月，科技部、人事部、教育部印发《关于组织开展国家留学人员创业园示范建设试点工作的通知》，决定在现有留学人员创业园基础上，联合批准建立一批国家留学人员创业园示范基地，引导全国留学人员创业园的发展，为留学人员回国创业营造更有利的条件。随后，选定北京等地的 11 个留学人员创业园作为首批国家留学人员创业园示范建设试点。

随着留学人员回国创新创业环境日益完善，留学人员创业园快速发展，规模不断扩大，管理逐步规范，服务趋向专业，特色更加鲜明。作为中国科技企业孵化器的重要组成部分，留学人员创业园在吸引海外人才创业和培育成功企业家、促进科技成果转化与产业化、培育战略性新兴产业、提高区域科技创新能力、提升企业国际竞争力、弘扬创新创业文化等多方面都发挥出了越来越重要的作用。

2. 专业型孵化器大量涌现

在这一阶段，适应各类主体创新创业需要的、富有特色的专业型孵化器不断涌现，一批软件、生物、新材料、制造业、高新技术、多媒体、都市工业设计、环保、集成电路设计和农业高新技术等专业特色极为鲜明的专业型孵化器随着高新技术产业的发展应运而生，在孵化条件、服务内容和管理队伍上更加专业化，更加有利于孵化企业的市场开拓和规模发展，有力地促进了相关领域的产业发展。到 2013 年，中国共拥有专业型孵化器 455 个，占全部孵化器的 1/3 左右。广州华南新材料创新园等一批具有代表性的专业型孵化器运营状况良好。在孵化器较为发达的地区，如西安、成都、武汉、上海、厦门等地，已经出现专业型孵化器集群。同时，一批现代中药、集成电路、精细化工等公共技术服务平台在孵化器建成，弥补了科技型中小型企业在科技人才、研发设备、开发资金等方面的不足。

3. 国家大学科技园成效显著

21 世纪以来，国家大学科技园步入快速发展、稳步成长阶段。2000 年 11 月，科技部、教育部印发了《国家大学科技园管理试行办法》，明确了国家大学科技园的认定管理程序和评估指标体系。在科技部、教育部和地方政府的大力推动下，大学科技园快速发展，取得显著成效。2001 年，全国大学科技园工作指导委员会根据科技部、教育部印发的《国家大学科技园管理试行办法》（国科发高字〔2000〕530 号），组织专家对一批发展情况较好的大学科技园进行了认真的考核评估。根据专家考核评估结果和全国大学科技园工作指导委员会的建议，科技部、教育部决定认定清华大学科技园等 22 个大学科技园为首批国家大学科技园。

随着科技、教育改革的不断深化，地方政府和高校更加重视大学科技园建设，并在土地、财税、企业孵化、产业扶持等方面出台了一系列优惠政策。到 2013 年底，国家级、省级和高校自办的三级大学科技园体系日趋成熟，全国共有国家大学科技园 94 个，涵盖 23 个省份，场地面积达到 775.9 万平方米，在孵企业 8204 个，在孵企业总收入达到 262.1 亿元，累计毕业企业 6515 个①。

4. 国际企业孵化器创新试点工作

随着科技企业孵化器国际交流的日益频繁，孵化器国际化成为科技企业孵化器深化发展的重要方向之一。2000 年以来，我国分别在上海、西安、北京、广州、武汉等地持续开展国际企业孵化器（International Business Incubator，IBI）试点工作，通过国际培训、国际交流、引资引智、营造孵化环境等方式，加强国内外交流合作，打造孵化器国际化品牌。国际企业孵化器试点工作主要包括：通过交流合作与其他国家的科技园区及孵化器组织建立紧密的合作关系，与欧美、亚太众多国家和地区的国外机构和企业达成合作协议；通过开拓国际合作渠道，促进企业“引进来，走出去”。这一阶段，我国多个国际企业孵化器吸引了大批先进企业入驻，也广泛引进国外资金、先进技术和管理人才，为国际合作发挥了重要的纽带作用。

5. 海外科技创业园启动试点

为促进国内外技术、人才、资本和市场等创新创业要素资源的双向流

① 《中国创业孵化 30 年》编委会. 2017. 中国创业孵化 30 年（1987—2017）[M]. 北京：科学技术文献出版社.

动，我国从 2001 年开始建设海外科技园与孵化器，科技部在 6 个国家启动了 8 个海外科技园的试点工作。其中，国际企业孵化器是海外科技创业园的中坚力量，大部分国际企业孵化器都与国外共建了海外科技园区，并取得了良好效果。这一时期，设立的海外科技创业园主要有中关村科技园区管理委员会和北京瀚海智业投资管理集团联合共建的中关村瀚海硅谷科技园，广州 IBI 在英国设立的中英剑桥科技创业园（广州中英剑桥科技创业园有限公司），重庆 IBI 在俄罗斯建立的重庆中俄科技合作示范基地等。

6. 国外机构来华兴建孵化器

随着国内孵化事业走向国际化，越来越多的国外孵化器、企业、机构也到中国与国内的孵化器、投资机构、企业、大学等开展合作，在国内建立国际企业孵化器。这一类型的孵化器引进了国外先进的技术及资本，同时也带来了国外的孵化模式和创新创业理念，为中国孵化器的国际化发展及推动国内、国际科技产业深度融合创造了条件。这一时期，在国内设立的国际创业孵化器有成都高新技术创业服务中心（成都国际企业孵化中心）、丹麦科技创业中心、微软云加速器、诺基亚体验创新中心、西交 SKEMA 国际创新创业园等。

（五）创新型孵化器开始萌芽

随着改革开放的深入和创新驱动发展战略的实施，从 2004 年开始，北京、上海、深圳等创新创业资源丰富、创新创业文化浓厚的发达地区诞生了一批新型创业模式和创业孵化模式，涌现了一批运作模式新、创新能力强、专业水平高、平台搭建优的新型创业服务机构。这些新型孵化机构服务内容涵盖投资、孵化、培训、媒体等各个环节，服务范围涉及项目发现、团队构建、企业孵化、后续支撑等全价值链的区域创业服务生态体系。

2011 年 7 月，中关村科技园区管理委员会认定创新工场为首个创新型孵化器，标志着创新工厂进入中关村的孵化器体系，孵化企业将享受中关村示范区有关企业注册、融资和人才引进等优惠政策。此后，车库咖啡、36 氪、清华 x-lab 等 16 个创业服务机构分别被授予创新型孵化器称号。2013 年底，科技部火炬中心将创新工场、亚杰商会等 17 个中关村示范区创新型孵化器纳入国家科技企业孵化器的管理体系及相关科技计划项目的支持范围。到2013年底，我国形成了完备的孵化器体系，拥有完备的孵化管理体系，强大的创业承载能力和服务支撑能力，为中国孵化器的蓬勃发展创造了基础性条件。

四、蓬勃发展阶段（2014年以来）

2014年，李克强总理在世界经济论坛新领军者年会上提出要推动“大众创业、万众创新”①。随后，国家出台一系列扶持政策，进一步营造了全社会创新创业氛围，激发了各类社会主体的创新创业活力，更大限度地推动了中国科技企业孵化器迅猛发展。

“大众创业、万众创新”极大地激发了大众的创业潜能。随着“大众创业、万众创新”的蓬勃发展，众创空间应势而生，迅猛发展，市场化、专业化、低成本、便利化的运行机制，为创新创业者提供了良好的栖息地。特别是，以龙头骨干企业、高校、科研院所为依托建设的一批专业化众创空间，带动了更多科技人员投身创新创业，更加有效地支撑了实体经济发展，在培育发展新动能、推动供给侧结构性改革中发挥了重要作用。

这一阶段，孵化器的数量、孵化器场地面积、在孵企业数量、在孵企业总收入、在孵企业从业人员数、累计毕业企业数量等进一步提升，孵化成效显著。截至2019年底，我国拥有各类孵化器总数已经超过1.3万个。服务创业企业和团队超过65万个，毕业企业超过16万个②，孵化领域覆盖互联网、人工智能、生物医药、光伏、石墨烯、物联网和纳米等新兴产业，培育了软通动力信息技术（集团）股份有限公司、启明星辰信息技术集团股份有限公司、科大讯飞股份有限公司、分众传媒信息技术股份有限公司、石家庄以岭药业股份有限公司等一批创新型企业。

（一）众创空间应运而生

2014年9月召开的世界经济论坛新领军者年会的开幕式上，李克强总理首次提出，要借改革创新的“东风”，在960多万平方公里土地上掀起“大众

① 新华网. 2015. 李克强力推“大众创业、万众创新”[EB/OL]. http://www.gov.cn/xinwen/2015-09/10/content_2928395.htm [2022-05-11].

② 科学技术部火炬高技术产业开发中心. 2020. 中国创业孵化发展报告2020[M]. 北京：科学技术文献出版社，2020.

创业”“草根创业”的浪潮，形成“万众创新”“人人创新”的新态势[①]。这标志着“大众创业、万众创新”时代的到来。

科技部火炬中心在多次调研创客空间、创新型孵化器的基础上，于2014年12月底提出“众创空间”概念，指出以构建众创空间为载体，整合资源，打造新常态下经济发展新引擎。国务院总理李克强于2015年1月28日主持召开国务院常务会议，确定支持发展“众创空间”的政策措施，为创新创业搭建新平台。会议指出，顺应网络时代推动“大众创业、万众创新”的形势，构建面向人人的“众创空间”等创业服务平台，对于激发亿万群众创造活力，培育包括大学生在内的各类青年创新人才和创新团队，带动扩大就业，打造经济发展新的“发动机”，具有重要意义。一是要在创客空间、创新工场等孵化模式的基础上，大力发展市场化、专业化、集成化、网络化的“众创空间”，实现创新与创业、线上与线下、孵化与投资相结合，为小微创新企业成长和个人创业提供低成本、便利化、全要素的开放式综合服务平台。二是要加大政策扶持。适应“众创空间”等新型孵化机构集中办公等特点，简化登记手续，为创业企业工商注册提供便利。支持有条件的地方对“众创空间”的房租、宽带网络、公共软件等给予适当补贴，或通过盘活闲置厂房等资源提供成本较低的场所。三是要完善创业投融资机制。发挥政府创投引导基金和财税政策作用，对种子期、初创期科技型中小型企业给予支持，培育发展天使投资。完善互联网股权众筹融资机制，发展区域性股权交易市场，鼓励金融机构开发科技融资担保、知识产权质押等产品和服务。四要打造良好创业创新生态环境。健全创业辅导指导制度，支持举办创业训练营、创业创新大赛等活动，培育创客文化，让创业创新蔚然成风[②]。

为加快实施创新驱动发展战略，适应和引领经济发展新常态，顺应网络时代“大众创业、万众创新”的新趋势，加快发展众创空间等新型创业服务平台，营造良好的创新创业生态环境，激发亿万群众创造活力，打造经济发展新引擎。2015年3月，《国务院办公厅关于发展众创空间推进大众创新创

① 李克强推进大众创业万众创新 国务院22份相关文件部署[EB/OL]. http://www.xinhuanet.com//politics/2015-08/06/c_1116163454.htm[2021-06-30].

② 李克强主持召开国务院常务会议（2015年1月28日）[EB/OL]. http://www.gov.cn/guowuyuan/2015-01/28/content_2811254.htm[2022-08-02].

业的指导意见》（国办发〔2015〕9 号）发布。文件指出，要形成一批有效满足大众创新创业需求、具有较强专业化服务能力的众创空间等新型创业服务平台；总结推广创客空间、创业咖啡、创新工场等新型孵化模式，充分利用国家自主创新示范区、国家高新技术产业开发区、科技企业孵化器、小企业创业基地、大学科技园和高校、科研院所的有利条件，发挥行业领军企业、创业投资机构、社会组织等社会力量的主力军作用，构建一批低成本、便利化、全要素、开放式的众创空间；发挥政策集成和协同效应，实现创新与创业相结合、线上与线下相结合、孵化与投资相结合，为广大创新创业者提供良好的工作空间、网络空间、社交空间和资源共享空间①。

为了改革完善相关体制机制，构建普惠性政策扶持体系，推动资金链引导创新创业链、创新创业链支持产业链、产业链带动就业链，2015 年 6 月 11 日，《国务院关于大力推进大众创业万众创新若干政策措施的意见》（国发〔2015〕32 号）发布，构建起多部门参与、有利于“大众创业、万众创新”蓬勃发展的政策环境、制度环境和公共服务体系等制度框架。文件明确提出，大力发展创新工场、车库咖啡等新型孵化器，做大做强众创空间，完善创业孵化服务；引导和鼓励各类创业孵化器与天使投资、创业投资相结合，完善投融资模式；引导和推动创业孵化与高校、科研院所等技术成果转移相结合，完善技术支撑服务；引导和鼓励国内资本与境外合作设立新型创业孵化平台，引进境外先进创业孵化模式，提升孵化能力。《国务院办公厅关于发展众创空间推进大众创新创业的指导意见》和《国务院关于大力推进大众创业万众创新若干政策措施的意见》的出台，为众创空间、创业苗圃、科技企业孵化器、科技企业加速器等创新创业载体迅猛发展拉开了大幕。

（二）众创空间的蓬勃发展

2014 年以来，一系列“大众创业、万众创新”支撑政策的出台，释放了市场活力，各类社会主体纷纷投身建设孵化器。源于创客空间、创新型孵化器的众创空间成为中国孵化器发展的一大亮点。2014 年底，全国初具规模的创客空间、创业咖啡等创新型创业孵化机构有几十个，《国务院办公厅关于发

① 国务院办公厅. 2015. 国务院办公厅关于发展众创空间推进大众创新创业的指导意见[EB/OL]. http://www.gov.cn/zhengce/content/2015-03/11/content_9519.htm[2020-04-08].

展众创空间推进大众创新创业的指导意见》和《国务院关于大力推进大众创业万众创新若干政策措施的意见》发布后，中华人民共和国国家发展和改革委员会（简称发改委）、科技部、中华人民共和国工业和信息化部（简称工信部）等部门纷纷出台支持“大众创业、万众创新”的政策措施，营造了众创空间建设发展的大好环境。2016 年底，众创空间数量迅速增加到 4298 个，截至 2019 年底，众创空间数量达到 8000 个。①

为深入贯彻落实《国务院办公厅关于发展众创空间推进大众创新创业的指导意见》和《国务院关于大力推进大众创业万众创新若干政策措施的意见》，进一步明确众创空间的功能定位、建设原则、基本要求和发展方向，指导和推动众创空间科学构建、健康发展，2015 年 9 月，科技部印发《发展众创空间工作指引》，指出发展众创空间重在完善和提升创新创业服务功能，要通过便利化、全方位、高质量的创业服务，让更多人参与创新创业，让更多人能够实现成功创业。当年，首批 136 个众创空间纳入国家级科技企业孵化器管理服务体系，标志着众创空间进入国家正规管理序列。国家级备案有效推动了各省科技主管部门出台各省份众创空间备案办法。

在上述政策环境驱动下，全国各地涌现出一批有亮点、有潜力、有特色的众创空间，并逐渐成为“大众创业、万众创新”的重要阵地和创新创业者的聚集地，呈现蓬勃发展的良好势头。为有效支撑我国经济结构调整和产业转型升级，推动众创空间向纵深发展，在制造业、现代服务业等重点产业领域强化企业、科研机构和高校的协同创新。2016 年 2 月，《国务院办公厅关于加快众创空间发展服务实体经济转型升级的指导意见》印发，要求促进众创空间专业化发展，为实施创新驱动发展战略，推进“大众创业、万众创新”提供低成本、全方位、专业化服务，更大释放全社会创新创业活力，加快科技成果向现实生产力转化，增强实体经济发展新动能。通过龙头企业、中小微企业、科研院所、高校、创客等多方协同，打造产学研用紧密结合的众创空间，吸引更多科技人员投身科技创新创业，促进人才、技术、资本等各类创新要素的高效配置和有效集成，推进产业链创新链深度融合，不断提升服务创新创业的能力和水平。

① 科学技术部火炬高技术产业开发中心. 2020. 2020 中国火炬统计年鉴[M]. 北京：中国统计出版社.

2016 年 8 月，为做好专业化众创空间的示范，充分发挥引领带动作用，科技部开展了首批国家专业化众创空间的遴选工作，研究确定了首批 17 个国家专业化众创空间进行示范。同时，发布《专业化众创空间建设工作指引》，进一步明确专业化众创空间的内涵特征、建设条件和建设方向，指导和推动专业化众创空间有序发展。工作指引指出，专业化众创空间依托具有强大产业链和创新链资源整合能力的主体建设，具有四方面突出特征：①拥有创新源头；②资源共享基础好、水平高；③产业整合能力强；④孵化服务质量高。其主要任务包括：①有效聚焦专业细分领域的创新创业；②积极提供结合行业特征的科研条件和配套服务；③不断加强机制体制创新；④注重构筑完整的创业孵化链条；⑤大力促进建设机构业务转型升级和持续创新；⑥加快提升国际化发展水平。

（三）孵化器规模显著提升

我国孵化器数量 2014 年为 1748 个（包括国家大学科技园 115 个），2019 年增加到 13 206 个（包括众创空间 8000 个、国家大学科技园 115 个）；孵化器场地面积 2014 年为 6877.8 万平方米，2019 年增加到 12 927.9 万平方米；在孵企业数量 2014 年为 78 965 个，2019 年增加到 216 828 个；在孵企业总收入 2014 年为 3696.4 亿元，2019 年增加到 8219.9 亿元；在孵企业从业人员数 2014 年为 141.7 万人，2019 年增加到 294.9 万人；累计毕业企业数量 2014 年为 61 944 个，2019 年增加到 160 850 个。①

科技企业孵化器、大学科技园、众创空间等创业孵化机构共同打造了覆盖全创业生命周期的良好创新创业生态。日益完备的孵化服务体系实现了创新、创业、就业的有机结合与良性循环。不断壮大的发展规模，使孵化器成为培育科技型中小型企业的重要平台和新兴产业发展的策源地。经过 30 多年的发展，我国各类创业孵化机构在集聚人才、技术、资金、载体等要素，促进研发、投资、孵化、产业培育相结合方面进行了大胆探索和实践，成为培育新业态、释放新动能的重要动力源。当前，中国正处于“大众创业、万众创新”的时代大潮，国家颁布了系列创业政策和简政放权的改革举措。在

① 科学技术部火炬高技术产业开发中心. 2020. 2020 中国火炬统计年鉴[M]. 北京：中国统计出版社.

“大众创业、万众创新”政策的激励下，未来我国的孵化器事业将不断发展完善，并成为我国提升科技创新能力、深化供给侧结构性改革、加速新旧动能转换的重要推动力。

第二节　孵化器的发展现状①

一、总体概况

（一）整体数量快速增长

截至 2019 年底，我国孵化器总数达到 13 206 个，位列世界第一。其中，科技企业孵化器 5206 个，同比增长 7.4%，国家级科技企业孵化器 1155 个，同比增长 19.4%；众创空间 8000 个，同比增长 15.0%，国家备案众创空间 1819 个，同比增长−3.7%；国家大学科技园 115 个，多年数量持平。

（二）服务企业数量稳步提升

截至 2019 年底，孵化器在孵企业和团队共有 65.8 万个，其中，科技企业孵化器在孵企业 21.7 万个，同比增长 5.3%；众创空间当年孵化的创业团队和初创企业数量为 44.1 万个，同比增长 7.9%；国家大学科技园在孵企业 0.9 万个，同比增长−6.4%。2019 年获得投融资的在孵企业和团队共有 3 万个，约占 4.5%。其中，科技企业孵化器在孵企业中，获得投融资的有 1.1 万个；众创空间在孵企业或团队中，获得投融资的有 1.9 万个。

（三）经济效益显著

2019 年，孵化器总运营收入为 653.6 亿元，与上年基本持平。其中，科技企业孵化器总收入为 449.9 亿元，众创空间总收入为 203.7 亿元。

2019 年，全国在孵企业总收入为 8219.9 亿元，较 2018 年下降 1.5 个百分点。其中，国家级孵化器在孵企业总收入为 3976.3 亿元，占比为 48.4%；

① 科学技术部火炬高技术产业开发中心. 2019. 2019 中国火炬统计年鉴[M]. 北京：中国统计出版社；科学技术部火炬高技术产业开发中心. 2020. 2020 中国火炬统计年鉴[M]. 北京：中国统计出版社.

非国家级孵化器在孵企业总收入为4243.6亿元，占比为51.6%。国家大学科技园在孵企业总收入为325.7亿元，占比为4%。

（四）高成长性企业输出能力持续提升

2019年，我国科技企业孵化器累计毕业企业16.1万个，同比增长15.4%；国家大学科技园累计毕业企业1.2万个，同比增长12.3%。

（五）为社会创造大量就业机会

全国孵化器事业带动就业效果明显。2019年，全国孵化器从业人员达到16.8万人，包括科技企业孵化器从业人员7.3万人、众创空间从业人员9.5万人。在孵企业和创业团队共吸纳就业450.3万人，同比增长22.8%。其中，科技企业孵化器在孵企业吸纳就业294.9万人，包括应届大学毕业生26.5万人；众创空间在孵企业和团队吸纳就业155.0人，包括应届大学毕业生19.9万人。

（六）科技成果产出明显

2019年，在孵企业和团队拥有的有效知识产权数量共计90.6万件，同比增长38.1%，发明专利共计16万件。其中，科技企业孵化器拥有的有效知识产权数量为56.3万件，同比增长27.7%，包括发明专利9.8万件；众创空间常驻企业和团队拥有有效知识产权34.3万件，同比增长60.2%，包括发明专利6.2万件①。

二、孵化绩效对比

（一）国家级科技企业孵化器的平均运营收入较高

2019年，从总运营收入来看，科技企业孵化器的平均运营收入是864.1万元。其中，国家级科技企业孵化器的平均运营收入是1637.6万元；众创空间平均运营收入是254.6万元，国家备案的众创空间平均运营收入是360.7万元。科技企业孵化器的平均运营收入高于众创空间的运营收入，前者是后者的3～5倍。国家级孵化器的运营收入高于孵化器的平均水平，其中国家级科技企业孵化器的平均运营收入是科技企业孵化器平均水平的近2倍。

① 科学技术部火炬高技术产业开发中心. 2020. 中国创业孵化发展报告2020[M]. 北京：科学技术文献出版社.

（二）国家级孵化器的企业孵化能力远高于孵化器平均水平

2019 年，从在孵企业或团队数量来看，科技企业孵化器平均在孵企业数量是 41.6 个。其中，国家级科技企业孵化器平均在孵企业 82.7 个；国家大学科技园平均在孵企业 82.5 个；众创空间平均在孵企业或团队 55.1 个，国家备案众创空间平均在孵企业或团队 88.4 个。国家级孵化器，如国家级科技企业孵化器、国家大学科技园、国家备案众创空间等，在孵企业或团队数量接近，这些国家级孵化器的平均在孵企业或团队数量远高于孵化器的平均水平。

（三）国家级科技企业孵化器的平均收入高于科技企业孵化器平均水平

2019 年，从在孵企业规模来看，科技企业孵化器在孵企业的平均收入为 379.1 万元，国家级科技企业孵化器在孵企业的平均收入为 416.1 万元。国家大学科技园在孵企业的平均收入为 343.4 万元。国家级科技企业孵化器在孵企业的平均收入高于科技企业孵化器的平均收入水平，而国家大学科技园在孵企业的平均收入低于科技企业孵化器的平均收入水平。

（四）国家级科技企业孵化器吸纳就业能力较强

从在孵企业吸纳就业人员数量来看，科技企业孵化器和国家级科技企业孵化器在孵企业的平均从业人员数量分别为 13.6 人和 15.2 人。国家大学科技园在孵企业的平均从业人员数量为 13.0 人。众创空间和国家备案的众创空间在孵企业或团队的平均人员数量分别为 4.3 人和 4.6 人。科技企业孵化器吸纳的平均从业人员数量多于众创空间的平均从业人员数量。

三、孵化器的增长趋势

（一）科技企业孵化器的增长趋势

我国科技企业孵化器事业虽然开始较晚，但是发展迅速。1987 年，我国诞生了 2 个科技企业孵化器，到第一个十年，全国科技企业孵化器总量不足百个；到了第二个十年，数量已近 600 个；到了第三个十年，受国家经济发展和“大众创业、万众创新”政策的推动，全国科技企业孵化器总量高达 3255 个；2017～2019 年，科技企业孵化器数量继续迅猛增长，截至 2019 年底，数量达到 5206 个，其中国家级科技企业孵化器 1177 个（图 2-9）。

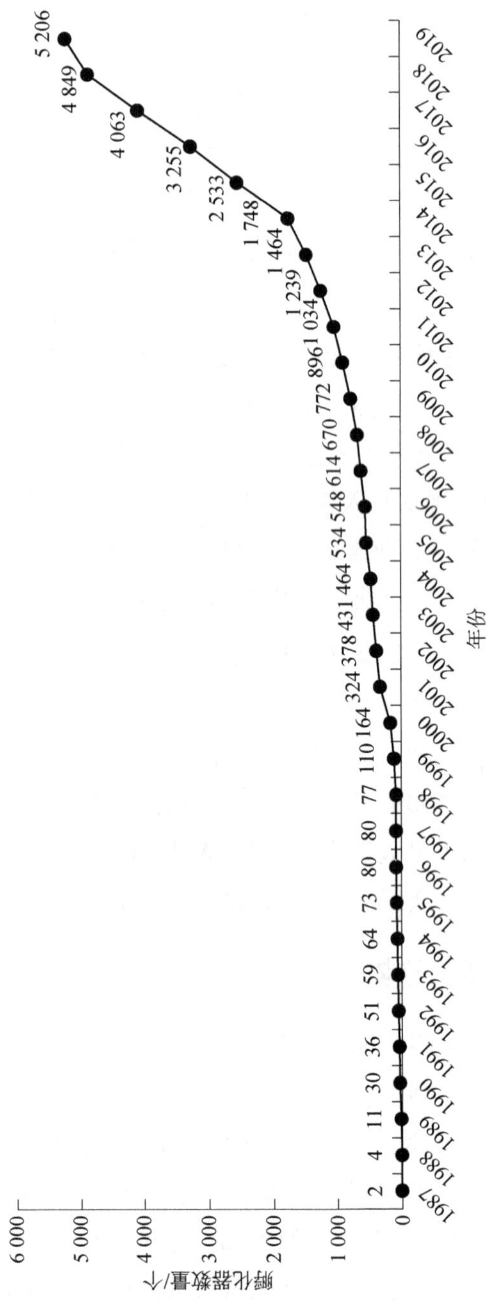

图 2-9 1987～2019 年科技企业孵化器数量

资料来源：《2020 中国火炬统计年鉴》《中国创业孵化 30 年（1987—2017）》

（二）国家大学科技园的增长趋势

我国大学科技园从 1991 年起步探索，经过 20 多年的建设发展，规模日渐扩大。科技部、教育部于 1999 年底联合组织开展国家大学科技园的建设试点工作。组织专家考核评估后，科技部、教育部于 2002 年认定公布清华大学科技园等 22 个大学科技园为首批“国家大学科技园”。目前已经认定了 11 个批次的国家大学科技园。截至 2019 年底，共有国家大学科技园 115 个（图 2-10）。2021 年 5 月，科技部、教育部认定北京农学院国家大学科技园等 25 个大学科技园为第十一批国家大学科技园认定名单，至此，国家大学科技园总数增加至 140 个①。

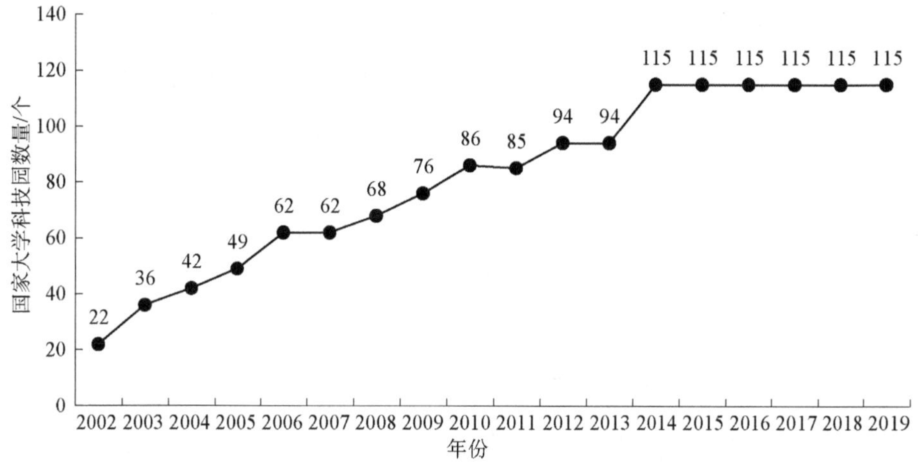

图 2-10　2002～2019 年国家大学科技园数量

资料来源：《2020 中国火炬统计年鉴》

（三）众创空间的增长趋势

2014 年以来，一系列“大众创业、万众创新”支撑政策的出台，释放了市场活力，各类社会主体纷纷投入建设孵化器。与此同时，国务院、科技部等国家部委发布多个指导性及政策性文件推动了众创空间的蓬勃发展及专业化纵深发展。众创空间的概念仅提出近一年时间后，到 2016 年，我国众创空间数量已经达到 4298 个，其中国家备案的众创空间数量为 1337 个。得益于国家“大众创业、万众创新”政策的推动，全国众创空间建设保持了较高的增长速度，

① 科学技术部. 2021. 科技部 教育部认定第十一批国家大学科技园[EB/OL]. https://www.most.gov.cn/zzjg/jgsz/cgzhyqycxs/cgzhgzdt/202106/t20210603_175038.html[2021-08-30].

2017 年的增速达到 34%，近几年增速有所放缓，2019 年较 2018 年同比增长 15%。截至 2019 年底，全国众创空间数量已经增加到 8000 个。2017～2019 年，国家备案的众创空间数量相对稳定，这与国家对已经备案的众创空间加强复核管理有关。截至 2019 年底，国家备案的众创空间数量为 1888 个（图 2-11）。

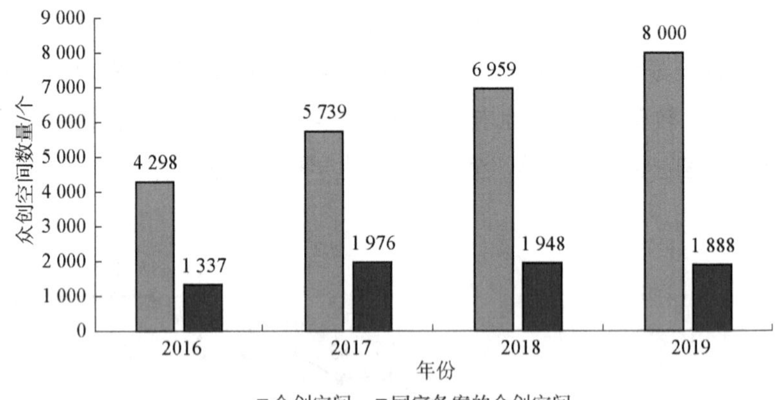

图 2-11　2016～2019 年全国众创空间数量

资料来源：《2020 中国火炬统计年鉴》

四、孵化器区域分布

（一）四大经济区的孵化器分布

全国按照经济社会加速发展的新形势，可以分为东部地区、中部地区、西部地区和东北地区四大经济区域。截至 2019 年底，四大经济区孵化器分布情况如图 2-12～图 2-16 所示。

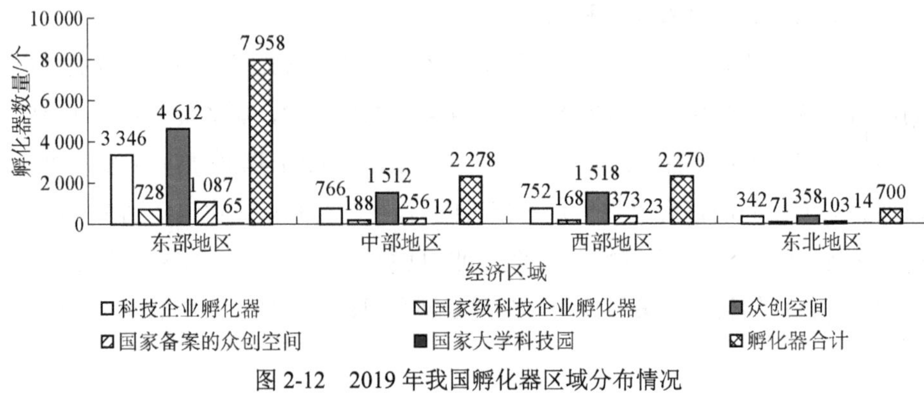

图 2-12　2019 年我国孵化器区域分布情况

资料来源：《2020 中国火炬统计年鉴》

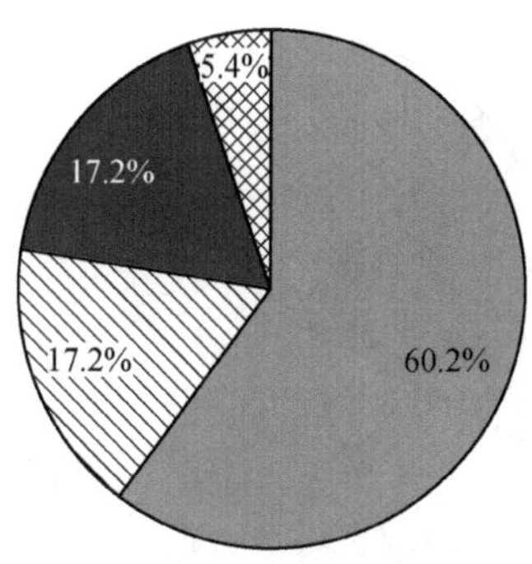

图 2-13　2019 年我国孵化器整体区域分布

资料来源：《2020 中国火炬统计年鉴》

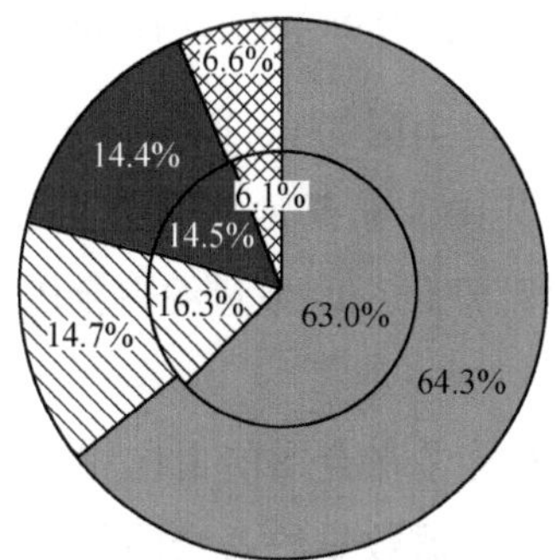

图 2-14　2019 年我国科技企业孵化器区域分布

内圆表示国家级

资料来源：《2020 中国火炬统计年鉴》

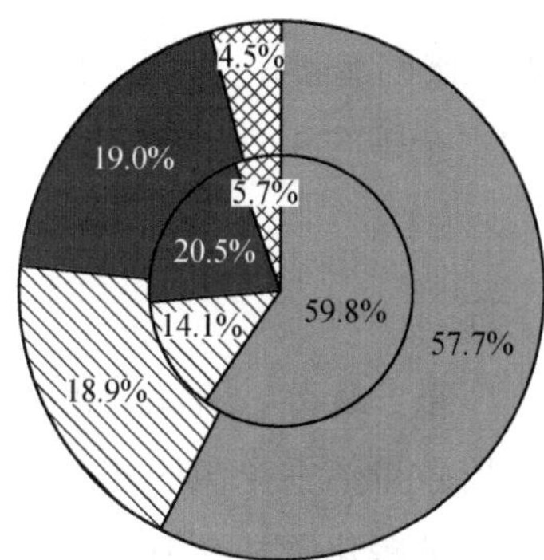

图 2-15　2019 年我国众创空间区域分布

内圆表示国家级

资料来源：《2020 中国火炬统计年鉴》

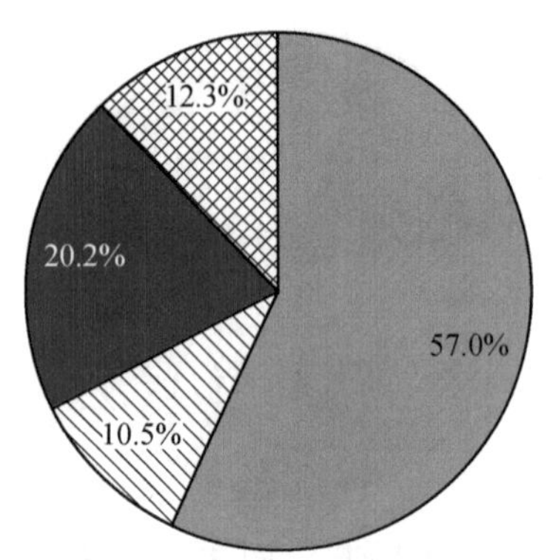

图 2-16　2019 年我国国家大学科技园区域分布

资料来源：《2020 中国火炬统计年鉴》

东部地区孵化器总量约占全国的 60.2%，表明东部地区在创业孵化事业发展方面占据主导地位。其中，东部地区科技企业孵化器数量约占全国的 64.3%，占比优势尤为明显；众创空间数量约占全国的 57.7%；国家大学科技园数量约占全国的 57.0%。

中部、西部地区孵化器总量在全国的占比相当，均约占全国的 17.2%。其中，中部地区科技企业孵化器数量约占全国的 14.7%，众创空间数量约占全国的 18.9%，国家大学科技园数量约占全国的 10.5%。西部地区科技企业孵化器数量约占全国的 14.4%，众创空间数量约占全国的 19.0%，国家大学科技园数量约占全国的 20.2%。

东北地区孵化器总量占全国的 5.4%。其中，科技企业孵化器数量约占全国的 6.6%，众创空间数量约占全国的 4.5%，国家大学科技园数量约占全国的 12.3%。

（二）各地区孵化器分布

从全国省份分布来看，广东、江苏、浙江、山东、河北孵化器数量在全国排前五位，五个省份孵化器数量约占全国的 49%。其中，广东孵化器共有 1968 个，约占全国的 15%，江苏孵化器共有 1683 个，约占全国的 13%。

广东、江苏、山东、北京、浙江的国家级孵化器数量在全国排前五位，五个省份国家级孵化器数量占国家级孵化器总量的 47%（图 2-17）。

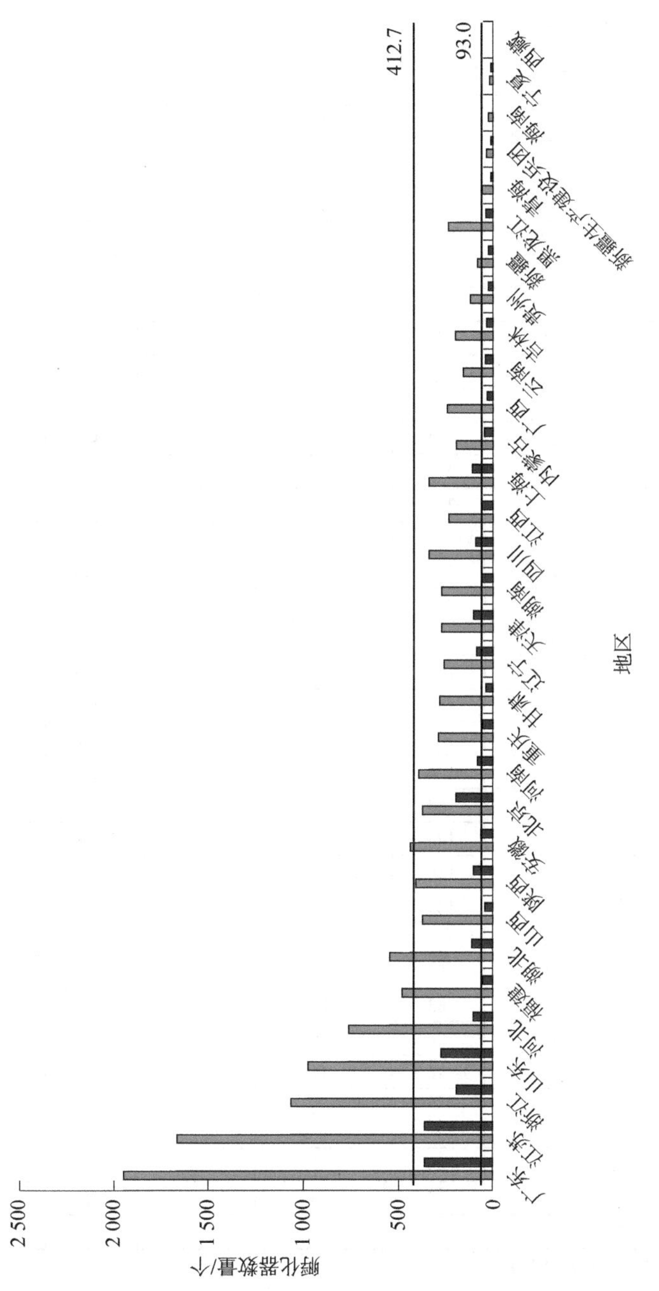

图 2-17　各地区孵化器数量情况

资料来源：《2020 中国火炬统计年鉴》

从孵化器主要类型来看，广东、江苏的科技企业孵化器数量排前两位，分别占全国的 19%、16%；广东、江苏的众创空间数量排前两位，分别占全国的 12%、10%；江苏、北京、上海的国家大学科技园数量排前三位，占全国的比例分别为 13%、13%、11%（表 2-1）。

表 2-1　2019 年全国各地区孵化器数量　　单位：个

地区	科技企业孵化器	国家级科技企业孵化器	众创空间	国家备案的众创空间	国家大学科技园	孵化器合计	国家级孵化器合计
广　东	1013	150	952	222	3	1968	375
江　苏	832	201	836	166	15	1683	382
浙　江	363	82	709	113	6	1078	201
山　东	358	96	626	182	5	989	283
河　北	251	33	513	77	3	767	113
福　建	135	15	352	50	2	489	67
湖　北	216	53	337	59	3	556	115
山　西	62	14	314	32	1	377	47
陕　西	122	33	284	71	4	410	108
安　徽	170	32	272	40	1	443	73
北　京	130	61	245	139	15	390	215
河　南	167	44	229	38	2	398	84
重　庆	77	19	214	42	2	293	63
甘　肃	79	10	207	29	3	289	42
辽　宁	67	30	194	60	6	267	96
天　津	81	33	191	73	1	273	107
湖　南	89	24	186	45	2	277	71
四　川	168	34	175	62	5	348	101
江　西	62	21	174	42	3	239	66
上　海	175	55	164	60	13	352	128
内蒙古	50	12	148	39	1	199	52
广　西	106	15	136	20	1	243	36
云　南	40	13	122	33	2	164	48
吉　林	93	22	110	18	3	206	43
贵　州	42	8	82	23	2	126	33
新　疆	29	9	63	23	1	93	33
黑龙江	182	19	54	25	5	241	49
青　海	14	6	46	11	1	61	18
新疆生产建设兵团	9	4	33	12		42	16
海　南	8	2	24	5	2	34	9
宁　夏	15	4	6	6	1	22	11
西　藏	1	1	2	2		3	3

资料来源：《2020 中国火炬统计年鉴》

东部沿海地区由于政府投入的资金和政策力度大，创业孵化事业发展远超其他地区。北京、上海地区由于具有较强的科教资源，通过国家大学科技园开展创业孵化事业表现突出。中部、西部和东北地区在孵化器事业发展与东部地区仍然存在较大的差距。

第三节　孵化器的发展态势

我国在孵化器的发展历程中，形成了完善的创新创业服务体系，实现了从单一到多元的重大转变。同时，我国注重从科技创业孵化向科技创业孵化全链条转变，把孵化服务向前后两段延展，形成了科技创业孵化全链条体系，进一步提升了创业服务的集成能力，营造了良好的创新创业生态系统，促进了区域经济转型升级，为建设国家创新体系和创新型国家营造了良好的创新创业氛围。

一、单一性

（一）投资主体单一性

在中国科技企业孵化器发展的初级阶段，由于市场发育不充分，市场的力量十分有限，政府充分发挥了自身的引导作用。因此，这一时期的孵化器的突出特点是公益性，即由政府出资组建、以地方科技部门和高新区为主兴办的综合型孵化器为主体，投资主体单一，绝大部分为事业单位，由各级政府、科技部门和高新区提供起步场地、资金和条件，并为创业企业提供尽可能多的政策扶植、孵化场地、共享服务设施、资金筹集、市场开拓、人员培训、咨询诊断、信息网络、公共关系等孵化服务，减少了企业的创业风险，提高了初创企业存活率。这一时期，孵化器在发展模式方面进行着不断探索，如面对缺乏场地和运转资金等困难，尝试房屋租金以外的小额孵化资金投入等范式，为在孵企业服务。

（二）服务对象单一性

我国早期孵化活动的服务阶段仅限于民营科技企业创立后的初级阶段，

即企业生命周期中的婴儿期和学步期。服务对象一般是具备发展潜力的初创民营科技企业，或已经做好充分准备、即将在孵化器中成立的民营科技企业。

（三）服务层次单一性

我国孵化器的孵化服务活动是逐步深入的，孵化服务的方式由单一逐步转向多元，服务层次不断升级。在孵化器发展初期，我国经济体制改革刚刚起步，处于探索期的中国科技企业孵化器主要面向科技创业企业提供场地、资金资助渠道、商务办公、咨询等多方面服务，还通过民营创业挂靠国有企事业单位等办法，给科技创业企业的创业生存和发展提供合法渠道。此时的孵化器组织资源较丰富，但组织能力较差，为企业提供的服务比较有限，服务层次单一。

二、多元化

自诞生以来，我国孵化事业不断探索新型孵化模式，服务类型、投资主体、服务对象、服务内容、运作方式等方面也从单一趋向多元，衍生科技企业孵化器、大学科技园、留学人员创业园、海外科技创业园、众创空间、科技企业加速器等不同类型的孵化器。复合多元的孵化体系，有力地推动了创新与创业相结合、线上与线下相结合、孵化与投资相结合，为创业者应用新技术、开发新产品、开拓新市场、培育新业态提供了有力支撑。

（一）投资主体的多元化

我国孵化器在政府的积极推动下，从事业单位起步，依靠市场力量，以服务企业为中心，积极引入其他投资主体，逐步实现了投资主体的多元化，主要表现为投资主体中有地方科技部门、开发区管理委员会、高等院校、科研院所、各类企业、投融资机构等。一大批成功企业家、天使投资人、龙头企业、新兴服务机构和创业媒体等市场主体投身于孵化器事业，社会各界对孵化器的认知与支持不断提升，有力推动了大众创新创业的进程。孵化器的经营管理也由政府委派的官员转变为职业经理人的全面介入，形成完整的委托代理关系①。

① 戴建忠. 2017.“双创”驱动下江苏省孵化器发展研究[J]. 创新科技，（9）：57-59.

相应地，孵化器的经营机制向着企业化方向转变，逐步建立起严格意义上的现代企业制度，市场在调动和配置科技资源方面的作用得到凸显。孵化器投资主体的多元化，提高了科技成果转化率，形成了为技术创新提供全过程、全方位服务的孵化体系，培育了一批高成长性的高新技术企业。

（二）服务对象的多元化

随着创业孵化事业的发展，孵化服务进一步覆盖到企业的种子期、初创期、成长期、成熟期等全生命周期。处于不同发展阶段的创业活动同样需要各类型创业孵化服务的有效供给，包括在空间上的集聚和形成良好的创业生态网络和环境。我国形成了众创空间-孵化器-科技企业加速器-高新技术产业园区的全链条孵化服务体系，针对不同发展阶段的科技企业提供差异化服务，为创业活动的发生、发展提供更加有效的支撑。国有企事业孵化器、民营孵化器协同共进，孵化器的社会公益性与营利性融合互补，协同推进。

在服务领域方面，出现了一批专注于（移动）互联网、云计算、生物医药、机器人与智能制造、新材料、现代农业、航空航天、文化创意等战略性新兴产业的孵化器，带动了一批行业龙头企业围绕自身产业链建设专业型孵化器，不断催生出新产品、新产业、新服务、新业态，成为科技创新创业的重要阵地，源源不断地为经济发展带来新活力。

（三）服务层次的多元化

随着孵化器进入多元化发展和深化发展阶段，我国创业环境大幅改善，同时孵化器的组织资源更加丰富，组织能力大幅提升，天使投资、创业导师、专业技术等创业要素资源集聚能力显著提高，对创业企业的帮扶已不再只偏重政策性保护与支持。企业联系人、虚拟董事、重点孵化等孵化服务制度创新，更加强调软服务和软环境的建设，服务价值链也从价值转移向价值创造过渡，即孵化服务的价值体现不再局限于政策的传递、既有物质与设施等有形价值的“转售”，而是通过筛选、咨询、网络、投资等孵化活动，利用孵化器内外部资源，延长孵化服务基础价值链。

这一时期，孵化器团队管理能力进一步提升，所提供的孵化服务活动也从向所有入驻企业提供普遍性资源开始转向对每个创业企业提供个性化、一对一的深度服务，为科技创业企业创造价值、加速其成长提供了有力支持。经过 30 多年的发展，我国孵化器已经转型发展至技术驱动、人才驱动、资本驱动、创新驱动阶段，更多地运用市场化手段、资本化途径，深度孵化企业。孵化器的收入结构也由房租物业为主，逐步转变为由孵化器服务收入、房租物业收入及通过自有资金入股、投资等形式所获得的投资收入等共同组成。

三、链式化

“十三五”时期，我国的创业孵化事业作为科技服务业的重要组成部分开始蓬勃发展，创新创业孵化体系基本健全，规模不断扩大，能力显著增强，形成了众创空间、科技企业孵化器、科技企业加速器、高新技术产业园区等不同形态的创业孵化器类型，并分别围绕创业企业发展的种子期、初创期、成长期、成熟期等不同阶段，提供全链条服务。科技创业孵化链条营造了更好的创新创业局部环境和生态，顺应了企业发展种子期、初创期、成长期、成熟期的成长规律，整合了从创业团队到创业企业再到高成长企业的服务资源，有利于科技企业培育、成长、壮大。

（一）众创空间快速发展，促进链条前端建设

在“大众创业、万众创新”的时代背景下，众创空间应运而生。众创空间的出现进一步向前延伸了创新创业的服务触角，增强和完善了科技创业孵化链条的前端环节，重点解决创业早期的孵化难题。众创空间作为创业苗圃的升级版，进一步降低创业的成本和门槛，提供了更专业、更便捷、更系统的“预孵化”服务。随着相关政策的推动，一批顺应网络时代创新创业特点和需求，通过市场化机制、专业化服务和资本化途径构建的众创空间大量涌现，形成了从“众创空间”到“科技企业孵化器”再到“科技企业加速器”，最后到“高新技术产业园区”的完整创业孵化服务链条。

（二）构建科技企业加速器服务体系，加强链条后端建设

我国根据高成长性企业特点和需求，不断完善科技企业加速器服务内容和方式，形成了具有鲜明特色的科技企业加速器服务体系，并与前端服务体系有机融合，构建了接力棒式创新创业服务链。以孵化器为载体的支撑服务体系和

以促进企业高速增长为目标的科技企业加速器均可纳入产业孵化的范畴。

孵化器和科技企业加速器在服务模式和服务内容上有相似之处，但却存在根本的不同。从服务对象上看，孵化器所服务的对象以种子期企业为主，帮助其顺利生存、成长，主要使命在于培育新产业；现代企业加速器所服务的对象以成长期企业为主，帮助其快速壮大，同时还可为开展新业务的大型企业提供体系化服务，主要使命在于培育新的经济增长点，成为科技型中小型企业成长必经之路和风险投资收益最大化的重要保障。从物理空间上看，科技企业加速器提供的产品更加丰富，有标准厂房、中试研发中心和定制生产基地；与入驻企业的合作方式灵活，出租与出售并存。从服务内容、服务层次、服务特点上看，科技企业加速器重视服务的性价比和市场化，提供基于成本的基础型服务和高层次、高增值的发展型服务、延伸型服务。在工作目标上，科技企业加速器追求与入驻企业共同增值，服务具有更加专业化的特点，紧贴企业需求提供定制化的服务。由于单位面积的投入产出较大、融资渠道更多、融资方式更灵活，科技企业加速器能够通过促进企业快速成长和产业集群的形成实现区域价值提升，在区域经济发展中发挥更大作用。

科技企业加速器既是高新技术产业园区的服务供给方，也是科技园区资源有效的整合工具。高新技术产业开发区是各级政府批准成立的科技工业园区。它是为发展高新技术为目的而设置的特定区域，是依托于智力密集、技术密集和开放环境，依靠科技和经济实力，吸收和借鉴国外先进科技资源、资金和管理手段，通过实行税收和贷款方面的优惠政策和各项改革措施，实现软硬环境的局部优化，最大限度地把科技成果转化为现实生产力而建立起来的，是促进科研、教育和生产结合的综合性基地。

国家高新区以发展高新技术、培育高新技术产业、带动区域产业创新能力和区域经济发展为主要使命。“十五”期间，国家高新区以“发展高科技，实现产业化”为指导方针；“十一五”期间，国家高新区以“营造创新创业环境，集聚科技创新资源，提升自主创新能力，培育自主创新产业，辐射带动区域发展”为根本宗旨；“十二五”时期，国家高新区建设强调“培育和发展战略性新兴产业，壮大高新技术产业集群”；“十三五”时期，国家高新区以“发展高科技、培育新产业”为方向。

科技企业加速器一般依托高新技术产业园区建设，既是高新技术产业园区的服务供给方，也是科技园区资源的有效整合工具，主要帮助企业营造空间价值链、延伸产业价值链，尽可能地把资源整合到高成长企业周围，建立通往政府、产业、高校及研究机构、中介机构等的广泛渠道和接口，组织和搭建科技企业加速器创新网络。

同时，作为一个具有产业集聚效应的有机整体和产业组织创新的有效形式，科技企业加速器对于目前的高新区发展模式同样具有革命性创新意义。它将在很大程度上改变以往以经营地产、土地招商、大型企业入驻建厂为主的招商模式，而代之以经营房产、大型企业入驻带动小型企业入驻，从而促进配套产业发展，形成过去所没有的知识溢出、技术溢出环境和价值链提升环境。

（三）顺应“互联网+”趋势，构建线上线下服务模式

充分发挥互联网在创新创业服务要素配置中的优化和集成作用，运用互联网及移动互联网技术，在以线上线下相结合的方式提升自身管理水平和服务能力的同时，为创业企业提供更高效、专业、精准的增值服务，形成组织体系网络化、参与主体多元化、服务内容专业化、服务形式个性化的“互联网+创新创业服务”生态系统。

第三章　江西省孵化器建设发展回顾

第一节　历 史 沿 革

一、开启时代

1978 年，党的十一届三中全会掀起改革开放的浪潮，激发了人们对未来美好生活的憧憬和创新创业的热情。在这个时代背景下，解放思想、改革开放成为全国的主旋律，随着经济体制改革的启动和不断深化，科技体制也进行着坚决、有步骤的改革。1984 年 11 月 16 日，国务院常务会议做出“加速技术成果商品化，开放技术市场”的决定。1985 年 3 月 13 日，中共中央发布了《关于科学技术体制改革的决定》，明确了“经济建设必须依靠科学技术，科学技术必须面向经济建设”的战略方针。1987 年，国务院发布《关于进一步推进科技体制改革的若干规定》，提出“双放”政策——“进一步放活科研机构”“进一步改革科技人员管理制度，放宽放活对科技人员的政策”。1988 年 5 月，《国务院关于深化科学技术体制改革若干问题的决定》明确指出：“智力密集的大城市，可以积极创造条件试办新技术产业开发区，并制定相应的扶持政策。”同年 8 月，国务院批准“火炬计划”正式启动实施，主要内容包括建立适合我国高新技术产业发展的环境、建设高新技术产业开发区和创业服务中心（科技企业孵化器）等 5 个方面，标志着中国科技企业孵化器建设列入了国家科技产业发展计划[①]。

1991 年，邓小平同志为“火炬计划”发展提出“发展高科技，实现产业

① 《中国创业孵化 30 年》编委会. 2017. 中国创业孵化 30 年（1987—2017）[M]. 北京：科学技术文献出版社.

化”的目标[①]，揭开了科技企业孵化器规模化发展的兴盛时期。在该形势下，为响应党和国家的号召，支持和培育科技创业企业，培养创新创业人才，促进产研融合、研究成果转化和科技创新，推动区域经济发展，1991 年江西省诞生了第一个科技企业孵化器，由此开启了江西创业孵化的新时代。

二、循序渐进

1991～2010 年，江西省的孵化器发展缓慢。1991 年，江西省第一个孵化器伴随着江西省第一个国家级高新技术产业开发区（南昌高新技术产业开发区）诞生而成立，最初为高新技术创业服务中心，为政府统一管理的行政事业部门。进入 21 世纪后，为了给海外留学人员回国创业提供良好的环境、充分发挥留学人员在科技开发能力和管理经验上的优势，2000 年，江西省政府批准在南昌国家高新技术产业开发区内成立江西省留学人员创业园，为留学人员回国创业铺平道路。同时，江西省内外重点高校纷纷响应党和国家的号召，紧紧抓住时代的机遇，为加快培育科技创业企业、培养创新创业人才、大力促进高校科技创新和科技成果转化，北京大学、清华大学和南昌部分高校开始了在赣大学科技园的建设，如创建于 2001 年的南昌国家大学科技园和清华科技园（江西）、创建于 2002 年的江西北大科技园和创建于 2005 年的江西师范大学科技园等。江西早期的科技企业孵化器经历了由政府主导转向政府部门、高校等主导的缓慢转型发展历程，而面向社会开展创新创业孵化的服务略显不足，且全省的孵化器高度集中于省会南昌，对江西全省科技创新活动所产生的带动效应不明显。

三、加速发展

2010 年后，江西省的孵化器持续快速发展，呈现蓬勃增长态势。2009 年，《江西省人民政府关于科技创新“六个一”工程的实施意见》（赣府发〔2009〕19 号）印发，提出“主攻 10 个优势高新技术产业、培育 100 个创新型企业、实施 100 项重大高新技术成果产业化项目、建设 10 个国家级研发平

① 卢佳. 2014. 邓小平和中国高科技发展[EB/OL]. http://dangshi.people.com.cn/n/2014/1223/c85037-26258044.html[2020-07-11].

台、办好 10 个国家级高新技术产业特色基地、组建 100 个优势科技创新团队”。为加快推进全省科技创新“六个一”工程，根据科技部关于《科技企业孵化器（高新技术创业服务中心）认定和管理办法》（国科发高字〔2006〕498 号）、《科技企业孵化器认定和管理办法》（国科发高〔2010〕680 号）等规定，江西省科技厅出台了《江西省科技企业孵化器（高新技术创业服务中心）认定和管理办法》（赣科发〔2010〕4 号），旨在大力扶持科技企业孵化器事业的发展，加快构建江西科技创新体系，促进科技成果在赣有效转化，培养创新创业团队和高新技术企业。

为深化江西科技体制机制改革，激励广大科技人员创新创业。2015 年 4 月，江西省政府印发《关于鼓励省属独立科研院所科技人员创新创业的试点办法》（赣府厅发〔2015〕12 号，简称“赣八条”），通过省属科研院所和 4 所高校一年的试点实施，取得了较理想的效果。为加快培育和催生经济社会发展新动力，国务院于 2015 年印发了《国务院关于大力推进大众创业万众创新若干政策措施的意见》（国发〔2015〕32 号），提出要大力发展创新工场、车库咖啡等新型孵化器，做大做强众创空间，完善创业孵化服务。为贯彻落实国务院“大众创业、万众创新”的指示精神，2015 年 7 月，江西省政府结合江西实际，出台了《江西省人民政府关于大力推进大众创业万众创新若干政策措施的实施意见》（赣府发〔2015〕36 号），12 月又出台《关于促进青年创业的若干措施的通知》（赣府厅发〔2015〕71 号），从平台搭建、创业主体、财税扶持、优化服务 4 个方面推出 11 条措施，进一步优化青年创业环境，激发青年创业热潮。

2016 年 4 月，江西省印发了《江西省鼓励科技人员创新创业的若干规定》（赣府发〔2016〕20 号，简称“创十条”），“创十条”对“赣八条”进行了拓展、深化和细化，是根据国家促进科技成果转化法和国务院关于成果转化若干规定的要求，并借鉴其他省份的经验形成的。“创十条”的主体不仅包括江西省科研院所、高等院校，还明确国有企业和其他创新主体，进一步激发了全民创新创业的热情。在一系列政策的推动下，江西省创新创业环境得到进一步优化，创业孵化事业呈现蓬勃增长态势，众创空间这一自由宽松的创业孵化载体快速扩张，省内各大高校均把众创空间建设视为激发大学生创新创业活力的重要措施。

以“新技术、新产业、新业态、新模式”为核心的新经济，打破了对传统发展路径的依赖，为江西后发赶超和先发引领提供了难得机遇，对实现新旧发展动能转换、加快跨越式发展具有至关重要的意义。2017 年，江西省委、省政府出台了《中共江西省委江西省人民政府关于加快发展新经济培育新动能的意见》（赣发〔2017〕6 号），颁布了 26 条举措，明确指出了江西省发展新经济的重要性、紧迫性，也确定了未来的主攻方向，更从强化人才、科技、平台等要素支撑和全力打造最优政策体系等方面给予了强有力保障。为贯彻落实江西省委省政府文件精神，2017 年 4 月，江西省工业和信息化委员会制定了《江西省工信委关于开展 2017 年度新经济企业孵化器培育试点工作的通知》（赣工信企业字〔2017〕166 号）文件，旨在建设一批以“新技术、新产业、新业态、新模式”为基本特征、示范带动作用强的新经济企业孵化器，形成全省创新创业发展的策源地和集聚地，促进新旧动能转换。为引导全省创新创业工作高质量发展，2021 年 11 月江西省科学技术厅研究制定《江西省科技企业孵化器管理办法》赣科规字〔2021〕7 号）围绕促进科技成果转化，培育科技型企业，构建良好的科技型企业成长生态，对认定条件进行调整、分类，并废止《江西省科技企业孵化器（高新技术创业服务中心）认定和管理办法》（赣科发〔2010〕4 号）。

孵化器认定和管理政策的出台，极大地激发了江西全省创新创业的热情，有效降低了科技企业孵化的门槛和成本，加快了科技企业的成长和壮大，带动了江西科技孵化事业蓬勃发展，并逐步进入规模化扩张的阶段。截至 2020 年 4 月，江西共有省级及以上孵化器 257 个，其中科技企业孵化器 85 个、众创空间 172 个[①]。除政府部门、高校、科研院所等建设主体外，企业主导的科技企业孵化器已成为重要组成部分，极大地推动了“大众创业、万众创新”事业的发展。这段时期，江西全省孵化器建设得到较快发展，服务科技创新的能力不断增强，对经济社会发展贡献也在逐年提高。

四、多型并存

江西省孵化器的建设取得大幅进步，也呈现多型并存的特点。其中有四

① 数据来自江西省科学技术厅。

方面含义。

1. 纵向多级化

依据《科技企业孵化器认定和管理办法》（国科发高〔2010〕680号）和《科技企业孵化器管理办法》（国科发区〔2018〕300号）文件精神，为引导科技企业孵化器高质量发展，江西省科技厅对全省科技企业孵化器进行了认定，全省85个科技企业孵化器中有国家级21个、省级64个。

2. 载体形式多样化

活力是创新创业的成功诀窍。众创空间是近年来为适应“大众创业、万众创新”形势而兴起的一类新型创新创业服务机构，有创客空间、创业咖啡、创新工厂、新车间、洋葱胶囊、科技媒体等多种表现形式①。2015年3月，国务院办公厅印发《国务院办公厅关于发展众创空间推进大众创新创业的指导意见》（国办法〔2015〕9号），提出“构建一批低成本、便利化、全要素、开放式的众创空间”。江西省科技厅积极组织省内众创空间到科技部进行备案，大力推动众创空间的建设。根据江西省科技厅数据，截至2020年4月底，江西全省共有121个省级众创空间、51个国家备案众创空间②。

3. 孵化模式多元化、多样化

经过多年的建设和发展，江西科技企业孵化器持续快速增长，进入多元化、多样化发展阶段。江西全省科技企业孵化器逐步向综合型孵化器和专业型孵化器相结合、孵化器建设与科技园区建设相结合、技术创新与金融资本相结合、政府投入与企业投入相结合的方向发展。近年来，江西省孵化器向多样化的方向发展，创新出多种别具特色的孵化模式，如“留学人员创业园+孵化器+科技企业加速器”“公共技术平台+孵化器”“研发团队+孵化器+产业集群”“产业链+孵化器+平台”“大学生团队+创业苗圃+孵化器”“天使投资+孵化器”“创业导师+创业投资+专业型孵化器”“创业导师+孵化器”等③。

4. 科技特色产业基地体系基本形成

江西省一大批科技型中小企业和企业家在孵化器的“孵化”下持续涌

① 郭学勤，洪三国. 2016-03-06. 供科技入园助推江西“十三五”创新升级[N]. 科技日报，8版.
② 数据来自江西省科学技术厅。
③ 资料来自江西省科学技术厅。

现，其分布于江西省各地，形成一批扎根当地、极具地方特色的科技企业集群，成为推动江西省战略性新兴产业快速崛起和发展的重要力量。这些企业和企业家主要集中在新一代电子信息、生物医药、新材料、新能源等新兴产业领域，并形成了南昌航空工业城和国家半导体照明工程产业化基地、景德镇国家陶瓷科技城产业化基地、新余国家新能源科技示范城、宜春锂电科技城、共青数字生态城、上饶光学光伏和大数据、鹰潭世界铜都和物联网、萍乡非金属材料、赣州金属材料、九江有机硅、抚州生物医药、吉安电子工业走廊等科技特色产业基地[①]。

五、新路征程

近年来，在创新驱动发展战略的指引下，江西省委、省政府将创新升级作为发展的主要动力，大力推进“大众创业、万众创新”，先后发布了一系列创新举措，取得积极成效。

以财政资金助推孵化器快速发展。为进一步提升区域企业创新能力、加强企业技术创新基地建设，江西省设立了5000万元企业技术创新基地专项资金，以绩效奖励和后补助形式支持企业技术创新平台和载体建设。2015年，江西省通过后补助的方式对全省13个比较优秀的孵化器给予每个100万元的经费支持。通过载体建设专项的支持，江西省孵化器整体数量呈现爆发式增长，2016年共新增5个国家级科技企业孵化器，同时新认定的江西省级孵化器数量达13个，均创历史新高。

孵化器联盟成立加快协同发展。为全面推动孵化器的协同发展、促使孵化器的发展形成合力，2015年11月，江西省成立江西省科技企业孵化器联盟，包含江西省各类孵化器等28个理事会成员单位。联盟的成立，进一步加强了全省孵化器的合作与创新发展，有效提升了孵化器服务能力，对江西省孵化器建设事业和科技创新体系的完善发挥着积极的推动作用。

但与周边省份相比，江西省孵化器在数量和质量方面还有所欠缺。经济基础略显薄弱、科技资源相对匮乏、高校数量和影响力有限、创新创业人才

① 郭学勤，洪三国. 2016-03-06. 供科技入园助推江西“十三五”创新升级[N]. 科技日报，8版.

稀缺、资本市场不热等都有可能成为江西孵化器发展的绊脚石①。在国家大力推动协同创新和“大众创业、万众创新”的形势下，如何解决区域发展不平衡的矛盾、发展壮大科技企业孵化机构、培育创新创业团队和企业、助力科技孵化事业持续快速发展是江西省创新创业面临的新挑战，也是新机遇，更是走向未来的新征程。

第二节　发展举措与模式探索

一、政策举措的相继出台落实

创新是社会进步的阶梯，创业是时代发展的主题。近年来，江西省高度重视“大众创业、万众创新”事业发展，将其视为实施创新驱动发展战略的重要抓手，一系列促进“大众创业、万众创新”平台发展的扶持政策如雨后春笋般出台，各类“大众创业、万众创新”孵化平台得到蓬勃发展。

（一）科技企业孵化器的认定与管理

2010 年 4 月，根据科技部关于《科技企业孵化器（高新技术创业服务中心）认定和管理办法》（国科发高字〔2006〕498 号）的规定，为推进江西省科技创新“六个一”工程的实施，江西省制定发布《江西省科技企业孵化器（高新技术创业服务中心）认定和管理办法》，从科技企业孵化器的内涵与主要功能、省级科技企业孵化器的认定与管理机制、扶持政策与措施等方面提出了 18 条举措。

（1）明确科技企业孵化器（高新技术创业服务中心）的内涵与主要功能。科技企业孵化器是以促进科技成果转化、培养高新技术企业和企业家为宗旨的科技创业服务机构。高新技术创业服务中心是科技创新体系的重要组成部分，是地方区域创新体系的重要核心内容。它的主要功能是以科技型中小企业为服务对象，为入孵企业提供研发、中试生产、经营的场地和办公方面的共享设施，提供政策、管理、法律、财务、融资、市场推广和培训等方

① 俞崇武. 2008. 一个华东，两种孵化器？赣皖孵化器印象[J]. 华东科技，263（1）：58-61.

面的服务，以降低企业的创业风险和创业成本，提高企业的成活率和成功率，为社会培养成功的科技企业和企业家。

（2）完善科技企业孵化器的认定与管理机制。申请认定江西省级科技企业孵化器的条件主要包括：支配场地面积在5000平方米以上、服务设施齐备、服务功能强、具有严格的财务管理制度、在孵企业达30个以上、累计毕业企业在10个以上、拥有100万元以上的孵化资金、具备专业化的技术咨询和专业化管理培训能力等。江西省级科技企业孵化器的孵化企业应当具备的条件主要包括：注册地在科技企业孵化器的孵化场地内、属新注册企业、孵化时间不超过3年、注册资金不超过200万、租用的孵化场地面积低于1000平方米等。江西省级科技企业孵化器毕业企业应具备的条件包括：经省高新技术企业认定管理办公室认定为高新技术企业、年技工贸总收入达500万元以上，且有100万元以上的固定资产和自有资金。

（3）优化科技企业孵化器的扶持政策体系。将江西全省的科技企业孵化器工作纳入江西省科技发展计划，支持和鼓励各级地方政府建立社会公益性的科技企业孵化器，引导带动地方创新体系建设；支持和鼓励企业、个人及其他机构创办多种形式的科技企业孵化器；在对科技企业孵化器工作考评的基础上，对在科技企业孵化器工作中做出突出贡献的单位和个人给予表彰。

（二）提高大学科技园建设与发展水平

大学科技园是以大学为依托，以转化科技成果、孵化高新技术企业、培养创新创业人才等为主要任务的科技企业孵化器组织形式，是科技企业孵化器的一种，也是在社会变革、知识经济兴起的背景下大学功能的延伸。2014年8月，为加快江西省科技创新成果向现实生产力转化，推动以企业为主体、市场为导向、产学研相结合的技术创新体系建设，提高大学科技园建设与发展水平，加强和规范江西省大学科技园的管理，江西省根据《国家大学科技园认定和管理办法》（国科发高〔2010〕628号）的有关规定，制定并出台《江西省大学科技园认定与管理办法（试行）》，从大学科技园的职能与定位、申报与认定机制、运行管理机制、政策扶持力度等方面提出了13条具体举措。

（1）明确大学科技园的职能与定位。主要职能包括：促进江西全省高校科技成果转化与产业化，孵化创新型中小企业，开展创新创业教育和实践活动，为科技人员与中小型企业提供科技信息服务，培育高层次的技术和管理人才等。大学科技园的功能定位是通过多种途径完善园区基础设施建设、科技服务支撑体系建设，为园区企业、广大师生提供全方位、高质量的服务。

（2）完善大学科技园申报与认定机制。申报大学科技园应具备的条件主要包括：具备独立法人资格的专业化管理机构和经营管理团队，园区建筑面积 10 000 平方米以上，孵化场地面积超过 7000 平方米，在孵企业超过 25 个，提供的就业机会超过 500 个，50%以上的企业在技术、成果、人才方面与依托高校有实质性关联，服务设施齐备，功能完善等。大学科技园区内孵化企业应具备的主要条件包括：企业注册地或工作场所在大学科技园区内，企业性质符合江西省战略性新兴产业范畴，新注册企业或成立时间短于 3 年，企业孵化时间一般不超过 3 年，企业租用孵化场地面积不超过 1000 平方米等。

（3）优化大学科技园运行管理机制。成立“科技园”管理委员会、股份公司、咨询公司等，加强园区建设与运行管理；设立科技成果展示与交易平台、科技项目中试平台、大学生创业实训平台、技术竞技平台、就业仿真演练平台等，拓展园区的功能区域；鼓励大学生科技园加强与省内外国家级大学科技园、科技企业孵化器等之间的合作、交流，建立资源共享服务平台；采取动态管理办法，省级行政管理部门每两年对大学科技园进行一次考核，对考核优秀的给予表彰奖励。

（4）加强大学科技园政策扶持力度。优先支持大学科技园组建产学研协同创新中心，支持通过大学科技园推荐和申报的各类科技创新和成果转化项目；优先培育园区内在孵企业，为新认定的大学科技园提供必要的建设资金，对被评估为优秀的大学科技园给予奖励资金；支持园区内建设学生实习和实践基地，将大学生创新创业教育纳入学校的教学体系，鼓励大学生园区内创业，并为大学生进园孵化的项目提供支持。

（三）促进众创空间发展的政策红利

党的十八届三中全会指出，要以改进竞争环境和激励机制为重点，促进创新驱动发展，营造有利于创业创新的外部环境。习近平主席在 2015 年指出：“抓创新就是抓发展，谋创新就是谋未来。”① 同年，李克强总理在《政

① 习近平. 2016. 新常态将给中国带来新的发展机遇[EB/OL]. http://jhsjk.people.cn/article/28875583[2022-08-02].

府工作报告》中指出，“我们要把握好总体要求，着眼于保持中高速增长和迈向中高端水平‘双目标’，坚持稳政策稳预期和促改革调结构‘双结合’，打造大众创业、万众创新和增加公共产品、公共服务‘双引擎’，推动发展调速不减势、量增质更优，实现中国经济提质增效升级”[①]。随后，国务院先后出台了《国务院办公厅关于发展众创空间推进大众创新创业的指导意见》《国务院关于进一步做好新形势下就业创业工作的意见》《国务院办公厅关于深化高等学校创新创业教育改革的实施意见》等一系列政策文件，对推进我国“大众创业、万众创新”事业的发展进行了全面部署。为深入贯彻落实党中央、国务院关于推进创新创业的决策部署，有效解决江西省创新创业面临的问题，推进江西省经济加快发展、转型升级，江西省制定出台了一系列政策文件，为众创空间发展提供路线指引。

2015 年 7 月 18 日，江西省人民政府根据本省实际情况，发布了《江西省人民政府关于大力推进大众创业万众创新若干政策措施的实施意见》（赣府发〔2015〕36 号），对推动江西省“大众创业、万众创新”具有重要意义。文件坚持突出“问题导向、政策集成、操作可行”的原则，从降低准入门槛、激发主体活力、加大资金扶持、提升服务水平四个方面提出了 28 条举措。

（1）营造便捷的准入环境。加大简政放权、放管结合、优化服务等改革力度，消除对市场主体不合理的束缚和羁绊。推动“一址多照”“集群注册”等住所登记改革，加快实施工商营业执照、组织机构代码证和税务登记证“三证合一”“一照一码”，简化工作流程。

（2）减免有关行政事业性收费、服务性收费。进一步规范全省涉企行政事业性收费项目目录，对不在目录内的行政事业性收费项目一律减免；事业单位服务性收费及各类行政审批前置，强制性评估、检测、论证等专业服务性收费，对初创企业按不超过 50%的比例收取。

（3）落实促进就业创业税收优惠与资助补贴政策。加快创业孵化机构发展，给予省级科技企业孵化器、省级众创空间等优秀孵化机构 100 万元支持，给予每个省级创新创业带动就业示范基地 100 万元的一次性奖补，给予

① 李克强. 2015. 2015 年政府工作报告——2015 年 3 月 5 日在第十二届全国人民代表大会第三次会议上[EB/OL]. http://www.gov.cn/guowuyuan/2015zfgzbg.htm[2020-04-08].

每个国家级示范性基地 200 万元的一次性奖补；将求职补贴调整为求职创业补贴，对象范围扩展到已获得国家助学贷款的高校毕业生，一次性求职补贴标准由每人 800 元提高到 1000 元，对符合条件的大学生（在校及毕业 5 年内）给予一次性创业补贴，补贴标准由 2000 元提高到 5000 元；对符合条件的创业投资企业，采取股权投资方式投资，未上市的中小高新技术企业 2 年以上的，按照其投资额的 70%在股权持有满 2 年的当年抵扣该创业投资企业的应纳税所得额；对入驻创业孵化基地的企业、个人在三年内产生的物业管理费、卫生费、房租费、水电费等给予 60%的补贴；对获得国家和省有关部门、单位联合组织的创业大赛奖项并在江西省登记注册经营的创业项目，给予一定额度的资助。

（4）创新融资模式，完善融资政策。按照“政府引导、市场化运作、专业化管理”原则，统筹安排省中小型企业发展专项资金和战略性新兴产业投资引导资金，加快设立工业创业投资引导基金，促进风险投资、创业投资、天使投资等投资创新创业企业发展，加大对初创企业的支持力度；运用“财园信贷通”“财政惠农信贷通”等融资模式，强化对创新创业企业、新型农业经营主体的信贷扶持；加强创业担保贷款扶持，降低创业担保贷款反担保门槛，对创业项目前景好但自筹资金不足且不能提供发担保的，通过诚信度评估后，可采取信用担保或互联互保方式进行反担保，给予创业担保贷款扶持。

（5）创新服务模式，提升服务水平。加快发展“互联网+”创业网络体系，鼓励和引导大型互联网企业和基础电信企业向创业者开放计算、存储和数据资源；大力发展企业管理、财务咨询、人力资源、法律顾问、现代物流等第三方专业服务；整合众创资源，支持社会资金购买的大型科学仪器设备以合理收费方式，向创客企业提供服务；推进创新创业教育，把创新创业课程纳入国民教育体系和普通高等院校的学分制管理中，优化教育师资结构，吸纳有实践经验的创业者、职业经理人加入师资队伍；加大创业培训力度，对具有创业要求和培训愿望、具备一定创业条件的城乡各类劳动者，参加创业培训可按规定申请每人 1000～1600 元的创业培训补贴，按每人 1 万元的标准资助有发展潜力和带头示范作用的初创企业经营者参加高层次进修学习或交流考察。

在“大众创业、万众创新”扶持政策红利的不断释放下，江西省众创空间的数量和规模有了质的提升。为了规范江西省众创空间的发展、更精准地给予扶持，2016 年 1 月，江西省科技厅制定出台《江西省众创空间认定管理办法（试行）》。该办法明确了省级众创空间的认定条件，包括有独立的运营机构、有固定的办公场所、有健全的管理制度、有完善的服务功能、有专门的融资渠道、有专业的导师队伍等，明晰了省级众创空间的申报与认定程序，并根据上述规定于 2016 年评定公布了江西省两个批次共计 43 个省级众创空间，对新认定的省级众创空间采取“后补助”或奖励等方式给予一定经费支持，同时扶持众创空间内的小微型企业发展，优先将其纳入相关省级科技计划并给予立项支持。

2017 年 1 月，为充分发挥各类创新主体的积极性和创造性、进一步推动众创空间向纵深发展，江西省人民政府办公厅出台《江西省人民政府办公厅关于加快众创空间发展服务实体经济转型升级的实施意见》（赣府厅发〔2017〕3 号）。意见明确了众创空间的建设发展目标，即由粗放型向特色型转变，由综合型向专业型转变，由“输血型”向“造血型”转变，到 2020 年，形成一批有效满足大众创新创业需求、具有较强专业化服务能力的众创空间，力争省级及以上众创空间数量达到 300 个左右，孵化培育一批创新型小微企业，形成新的产业业态和经济增长点，促进创新型省份建设和实体经济转型升级。意见还明确了 6 项重点任务，包括：在重点产业领域发展专业众创空间；鼓励领军企业围绕主营业务方向建设众创空间；鼓励新型研发机构、高等院校、科研院所围绕优势专业领域建设众创空间；建设一批服务产业集群的众创空间；拓展众创空间国际合作发展渠道；提升众创空间服务能力。同时，意见还对众创空间发展的激励政策体系进行了进一步细化，主要内容包括：对众创空间的办公用房、用水、用能等软硬件设施及项目路演、股权融资等给予补助；共享科技中介服务资源，支持社会资金购买的大型科学仪器设备以合理收费的方式，向创客企业提供服务；对创业大赛评选出的优秀创业项目，给予创业担保贷款重点支持，有效发挥财政资金的助推作用；引导金融资本加大支持力度，鼓励各类天使投资、创业投资等与众创空间相结合，完善投融资模式；建设“创业咨询一点通”“线上众创空间”等服务平台，进一步落实商事制度改革措施；鼓励科技人员进入众创空间创新创业，完善高校、科研院所等事业单位专业技术人员在职创业、离岗创业有关政策；进一步落实促进创新创业的税收优惠政策，推动众创空间等新型孵化器机构纳入国家级科技企业孵化器管理服务体系，享受科技企业孵化器税收政策等。

（四）孵化器政策体系的巩固完善

近年来，江西省紧紧围绕经济社会发展的目标与需求，不断补充和完善各类孵化器发展的政策支撑体系，孵化器发展的政策环境不断优化，促进各区域、各领域孵化器快速培育和繁殖的土壤基本形成。

2017 年 10 月，为支持返乡下乡人员创新创业，推进农村一二三产业融合发展，江西省人民政府办公厅出台《江西省人民政府办公厅关于进一步支持返乡下乡人员创业创新促进农村一二三产融合发展的实施意见》（赣府厅发〔2017〕18 号）。文件从突出重点领域、搭建服务平台、加大政策扶持、强化组织保障等方面对农村“大众创业，万众创新”事业发展提供了基本方向，主要内容包括：强化创新创业主体培育，探索合作制、股份合作制、股份制等多种形式，着力培育产权清晰、利益共享、机制灵活的创新创业共同体；支持各地依托现有开发区、现代农业示范园区及专业市场、农民合作社、农业规模种养基地等各类平台，整合、创建一批具有区域特色的返乡下乡人员创新创业园区（基地）；对入驻创业孵化基地的企业、个人在 3 年内产生的物业管理费、卫生费、房租费等给予 60%的补贴；加强创新创业导师队伍建设，从企业家、投资者、专业人才、科技特派员和返乡下乡创业创新带头人中遴选一批导师；推进农村社区综合服务设施和信息平台建设，依托现有的各类公益性农产品市场和园区（基地），为返乡下乡人员创业创新提供高效便捷服务；创新金融扶持方式，加大对返乡下乡人员创办的企业、农民合作社等的信贷扶持力度，对符合创业条件的返乡下乡人员与小微企业，分别提供 10 万元与 400 万元的创业担保贷款最高额度；返乡下乡人员创办的新型农业经营主体，符合农业补贴政策支持条件的，按规定享受同等政策支持，特别是落实税收减免和普遍免费政策。

2017 年 12 月，为促进企业创新管理提质增效、着力提升企业综合竞争力，江西省人民政府办公厅出台《江西省人民政府办公厅关于引导企业创新管理提质增效的实施意见》（赣府厅发〔2017〕100号）。意见指出，要积极引入互联网思维和先进技术，大力发展众创空间，推进企业资源平台化、开放化，整合各类创新创业资源，推动员工、创客及消费者全程深度参与价值创造过程，加快推动创新创业。

2018年1月，为加快推动形成县域创新创业新热潮、促进县域创新驱动发展，江西省人民政府办公厅出台《江西省人民政府办公厅关于加快县域创新驱动发展的意见》（赣府厅发〔2018〕4号）。文件提出了“以建设创新型县（市、区）和创新型乡镇为抓手，深入推动大众创业、万众创新，整合优化县域创新创业资源，构建多层次、多元化县域创新创业格局，以创业带动就业，培育新动能、发展新经济”的指导思想，明确了“着力构筑‘双创’平台载体”等重点任务，主要内容包括：鼓励国家级、省级重点实验室，工程技术研究中心等各类研发平台在县域开展应用示范，支持有条件的县（市、区）依托企业、高校、社会机构、科研院所等发展新型研发机构，增强县域创新能力；推动县域生产力促进中心向专业化、规范化方向转变，依托园区、高校、科技型企业等，建设一批众创空间、创客之家、星创天地等，支持县域创建国家级或省级高新区、农业科技园区、可持续发展实验区，着力培育经济新增长点和发展新动力；加快农业高新技术企业和产业发展，推进农业产业化、一二三产融合；推动县域各类园区建设提质增效，进一步发挥园区创新创业示范带动作用。

2018年7月，为加快新形势下新经济企业孵化器建设发展步伐，优化新经济企业发展环境，江西省工业和信息化厅出台《江西省新经济企业孵化器认定管理办法（试行）》。新经济企业孵化器是从事新经济领域的小型微型企业创业孵化场所，是集聚各类创新创业要素，为创业企业提供成长全过程服务的载体。该办法明确了新经济企业孵化器的认定条件，主要包含基本条件、产业条件与运营服务条件三项。其中，基本条件包括：入驻新经济类企业及团队不少于35个，从业人员超过300人，孵化场地面积3000平方米以上，各类基础设施完备等；产业条件包括：主导产业明确，入驻企业的聚焦领域需集中在无人机、机器人、三维（3D）打印、智能传感器、智慧照明、工业互联网、移动物联网、大数据、云计算等新兴产业领域；运营服务条件包括：运营主体具有独立法人资格，治理结构完善，内部运营管理体系规范，专职从事孵化服务的人员 10 人以上，创业导师 3 人以上，在新技术、新产业、新业态、新模式产业化发展方面具有良好的服务能力等。该办法还制定和完善了新经济企业孵化器的申报认定程序与管理考核机制，鼓励各类孵化机构向以“新技术、新产业、新业态、新模式”为基本特征的新经济孵化机构方向发展，为江西省各类孵化机构服务功能专业化、增值化发展提供了方向指引。

二、运营管理机制的不断探索创新

孵化器运营管理机制的优化创新是孵化器保持高效可持续发展的重要举措。近年来，江西省孵化器在运营管理机制方面不断创新，包括探索多元化投入与市场化运营机制、实行多层次的孵化服务机制、健全人员培训机制、完善孵化激励机制、优化绩效考核机制等，逐步形成了较完善的孵化培育运营体系。

（一）探索多元化投入与市场化运营机制

发展初期，孵化器大多由政府出资组建，投资主体单一，绝大部分为事业单位。随着社会主义市场经济体制在我国的确立，市场因素在孵化器建设中发挥了越来越大的作用。近年来，在江西省政府的积极推动下，孵化器以事业单位起步、依靠市场力量，逐渐实现了投资主体的多元化，同时孵化器的运营管理机制也由事业单位向企业化方向加快转变，市场在调动和配置科技资源方面的作用凸显[①②]。

南昌高新区创业服务中心

南昌高新区创业服务中心积极探索多元化的投入机制，通过设立孵化企业专项引导资金，加强与金融机构的对接，强化投资与融资服务，

① 刘洋. 2018. 创业孵化中心的发展机制研究——以江西省南昌创业服务中心为例[J]. 新材料产业，（7）：35-38.

② 艾缘生，杜晓婷. 2017. 财政杠杆激发“双创”活力——江西省安远县加强“双创”财政资金监管侧记[J]. 财政监督，（22）：57-59.

与风险投资机构建立了战略合作关系；探索以管理团队参与孵化基金的方式，形成了与金融投资机构、孵化技术企业利益相关联的持股孵化模式，通过建立创业投资综合性服务平台，以项目征集、项目路演、对接洽谈等活动，实现孵化器的优质项目与金融投资机构的无缝对接①。

南昌高新区创业服务中心不断深化孵化服务层次，通过为在孵企业提供政策辅导、投融资服务、人才培训、市场开拓等增值服务的方式，拓展孵化器收益方式，同时以自有资金、场地租金或增值服务费等方式换购优质孵化企业部分股权，享受企业发展所带来的资金收益。基于此，南昌高新区创业服务中心摆脱了以往单纯靠财政补贴的运营发展模式，实现了“租金+股权收益+增值服务收益”的自主运营发展模式①。

（二）实行多层次的孵化服务机制

面对日益活跃的创业活动，孵化器发展的市场定位出现了创新性分化，对孵化服务方式需要做出创新性选择。近年来，江西省孵化器积极打造以提高在孵企业技术创新能力与发展绩效为核心的孵化服务能力，增加服务的深度和广度。其中包括：打造“互联网+”创新资源互动平台和孵化载体，通过市场化机制、专业化服务和资本化途径构建低成本、便利化、全要素、开放式的新型创业公共服务平台；建立健全研发基础设施的开放共享机制，整合科研院校及大型科技企业的大型研究与测试设备，为在孵中小型企业提供技术服务；强化创业辅导服务，为创业团队与中小型企业提供法律、知识产权、投融资、项目路演、政策宣讲等增值服务等②③。

奥克 1991 众创空间

奥克 1991 众创空间坚持围绕“大众创业、万众创新”，以“创意产业+创意文化+和谐主题”的理念，充分挖掘城市内闲置厂房工业文化特色，打造青年创意工坊、艺术培训、亲子水上乐园、青年公寓、特色餐

① 刘洋. 2018. 创业孵化中心的发展机制研究——以江西省南昌创业服务中心为例[J]. 新材料产业，（7）：35-38.

② 黄江华. 2017. 务实笃行 绘就服务民生新华章——江西省吉安市就业局服务就业创业工作综述[J]. 中国就业，（3）：30-31.

③ 屈喜琴. 2017. 基于“互联网＋”的江西省科技创新服务平台功能研究[J]. 科技广场，（5）：166-169.

饮、主题商业街为一体的综合性文化创意空间，为广大创客、创业团队和创业企业提供了一个开放、共享的创新创业平台。它组建由13名成功企业家、职业经理人和电商、文化创意和管理咨询领域专业人士组成的创业导师团，对接引进3个专业服务机构、9个投融资机构，开展了多项创新创业服务活动，取得了良好的效果。截至2020年3月，它累计成功举办了综合性创业实践操作培训班、户外拓展、公益讲座、项目路演、银企对接、项目沙龙等创新创业服务活动共计40场次，助2个入驻初创企业成功融资共计130万元；帮助入驻创客、初创企业和创业团队克服创业期遇到的各类难题。

吉安缤谷众创空间

吉安缤谷众创空间由缤谷众创空间企业管理有限公司进行专业化运营管理，配备了10余名专业管理人员，为基地内企业免费提供电商创业培训、运营指导、政策和信息咨询、事务代理、人才招聘、项目开发等一系列配套服务。为加强服务指导，组建人才发展商学院、江西东鸿律师事务所、金笛国际文化传播有限公司、秋实教育科技发展有限公司、道易教育咨询有限公司等多个深度合作专业服务机构，组建由21位兼专职创业导师构成的导师团队，引进专业投融资机构10个，具备较强的青少年产业相关创新创业服务功能。截至2020年，吉安缤谷众创空间已开展创业培训、沙龙、路演等相关服务累计达50余场次，形成了较好的少年“科创、文创、艺创、体创及互联网+”创新氛围，给予入驻创客、创业团队及企业极大的支持，有力地促进青少年素质教育发展，获得了广大入驻创客、创业团队及企业的高度认可。

吉安市青草源众创空间

吉安市青草源众创空间创建于2016年6月。自运营以来，举办了一系列创新创业活动，营造了良好的创新创业氛围。2019年，它先后承办了“吉安青年创业大讲堂暨减税降费政策宣讲会”“吉安青年创业大讲堂暨民营企业权益保护论坛”；2018年先后承办了“首届吉安跨境电商峰会”“青创地市行走进吉安”系列活动；2017 年先后邀请复旦大学博士李玖鑫、青年企业家协会会长黄小来、吉安市就业局局长刘珊红莅临青草源众创空间青年创业大讲堂开讲，承办“创响庐陵”2017 吉安市创新创业大赛等活动。

井安山大学科技园

井安山大学科技园由井冈山大学和井冈山国家经济技术开发区合作建设。它形成了井冈山大学校内、井开区原盛泰电子厂的“一园两区”格局，总建筑面积达到 19 211 平方米，孵化面积近 17 000 平方米，能够容纳企业或机构 120～200 个，能够提供各类就业岗位 1200～3000 个；种子资金 100 万元，创业导师 124 人。截至 2020 年，园区共有管理人员 5 名，其中井冈山大学派驻 3 名专职管理人员，向社会招聘 2 名管理人员。园区共有入驻企业 45 个，涵盖机器人、工业设计、软件开发、文化创意、移动医疗、大规模个性定制等新经济领域，以机器人行业作为主导，聚焦明显，产业链配套相对完整。

井冈山大学科技园建立了完善的服务体系，与中国工商银行股份有限公司吉安分行、江西律星法律事务所、南昌迈肯知识产权代理有限公司、吉安君山联合会计师事务所等中介服务机构签订了战略合作协议，为园区企业提供金融、法律、知识产权、会计等中介服务。科技园为入驻企业提供工商注册、项目申报、财务服务、宣传报道、人才培训、人才招聘、创业辅导、税务登记、物业管理等的综合服务。园区建立了 6 个标准实验室，为园区企业新产品、新技术的研发、中试和产业化提供服务。同时，科技园还可为园区企业申请使用学校的各类实验室和智力支持，以帮助企业发展壮大。

为提升管理水平和服务效率、有效实现“运营管理机制”的可复制性和辐射性，井冈山大学科技园提出了具有独立知识产权的创新管理与服务信息化解决方案，不仅突破了空间环境对科技园发展的限制，也通过网络信息平台的使用完成了规范管理的目标。同时，大学资源的导入吸引了大量社会资源、服务机构的参与，有效解决了企业孵化器的资源先天性缺失问题。目前，科技园挑选了一批在孵企业纳入重点培育企业行列，由创业导师、孵化器共同从企业规划设计、政策辅导、项目牵引、专家帮扶、投资跟进、平台支撑六方面对在孵企业予以培育、引领成长。

（三）健全人员培训机制

人才是科技进步最主要的推动力和先进生产力的重要开拓者，是提升孵化器服务能力和水平的重要资源。近年来，江西省孵化器在加大引进人才力度的基础上，高度重视孵化管理服务人员与创业团队成员的职业技能培训强度，人才培训机制得到进一步完善，促进“大众创业、万众创新”事业发展的人员综合素质得到显著提升①②。

江西泰美山谷众创空间

江西泰美山谷众创空间以服务“大众创业、万众创新”为目标，立足于农村电商服务领域，定位于打造一个“全要素、低成本、一站式、开放型”的教育培训空间和建设综合型的农业创新创业孵化服务平台，为广大创新创业者提供良好的资源共享空间和发展环境，达到孵化一批科技含量高、运营模式新的团队与企业的目的。目前，“有机食材+互联网”网络电商交易平台和线下孵化载体已基本建设完成，并逐渐成为发展现代农业科技的有效载体，以科技培育、深度研发“新品种、新技术、新模式”的新型农业创新创业一站式开放性综合服务平台为基础，聚焦创新资源和创业要素，为农村电商培育大批人才，创造出特色的生态农业品牌。

LED 铜线灯众创空间

LED 铜线灯众创空间由鹰潭恺坤实业有限公司投资约 30 亿元兴建，总占地面积约为 93.3 万平方米，总建筑面积约为 140 万平方米。成立以来，LED 铜线灯众创空间秉承“请进来+走出去”模式，先后组织管理

① 创新创业学院. 2019. 探索人才培养路径 构筑创新创业平台——新余学院积极打造大学生创新创业样板[J]. 新余学院学报，24（1）：2.

② 熊丽. 2017. 江西省丰城市：多举措为大众创业万众创新添“活力”. 中国就业，（5）：41.

层和技术骨干赴深圳进行专业培训，并广泛邀请专业技术专家开展创业大讲堂等创业培训活动；以企业家和大学生创新创业沙龙为样板，通过实践项目帮助创业者提升创业实践能力；通过建立与产业园区院士工作站和博士后基地的技术合作机制，为创业者解决人才和技术障碍。

江西师范高等专科学校众创空间

江西师范高等专科学校众创空间自成立以来，在实体创业教学方面不断推陈出新，安排校内外专业老师对创业团队进行定期培训和开展交流会，带领创业团队参观鹰潭市创业孵化基地，听取优秀企业家的创新创业理念和创业经验交流分享会，旨在提高创新创业团队对创新创业的认知度和感知度，从而达到以观促创的目的。2019 年，江西师范高等专科学校众创空间与鹰潭市人力资源培训中心共同开设了 6 期 12 个班的大学生 SYB（start your business）创业课程和 3 期 6 个班的大学生 GYB（generate your business idea）创业培训课程，共帮助 351 名学生拿到大学生 SYB 创业培训合格证书、175 名学生拿到大学生 GYB 创业培训合格证书；开设了 12 期形象设计与礼仪培训班，提升创业学生的职业技能；举办了一期两天一夜的创客马拉松训练营，让更多的创业大学生对创新创业理念有了更深的了解，推广了创新创业思维。

江西省鹰潭市余江区返乡创业众创空间

江西省鹰潭市余江区返乡创业众创空间坚持把电商人才的培养摆在突出位置，实施“万人培训、千人创业”电商人才培训计划，为县域电商发展提供强大人才支撑。返乡创业众创空间管理办公室聘请 9 人导师团队，广泛开展众创空间知识培训、电商公开课、电商初级培训、农村淘宝合伙人培训、乡镇巡回培训、传统企业转型培训、残疾人/贫困户培训等各类电商培训，使余江区各级干部、传统企业负责人、农业种养大户、小微网商及全县有意返乡从事电商创业和就业的社会青年了解电商、运用电商、推广电商，截至 2020 年，已培训人员 5000 余人次。为提高培训转化率，降低创业门槛，余江区返乡创业众创空间创建了电商零成本创业平台并由专业第三方运营，采取“培训+创业”模式，推动培训与创业无缝链接。创业者可直接拎包入驻，无须任何成本，并可享受免费培训、一对一创业辅导、货源对接、电商咨询及1000元/（人·月）的创业补助，周期一般为1～3个月，截至2020年，已有108名学员入驻。培训合格后，学员可进入余江区内电商企业就业，也可以在电商孵化园办公区自主创业，余江区给予各种奖励扶持政策，帮助其实现创业梦想。余江区返乡创业众创空间大力举办电商专题类沙龙，截至2020年，已举办100余期，邀请100余位嘉宾分享心得，累计3000余人参加，涵盖电商从业者、返乡创业者、电商培训学员、企业家、网商协会成员及领导干部等。

（四）完善孵化激励机制

建立科学的孵化器内部绩效评价激励机制，对于提高孵化器管理服务人员责任意识、加强孵化器孵化能力建设、引导创业企业的健康发展有重要作用。近年来，江西省孵化器以孵化绩效考核指标作为激励考核孵化管理服务人员的主要参考依据，采用后补助等多种方式对孵化器管理服务人员进行奖惩，激励孵化器管理服务人员不断提升与改进投资融资、市场开发、政策指导等方面的服务能力与态度，有效加强了江西省孵化器的孵化管理水平①。

万安县众创空间

万安县众创空间位于万安县城新区，成立于2015年12月，由万安县人民政府投资兴建，万安县电子商务产业办公室进行运营管理，是一个集运营、办公、培训、产品展示、仓储物流于一体的电子商务创业集聚园区。近年来，万安县众创空间不断加强孵化服务团队责任意识与核心价值观的培育，提升孵化服务团队素质和管理能力，凝聚众智，发挥众能，以此促进孵化器从业人员工作效率和管理效益的提高；持续完善孵化器管理激励机制，适时调整机构设置，实行定员、定岗、定责制度，严格落实年度绩效考核，有效提升了孵化管理服务人员的积极性，

① 刘洋. 2018. 创业孵化中心的发展机制研究——以江西省南昌创业服务中心为例[J]. 新材料产业，(7)：35-38.

孵化器孵化能力得到显著提升。截至2019年底，孵化器成功孵化企业50个，孵化成功率达到95%，10个企业通过孵化器对接万安县就业局成功办理创业贷款150万元，举办的各类电商创业培训达40余次，培训人数4254人，带动就业2000余人。

第三节　发展成效①

近年来，在党中央、国务院的坚强领导下，江西省坚持把“大众创业、万众创新”作为引领发展的重要趋动力，作为贯穿“十三五”发展的主题主线，实施了一系列强力举措，助推众创空间和科技企业孵化器加快发展，江西省的孵化器在数量规模、建设步伐、服务创新创业、助力成果转化、培育科技企业、建立服务团队等方面取得了显著成效。

一、数量不断增长

截至2019年底，江西省共有省级及以上孵化器236个，较2018年增加了71个。科技企业孵化器有62个，较2018年增加了9个，其中，国家级科技企业孵化器有21个，占比为33.9%；众创空间有174个，较2018年增加了62个，在国家级备案的众创空间有42个，占比24.1%（表3-1）。

表3-1　江西省省级及以上孵化器数量情况　　单位：个

分类	2016年	2017年	2018年	2019年
孵化器数量	116	156	165	236
科技企业孵化器数量	33	51	53	62
其中：国家级科技企业孵化器	16	18	18	21
众创空间数量	83	105	112	174
其中：国家备案的众创空间	10	42	42	42

资料来源：《中国创业孵化发展报告2017》《中国创业孵化发展报告2018》《中国创业孵化发展报告2019》《中国创业孵化发展报告2020》。

① 科学技术部火炬高技术产业开发中心. 2020. 中国创业孵化发展报告 2020[M]. 北京：科学技术文献出版社.

二、建设步伐加快

（一）收入和运营成本情况

2019 年，江西省孵化器的总收入为 14.8 亿元，较 2018 年下降 17.0%。其中，众创空间收入为 8.3 亿元，占比最多，达到 56.1%；其次是科技企业孵化器收入为 6.5 亿元，占比为 43.9%。

2019 年，江西省孵化器总运营成本为 10.3 亿元，较 2018 年增长 22.6%。其中，众创空间成本占比最多，达 6.9 亿元，占比 67.0%；其次是科技企业孵化器运营成本为 3.4 亿元，占比 33.0%（表 3-2）。

表 3-2　江西省孵化器收入和运营成本情况　　单位：亿元

年份	收入			运营成本		
	孵化器总收入	科技企业孵化器	众创空间	孵化器总成本	科技企业孵化器	众创空间
2016	26.8	7.0	19.7	8.7	2.6	6.1
2017	29.9	10.3	19.7	10.1	2.6	7.5
2018	17.8	13.0	4.8	8.4	3.7	4.7
2019	14.8	6.5	8.3	10.3	3.4	6.9

资料来源：《中国创业孵化发展报告 2017》《中国创业孵化发展报告 2018》《中国创业孵化发展报告 2019》《中国创业孵化发展报告 2020》

纳入《中国火炬统计年鉴》的众创空间的收入主要由四部分组成，分别为服务收入、投资收入和财政补贴、房租及物业收入、其他收入等，其中其他收入最多。2019 年，众创空间总收入 8.3 亿元，其中，其他收入占比 44.5%，服务收入占比 24.2%，投资收入和财政补贴占比 13.4%（表 3-3、图 3-1）。

表 3-3　江西省众创空间收入构成　　单位：亿元

年份	总收入	服务收入	投资收入和财政补贴	房租及物业收入	其他收入
2016	19.7	18.1	1.0	—	0.6
2017	19.7	17.5	1.2	0.7	0.3
2018	4.8	2.2	0.9	0.9	0.8
2019	8.3	2.0	1.1	1.5	3.7

资料来源：《2017 中国火炬统计年鉴》《2018 中国火炬统计年鉴》《2019 中国火炬统计年鉴》《2020 中国火炬统计年鉴》

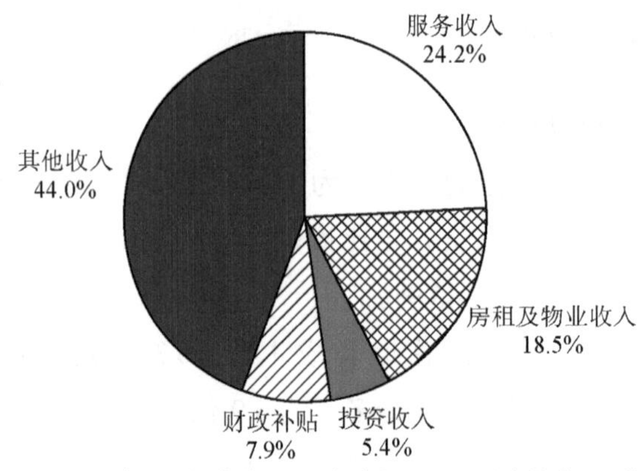

图 3-1　2019 年江西省众创空间收入构成

资料来源：《2017 中国火炬统计年鉴》《2018 中国火炬统计年鉴》《2019 中国火炬统计年鉴》《2020 中国火炬统计年鉴》

（二）孵化基金与财政支持情况

2019 年，江西省科技企业孵化器孵化基金总额为 18.6 亿元。比 2018 年增加 6.9 亿元，增长 59.0%。

2019 年，江西省众创空间获得财政补贴总额为 0.9 亿元，较 2018 年增长 80.0%（表 3-4）。

表 3-4　江西省孵化器孵化基金与财政支持情况

年份	科技企业孵化器孵化基金总额/亿元	众创空间获得财政补贴总额/亿元
2016	2.5	0.3
2017	17.6	0.5
2018	11.7	0.5
2019	18.6	0.9

资料来源：《2017 中国火炬统计年鉴》《2018 中国火炬统计年鉴》《2019 中国火炬统计年鉴》《2020 中国火炬统计年鉴》

（三）研发投入强度情况

2019 年，江西省科技企业孵化器在孵企业研发经费支出达 4.7 亿元，研发投入强度（研发经费支出占主营业务收入的比重）达 3.9%，较 2018 年增加了 0.3 个百分点，在孵企业科技创新进程不断加快（图 3-2）。

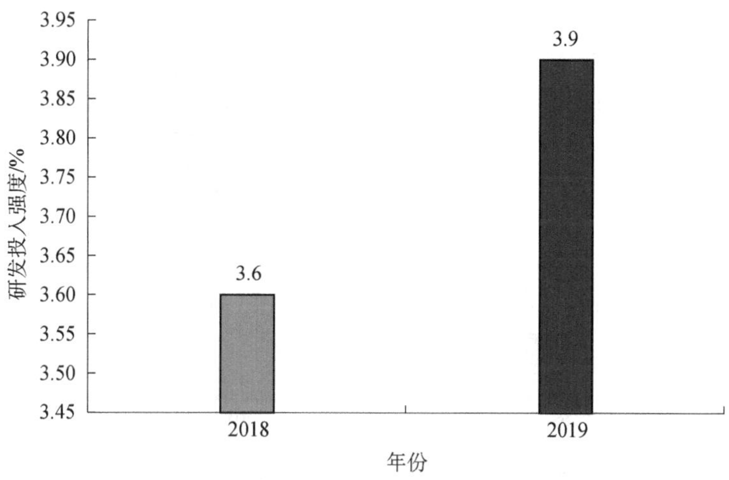

图 3-2　江西省科技企业孵化器研发经费投入强度情况

资料来源：《中国创业孵化发展报告 2020》

三、服务创新创业

硬件基础服务与软性基础服务是孵化器提供给创业团队和企业的最基本服务。近年来，江西省孵化器在基础服务上下功夫，创业服务活动场次大幅增加、创业服务成效显著提升、孵化活动场地不断扩大、孵化场地用途趋于完善，服务创新创业势头整体向好。

（一）创业服务活动场次大幅增加

2016～2019 年，江西省孵化器（包括科技企业孵化器、众创空间等）共举办创新创业活动 21 753 场，其中 2019 年举办的场次最多，达到 8039 场，较 2016 年举办场次增加 4313 场。从江西省孵化器开展创业教育培训活动情况看，2016～2018 年，江西省开展创业教育培训活动场次大幅度提升，特别是 2018 年，活动场次达到 17 250 场，相较 2017 年增加 239.9%（图 3-3）。

（二）创业服务成效显著提升

2019 年，江西省众创空间当年服务的创业团队达到 13 065 个，较 2016 年、2017 年、2018 年分别增加 177.5%、118.4%、77.6%。其中，国家备案众创空间当年服务的创业团队数为 2758 个，较 2016 年增加 288.5%。从江西省众创

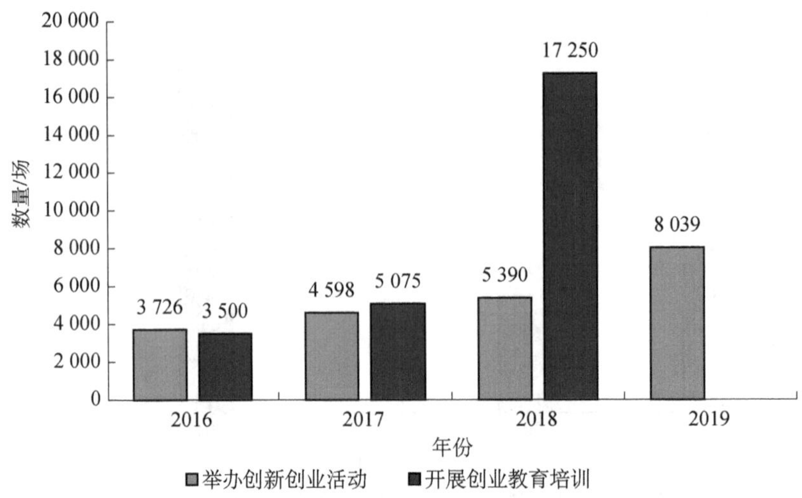

图 3-3　2016～2019 年江西省孵化器创业服务活动情况

《中国创业孵化发展报告 2020》中未统计 2019 年开展创业教育培训数量

资料来源：《中国创业孵化发展报告 2017》《中国创业孵化发展报告 2018》《中国创业孵化发展报告 2019》《中国创业孵化发展报告 2020》

空间当年服务的初创企业数量看，2019 年，江西省众创空间当年服务的初创企业数量达到 5305 个，较 2016 年、2017 年、2018 年分别增加 1865 个、1139 个、218 个。其中，国家备案众创空间当年服务的初创企业达到 1648 个，较 2018 年减少 51.6%。从江西省众创空间当年提供技术支撑服务的团队和企业数量看，2019 年，江西省众创空间当年提供技术支撑服务的团队和企业达到 5068 个，较 2018 年增加 2767 个。其中，国家备案众创空间当年提供技术支撑服务的团队和企业有 667 个，较 2016 年增加 363.2%。从整体来看，江西省众创空间服务的企业和团队数量均呈现逐年增加趋势，表明江西省孵化机构的创业服务成效正不断提升（图 3-4）。

（三）孵化活动场地不断扩大

从江西省孵化器孵化场地情况来看，2019 年，江西省孵化器孵化面积达 360 万平方米，相较 2017 年、2018 年分别增加 48.8%、24.1%。其中，科技企业孵化器孵化面积达 200 万平方米，较 2017 年、2018 年分别增加 40 万平方米、38 万平方米；众创空间孵化面积达 160 万平方米，较 2018 年增加 25.0%（图 3-5）。

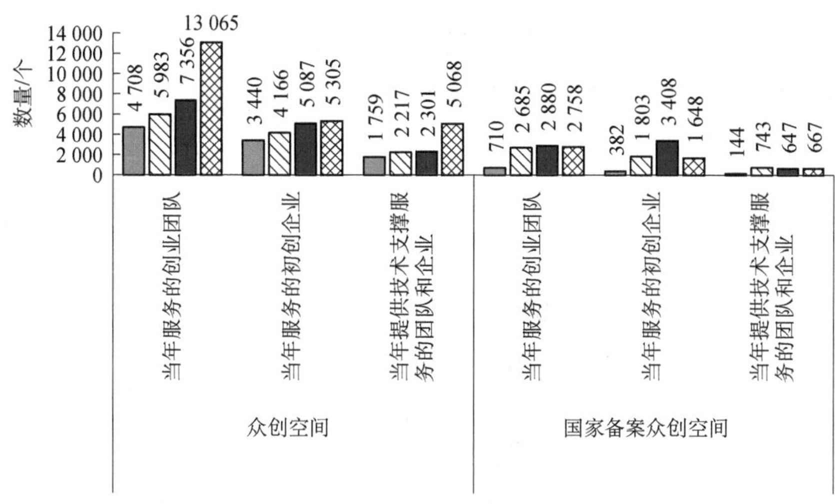

图 3-4 2016～2019 年江西省众创空间服务的企业和创业团队情况

资料来源：《2017 中国火炬统计年鉴》《2018 中国火炬统计年鉴》《2019 中国火炬统计年鉴》《2020 中国火炬统计年鉴》

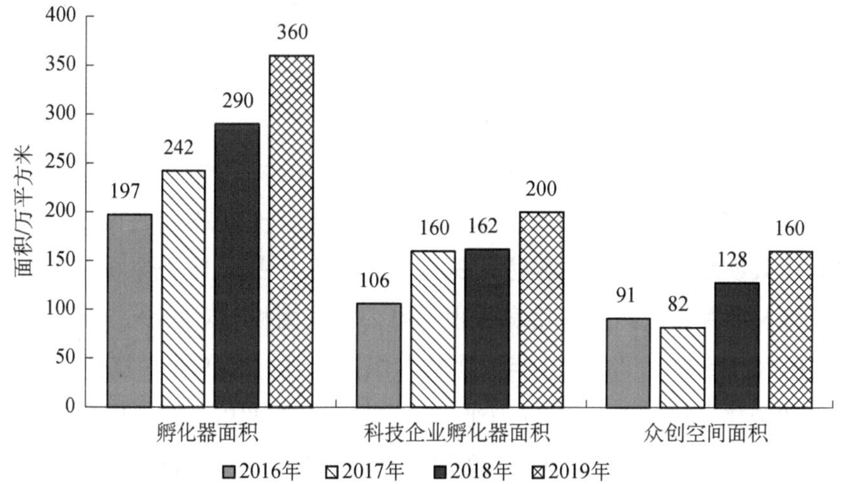

图 3-5 2016～2019 年江西省孵化器孵化场地情况

资料来源：《中国创业孵化发展报告 2017》《中国创业孵化发展报告 2018》《中国创业孵化发展报告 2019》《中国创业孵化发展报告 2020》

从江西省众创空间提供的工位情况看，2019 年，江西省众创空间共提供工位数 71 528 个，较 2018 年增加 40.4%，达到 2016 年提供工位数的 2.8 倍；

其中，2019 年国家备案众创空间提供工位数 27 099 个，虽然较 2018 年仅增加 414 个，但较 2016 年增加了约 16 倍（图 3-6）。

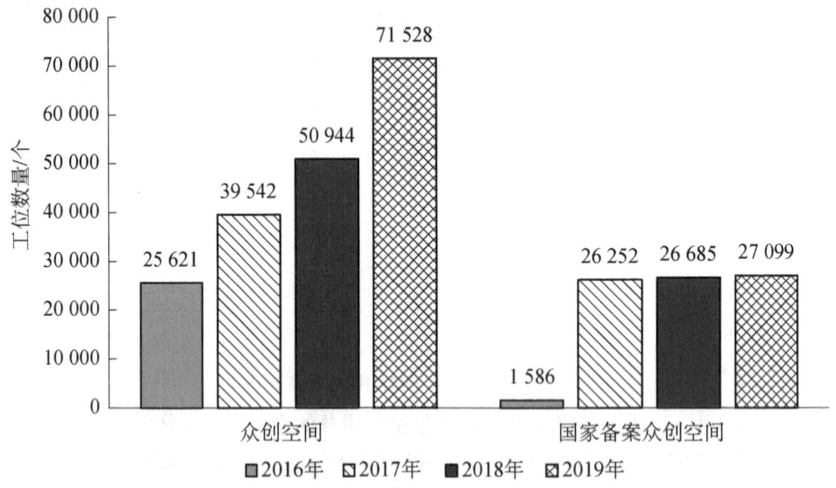

图 3-6　2016～2019 年江西省众创空间提供工位情况

资料来源：《2017 中国火炬统计年鉴》《2018 中国火炬统计年鉴》《2019 中国火炬统计年鉴》《2020 中国火炬统计年鉴》

（四）孵化场地用途趋于完善

2019 年，江西省科技企业孵化器孵化总面积 202 万平方米。其中，企业用房面积最多，达到 137 万平方米，占比 67.8%，较 2018 年占比下降 2.5 个百分点；其次是其他用途面积达到 30.7 万平方米，占比 15.2%，较 2018 年占比上升 3.6 个百分点；服务用房面积、办公用房面积相对较少，分别占总面积的 11.4%与 5.6%，与 2018 年占比基本保持一致。2019 年，江西省国家级科技企业孵化器孵化总面积 85 万平方米。其中，企业用房面积仍然最多，达到 68 万平方米，占比达 80.0%，较 2016 年占比提升 4.2 个百分点；其次是服务用房面积，达到 10 万平方米，占比 11.8%，与 2018 年占比基本保持一致；办公用房面积与其他用途面积占比最少，分别仅有 4.7%与 3.5%。总体上看，江西省科技企业孵化器的孵化场地大部分用于孵化器在孵企业的生产加工，孵化场地用途正不断趋于完善（表 3-5、图 3-7）。

表 3-5　江西省科技企业孵化器孵化场地用途　　　单位：万平方米

年份	科技企业孵化器				国家级科技企业孵化器			
	办公用房	企业用房	服务用房	其他	办公用房	企业用房	服务用房	其他
2016	6	82	9	9	2	47	6	7
2017	9	115	14	22	3	62	6	4
2018	11	114	18	19	3	63	9	2
2019	11	137	23	31	4	68	10	3

资料来源：《2017 中国火炬统计年鉴》《2018 中国火炬统计年鉴》《2019 中国火炬统计年鉴》《2020 中国火炬统计年鉴》

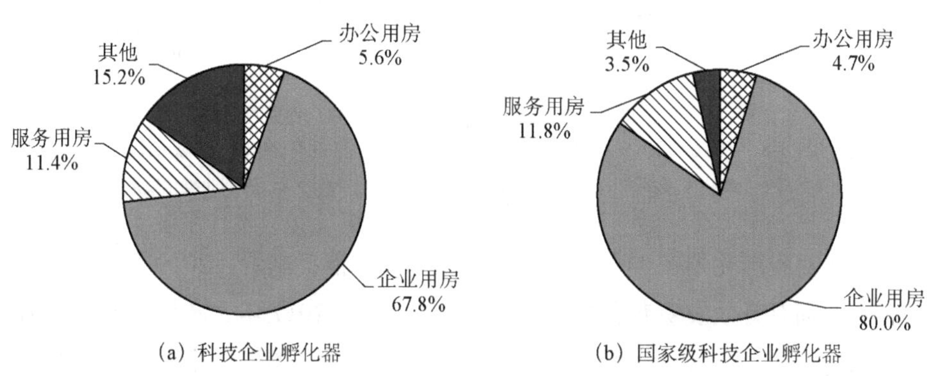

图 3-7　2019 年江西省科技企业孵化器孵化场地用途情况①

资料来源：《2020 中国火炬统计年鉴》

四、助力成果转化

孵化器知识产权服务与融资服务是助力成果创新与转化的重要内容。近年来，江西省孵化器不断加强知识产权与融资服务能力建设，在孵企业创新成果数量与获投融资支持情况获得显著提升，成果创新与转化成效明显。

（一）在孵企业创新成果不断涌现

从江西省孵化器在孵企业拥有有效知识产权数量来看，2019 年，孵化器在孵企业拥有有效知识产权数量达到 15 991 件，较 2018 年增加 109.4%。其中，科技企业孵化器在孵企业 2019 年拥有有效知识产权数达 7798 件，较 2017 年、2018 年分别增加 4597 件、3773 件；众创空间在孵企业拥有有效知识产权数 8193 件，较 2016 年增加 42.5%（图 3-8）。

① 因四舍五入原因，计算所得数值有时与实际数值有些微出入，特此说明。

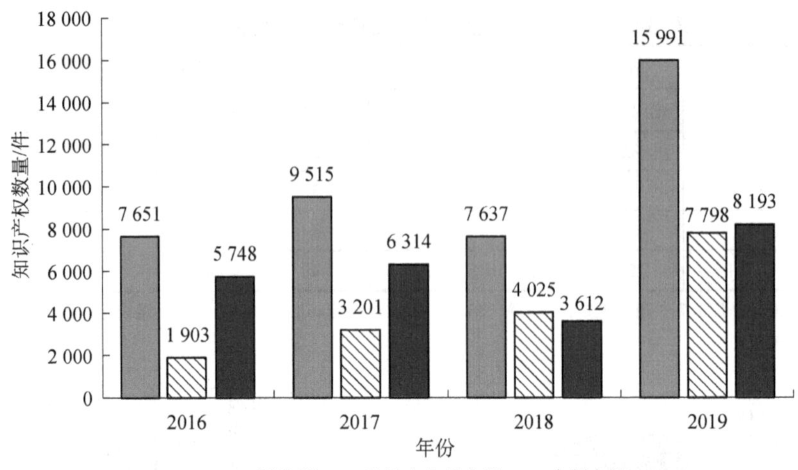

图 3-8　2016～2019 年江西省孵化器在孵企业拥有有效知识产权情况

资料来源：《中国创业孵化发展报告 2017》《中国创业孵化发展报告 2018》《中国创业孵化发展报告 2019》《中国创业孵化发展报告 2020》

从江西省孵化器在孵企业拥有有效发明专利情况来看，2019 年，孵化器在孵企业拥有有效发明专利 2830 件，较 2016 年、2017 年、2018 年分别增加 1843 件、1806 件、1730 件。其中，科技企业孵化器在孵企业拥有有效发明专利数达到 2116 件，较 2018 年增加 294.8%；众创空间在孵企业拥有有效发明专利 714 件，2016 年以来的年平均增长率达到 8.7%（图 3-9）。

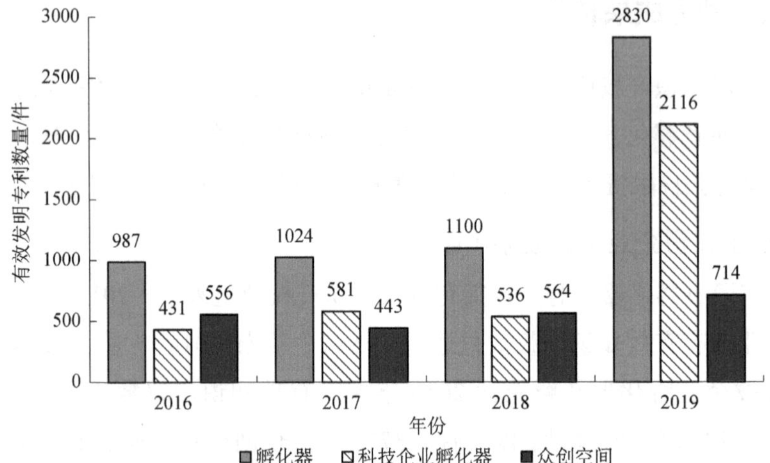

图 3-9　2016～2019 年江西省孵化器在孵企业拥有有效发明专利情况

资料来源：《中国创业孵化发展报告 2017》《中国创业孵化发展报告 2018》《中国创业孵化发展报告 2019》《中国创业孵化发展报告 2020》

（二）在孵企业资金获取渠道不断拓展

从 2016～2019 年江西省孵化器在孵企业中当年获得投融资的企业情况来看，2019 年，当年获得投融资的孵化器数量达到 1229 个，较 2018 年多 563 个，2016 年获得投融资的孵化器数量最少，仅有 579 个。从科技企业孵化器在孵企业中当年获得投融资的情况看，2016～2019 年获得投融资的企业数量分别为 108 个、214 个、252 个、276 个，呈现稳步增加趋势。其中，国家级科技企业孵化器在孵企业中获得投融资的企业数分别为 90 个、102 个、159 个、203 个。从 2016～2019 年众创空间在孵企业中当年获得投融资的情况来看，获得投融资的企业数量最多的年份是 2019 年，达到 953 个，2018 年最少，仅有 414 个。其中，国家备案众创空间在孵企业中当年获得投融资的企业数量情况呈现先升后降趋势，2017 年最多，达到 244 个，比 2019 年多 58 个（图 3-10）。

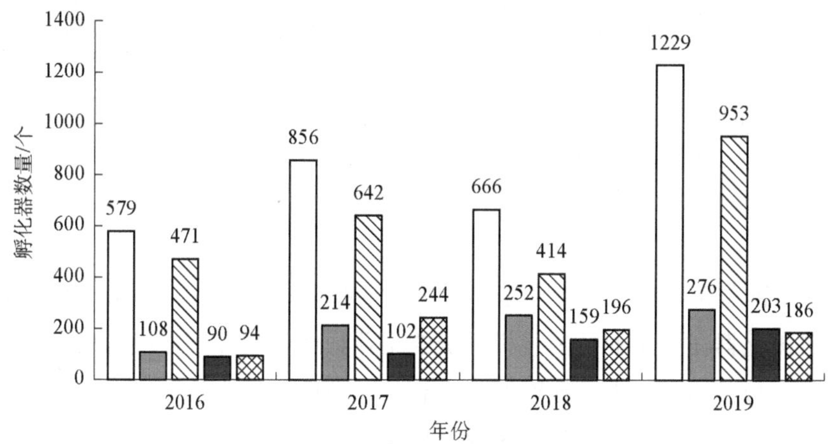

图 3-10　2016～2019 年江西省孵化器在孵企业当年获得投融资的企业情况

资料来源：《2017 中国火炬统计年鉴》《2018 中国火炬统计年鉴》《2019 中国火炬统计年鉴》《2020 中国火炬统计年鉴》

从江西省孵化器在孵企业当年获得投资额情况来看，2019 年，孵化器当年获得投资额达到 14.6 亿元，较 2018 年增加 92.1%，较 2017 年下降 3.4%。从科技企业孵化器在孵企业当年获得投资额情况看，2019 年，在孵企业获得投资额为 3.0 亿元，较 2018 年增加 0.5 亿元，较 2017 年减少 0.5 亿元。其中，国家级科技企业孵化器在孵企业获得投资额为2.2亿元，较2017年减少0.4亿元。从众创空间在孵企业当年获得投资额情况看，2019年，在孵企业获得投资额为11.6亿元，与2017年获得投资额相当。其中，国家备案众创空间在孵企业在2019年获得投资额2.8亿元，较2016年与2017年分别减少3.0亿元与6.2亿元（图3-11）。

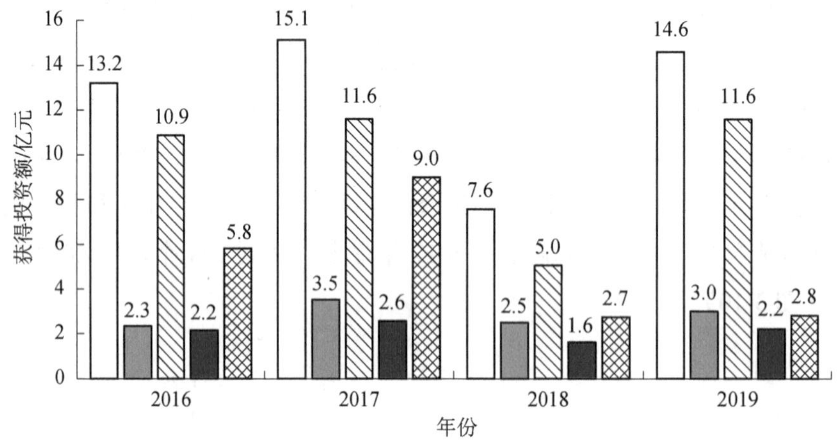

图3-11　2016～2019年江西省孵化器在孵企业当年获得投资额情况

资料来源：《2017中国火炬统计年鉴》《2018中国火炬统计年鉴》《2019中国火炬统计年鉴》《2020中国火炬统计年鉴》

从江西省孵化器在孵企业获得投融资的整体情况来看，2016～2019年，江西省孵化器在孵企业中获得投融资的企业数明显增加，在投融资金额体量保持一定数额的基础上，投融资基金企业覆盖面进一步加大，在孵企业投融资渠道不断拓展。同时从孵化器内部情况来看，众创空间在孵企业获得投融资的企业数与投资额均多于科技企业孵化器，表明众创空间已成为江西省助力成果转化的主阵地。

五、培育科技企业

培育科技型中小微企业是孵化器的重要作用之一，主要任务是为创业团队提供服务支持，降低创业者的创业风险和创业成本，提高创业成功率。近年来，江西省始终坚持“服务至上”的原则，为创业团队和企业提供精准的服务，孵化器在孵企业规模不断扩大，发展成效显著增强，对江西省经济社会发展的贡献度日益提升。

（一）孵化器在孵企业规模持续增长

从江西省孵化器在孵企业数量情况看，2019 年，孵化器在孵企业数达到 8812 个，较 2017 年与 2018 年分别增加 1652 个与 738 个。从科技企业孵化器在孵企业数量情况来看，2019 年，在孵企业 3507 个，较 2018 年增加 520 个，较 2016 年增加 90.9%。其中国家级科技企业孵化器在孵企业 1858 个，较 2018 年增加 6.8%。从众创空间在孵企业数量情况来看，2019 年，在孵企业 5305 个，较 2016 年增加 1865 个，年平均增长率达 15.5%。其中，国家备案众创空间在孵企业 1648 个，较 2018 年减少 51.6%（图 3-12）。

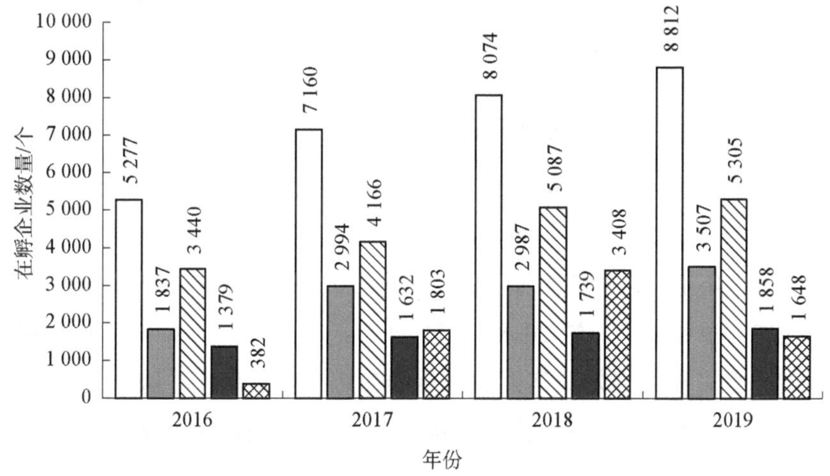

图 3-12　2016～2019 年江西省孵化器在孵企业数量情况

资料来源：《2017 中国火炬统计年鉴》《2018 中国火炬统计年鉴》《2019 中国火炬统计年鉴》《2020 中国火炬统计年鉴》

从江西省孵化器在孵企业整体情况来看，江西省孵化器在孵企业数量总体呈现增加趋势，培育科技企业的总体势头良好。同时，众创空间在孵企业数明显多于科技企业孵化器，且科技企业孵化器在孵高新技术企业占在孵企业总数的比重偏低，表明众创空间培育科技企业的能力较强，科技企业孵化器孵化培育科技企业的能力亟待提升（图 3-13）。

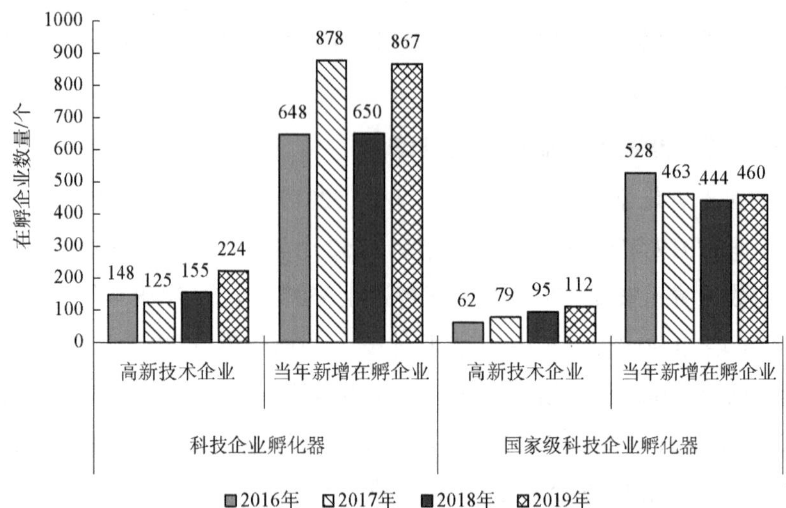

图 3-13 2016～2019 年江西省科技企业孵化器在孵企业情况

资料来源：《2017 中国火炬统计年鉴》《2018 中国火炬统计年鉴》《2019 中国火炬统计年鉴》《2020 中国火炬统计年鉴》

（二）孵化器上市企业数量平稳增加

2019 年，江西省孵化器在孵企业中当年上市（挂牌）企业 14 个，较 2018 年增加 7 个，较 2016 年与 2017 年分别减少 14 个、23 个。其中，科技企业孵化器当年上市（挂牌）企业 6 个，较 2016 年仅少 3 个；众创空间当年上市（挂牌）企业 8 个，较 2018 年增加 4 个，较 2016 年与 2017 年分别下降 57.9%、73.3%。综上可知，江西省孵化器在孵企业上市（挂牌）的速率正不断减慢，孵化器上市（挂牌）企业数量呈现平缓增加的趋势（图 3-14）。

（三）孵化器毕业企业数量逐年增加

2019 年，江西省科技企业孵化器累计毕业企业达 2647 个，较 2016 年增加 1535 个，年平均增长率达 33.5%。其中，国家级科技企业孵化器累计毕业企业 1443 个，较 2017 年与 2018 年分别增长 41.2%、25.3%。2019 年，江西省科技企业孵化器当年毕业企业 592 个，较 2016 年增加 356 个。其中，国家级科技企业孵化器当年毕业企业 259 个，较 2018 年增加 72.7%。2016～2019 年，江西省科技企业孵化器累计毕业企业中收入达 5000 万元及以上企业数量分别为 59 个、76 个、66 个、90 个，占累计毕业企业数量的比重分别为 5.3%、4.8%、3.4%、3.4%。其中，国家级科技企业孵化器累计毕业企业中收入达

5000 万元及以上企业数量分别为 58 个、67 个、62 个、86 个，占累计毕业企业数量的比重分别为 6.6%、6.6%、5.4%、6.0%。综上可知，江西省科技企业孵化器累计毕业企业的数量呈现逐年增加趋势，但收入达 5000 万元及以上的毕业企业占比偏低，毕业企业的收益规模仍然偏小（图 3-15）。

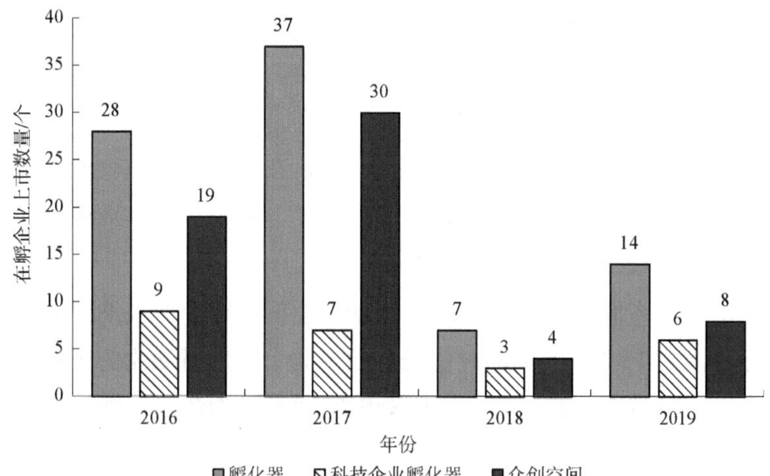

图 3-14　2016～2019 年江西省孵化器在孵企业当年上市（挂牌）情况

资料来源：《中国创业孵化发展报告 2017》《中国创业孵化发展报告 2018》《中国创业孵化发展报告 2019》《中国创业孵化发展报告 2020》

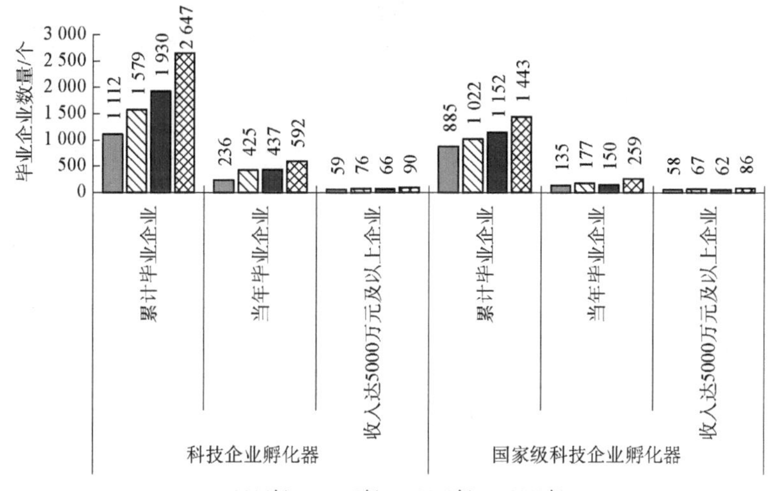

图 3-15　2016～2019 年江西省科技企业孵化器毕业企业情况

资料来源：《2017 中国火炬统计年鉴》《2018 中国火炬统计年鉴》《2019 中国火炬统计年鉴》《2020 中国火炬统计年鉴》

（四）孵化器在孵企业发展成效不断提升

从江西省孵化器在孵企业吸纳就业情况来看，2019 年，孵化器在孵企业吸纳就业人数达 136 873 人，较 2018 年增加 55.0%。其中，应届大学毕业生创业就业人数 29 829 人，较 2018 年增加 9149 人。

从科技企业孵化器吸纳就业情况来看，2019 年，在孵企业吸纳就业人数 60 800 人，达到 2018 年吸纳就业人数的 1.2 倍。其中，应届大学毕业生创业就业人数 8696 人，较 2018 年增加 14.5%。

从众创空间吸纳就业情况来看，2019 年，在孵企业吸纳就业人数 76 073 人，较 2018 年吸纳就业人数翻了近一番。其中，应届大学毕业生创业就业人数达 21 133 人，较 2018 年增加 8046 人。

从孵化器内部情况来看，2019 年，众创空间在孵企业吸纳就业人数比科技企业孵化器多 15 273 人，同时依托众创空间实现创新创业的应届大学毕业生人数也远超科技企业孵化器，表明众创空间已成为江西省助推创新创业发展的主阵地（图 3-16）。

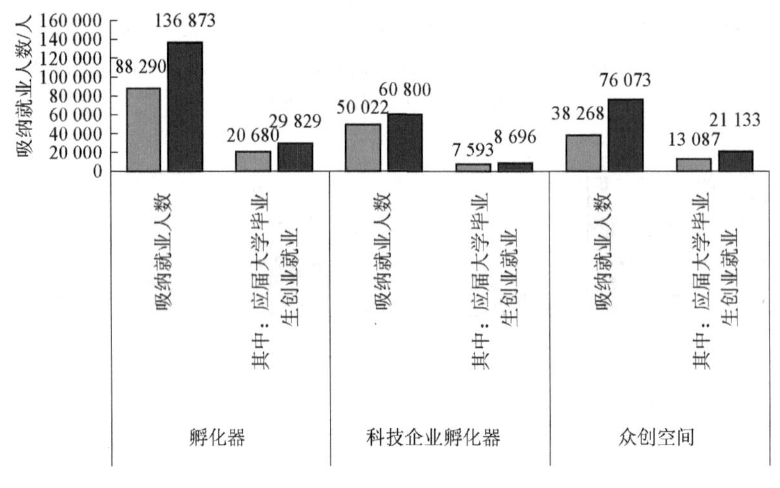

图 3-16　2018 年和 2019 年江西省孵化器在孵企业吸纳就业情况

资料来源：《中国创业孵化发展报告 2020》

从江西省科技企业孵化器在孵企业从业人员情况来看，2019 年，科技企业孵化器在孵企业从业人员达 60 800 人，较 2018 年增加 21.5%，达到 2016 年从业人员的 1.6 倍，增加趋势明显。其中，国家级科技企业孵化器在孵企业从业人员数 34 286 人，较 2016 年增加 5958 人，年平均增长率达 6.6%（图 3-17）。

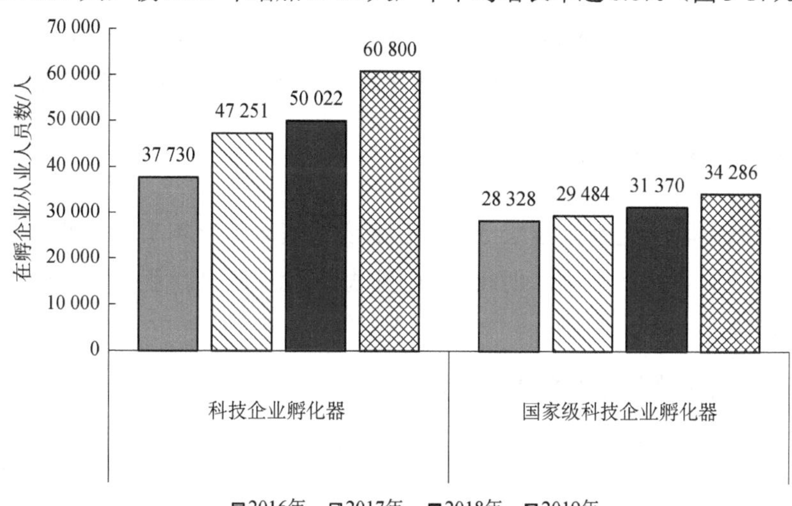

图 3-17　2016～2019 年江西省科技企业孵化器在孵企业从业人员情况

资料来源：《2017 中国火炬统计年鉴》《2018 中国火炬统计年鉴》《2019 中国火炬统计年鉴》《2020 中国火炬统计年鉴》

从江西省科技企业孵化器在孵企业总收入情况来看，2019 年，科技企业孵化器在孵企业总收入为 140.10 亿元，较 2018 年增加 6.3%，达到 2016 年总收入的 2.3 倍。其中，国家级科技企业孵化器在孵企业总收入达 到 98.6 亿元，较 2016 年增加 47.1 亿元，年平均增长率达 24.2%（图 3-18）。

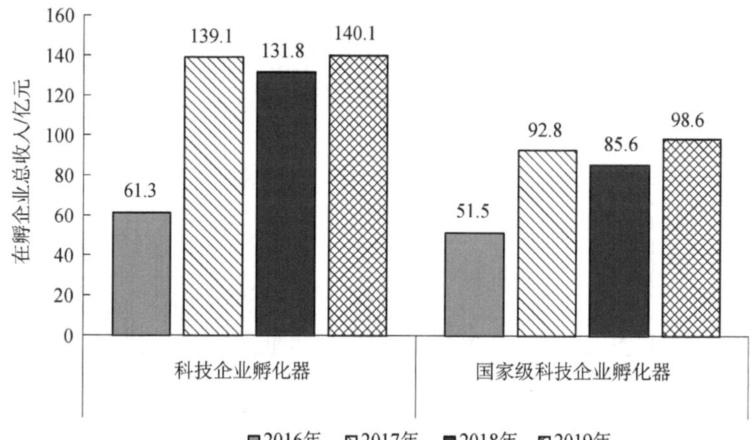

图 3-18　2016～2019 年江西省科技企业孵化器在孵企业总收入情况

资料来源：《2017 中国火炬统计年鉴》《2018 中国火炬统计年鉴》《2019 中国火炬统计年鉴》《2020 中国火炬统计年鉴》

从江西省孵化器在孵企业发展整体成效来看，2016 年以来，江西省孵化器在孵企业吸纳就业人数显著增加，在孵企业总收入明显提高，表明孵化器服务社会民生的能力明显增强，对江西省经济社会发展的贡献度不断提升。

六、建立服务团队

管理服务团队是孵化器服务创新创业者的基础。近年来，江西省不断加强创新创业服务团队建设，创业导师团队规模稳中有升，服务创新创业的能力不断增强。

（一）孵化器管理服务人员情况

2016～2019 年，江西省孵化器管理服务人员数量呈现先升后降的趋势，2017 年管理服务人员数量最多，达到 12 462 人，2019 年最少，仅 4474 人。从科技企业孵化器管理服务人员情况来看，2019 年，管理服务人员数达 1420 人，较 2016 年增加 759 人，年平均增长率达 29.03%。其中，国家级科技企业孵化器管理服务人员数量为 570 人，较 2018 年增加 8.2%。从众创空间管理服务人员情况来看，2019 年，管理服务人员数量仅为 3054 人，服务人员规模仅占 2017 年的 27.1%。其中，国家备案众创空间管理服务人员数量为 931 人，较 2018 年降低 43.7%，仅高于 2016 年的管理服务人员数量（图 3-19）。

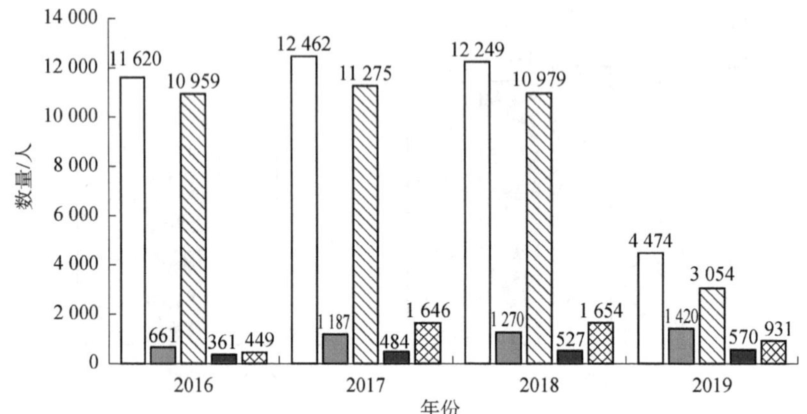

图 3-19　2016～2019 年江西省孵化器管理服务人员情况

资料来源：《2017 中国火炬统计年鉴》《2018 中国火炬统计年鉴》《2019 中国火炬统计年鉴》《2020 中国火炬统计年鉴》

（二）孵化器创业导师情况

2019 年，江西省孵化器创业导师人数达 6688 人，较 2016 年增加 3414 人，年平均增长率达 26.9%。其中，科技企业孵化器创业导师人数为 1564 人，较 2017 年与 2018 年分别增加 59.1%与 42.8%；众创空间创业导师人数为 5124 人，较 2016 年增加 2338 人，年平均增长率为 22.5%。从国家级孵化器创业导师情况来看，2019 年，江西省国家级孵化器创业导师人数为 2087 人，较 2017 年与 2018 年分别增加 236 人与 152 人。其中，国家级科技企业孵化器创业导师人数为 587 人，较 2016 年增加 146.6%；国家备案众创空间创业导师人数为 1500 人，较 2016 年增加 1125 人，年平均增长率达 58.7%（图 3-20）。由此可知，近年来江西省孵化器创业导师团队规模不断扩大，孵化器服务创新创业的能力和水平不断提高。

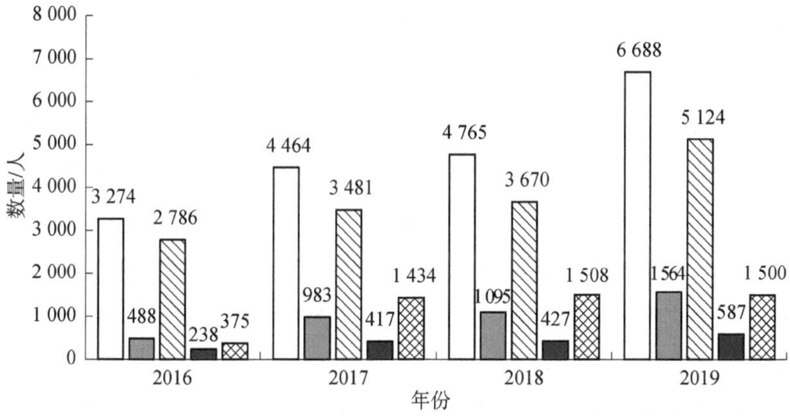

图 3-20　2016～2019 年江西省孵化器创业导师情况

资料来源：《2017 中国火炬统计年鉴》《2018 中国火炬统计年鉴》《2019 中国火炬统计年鉴》《2020 中国火炬统计年鉴》

第四节　典型市（县）发展经验

一、吉安市“回归家园行动”助力“大众创业、万众创新”

吉安市在中央和江西省的领导下，坚持“创新、协调、绿色、开放、共享”新发展理念，贯彻落实“大众创业、万众创新”战略部署，团结带领全市干部群众，深入开展“回归家园、奉献家乡”五大行动，积极搭建政策、孵化、融资、服务、宣传五大平台，着力引导吉安籍在外人员返乡创新创业、建设，取得了丰硕成果。

1. 搭建政策扶持平台，为创新创业“加油助力”

为切实推动“大众创业、万众创新”工作和返乡“大众创业、万众创新”发展，吉安市成立了吉安市推进“大众创业、万众创新”联合工作组，由市长任组长，相关部门主要负责人为成员，形成了“政府主导、部门协作、社会参与、齐抓共管”的工作机制，召开了全市“回归家园、奉献家乡”行动动员大会，市委书记和市长亲自动员讲话，传达全省“大众创业、万众创新”现场会议精神，推动全市“大众创业、万众创新”工作发展。吉安市相继出台了《吉安市引进人才用好人才“20条”》《吉安市落实优秀高层次人才待遇实施办法》《吉安市人民政府关于大力推进大众创业万众创新的实施意见》《吉安市“回归家园、奉献家乡”行动实施方案》等政策文件，从人才引进、税费减免、财政支持、用地审批等方面提出了创业场地“零租金”、创业贷款“零利息”、离岗创业“零差别”等一系列优惠政策，组织开展了吉商回归、专家学者返乡服务、引凤还巢、创新驱动、扶贫济困等专项行动，为吉安市各类劳动者和在外吉安籍专家学者、企业家、农民工等群体返乡创新创业创造了有利条件。

吉安市开展的主要工作有以下几个方面。一是搭建“大众创业、万众创新”孵化平台，为创新创业“遮风避雨”。吉安市坚持“政府引导、市场主导”的发展模式，积极吸引整合社会资源、民间资本共同参与“大众创业、万众创新”孵化载体建设，为初创者提供全方位、多层次、立体化的平台和空间。二是着力打造返乡创业园区，支持各类人员返乡创业。吉安市大力实施“引凤还巢”行动计划，引导返乡人员进入返乡创业园创业，指导和帮助返乡人员选准项目开展创业。三是搭建融资担保平台，为创新创业“输血打气”。吉安市全面创新创业融资模式，加强融资平台建设，加大“大众创业、万众创新”信贷投入，最大限度满足各类“大众创业、万众创新”主体的资金需求。

2. 搭建对接服务平台，为创新创业“排忧解难”

吉安市坚持内外联动，培引并举，既积极引进吉安籍在外人才返乡创新创业，又大力培育具有根植性的优秀本土企业家，使内培和外引相互促进、相得益彰，促进全市经济和谐发展。

3. 搭建宣传展示平台，为创新创业“摇旗呐喊”

采取“线上+线下”，“竞赛+推介”等多种方式，宣传“大众创业、万众创新”政策措施，报道成功典型，积极营造支持、投身“大众创业、万众创新”的浓厚氛围。

二、宜春市精准发力推动“大众创业、万众创新”

宜春市深入贯彻落实江西省政府“创业创新”28条，坚持把创业创新作为稳增长、调结构、促发展的新引擎和强动力，制定出台了《关于贯彻落实省政府大力推进大众创业万众创新若干政策具体措施》，深化制度改革，强化政策扶持，加快平台建设，不断激发“大众创业、万众创新”活力，形成了小微企业蓬勃发展、“草根经济”活力迸发的生动局面。

1. 打破制约创新创业的制度“天花板”

宜春市从政府自身改革入手，切实降低创业门槛，为企业松绑减负，公布实施了《市本级行政审批等事项权力目录清单》，市级行政许可项目由408项减为118项，精简率为71.1%，非行政许可项目由173项减为78项，精简率为54.9%，提高了审批效率，并制定《市政府部门权力清单》，将市政府部门行政权力事项由6204项精简整合为2104项，精简整合率达66.1%。

2. 加大政策资金扶持创业创新主体

针对以青年大学生、返乡农民工等为代表的重点群体，先后制定了《关于支持宜商回乡创业发展的意见》《宜春市大学生村官创业贷款实施办法》《关于鼓励我市独立科研院所科技人员创业创新试点办法》等系列差别化的引导鼓励政策，从资金扶持、创业培训等方面为各类创业者量体裁衣，并出台“支持企业上市税收优惠政策20条”“支持加快三大产业发展税收优惠政策和服务措施”“税收减免督察制度”等文件，为企业发展营造良好的外部环境。

3. 搭建服务平台，夯实创新创业基础

宜春市探索建立了“四位一体”的新服务模式，在市、县建成人力资源市场、创业指导服务中心，街道（乡镇）、社区（村）建立劳动保障工作所（站）和创业指导服务站（室），将政策咨询、项目推介、创业培训、担保贷款、专家指导等创业服务功能融为一体，实现就近式、一站式服务。同时，秉持“分类扶持、精细孵化”的理念，全市大力发展市场化、专业化、集成化、网络化的各类创业孵化载体，投资 8 亿多元建设丰城市小微企业创业园、樟树市中药饮片及保健品小微企业创业园等一批独具地方特色的小微企业创业园。

三、萍乡市多措并举推动“大众创业、万众创新”

萍乡市把“大众创业、万众创新”工作摆在经济社会发展突出位置，在获得全国创建创业型城市先进单位、全国科技进步先进市、国家创新型试点城市等荣誉的基础上，全市上下继续深化国家级创业型城市创建工作，不断完善服务体系，优化创业环境，增加创业氛围，加大政策落实力度，“大众创业、万众创新”工作取得了显著成效。

1. 政府高位推动，落实江西省“大众创业、万众创新”现场会精神

萍乡市召开了专题会议进行研究部署，对抓好文件精神的贯彻落实工作提出了明确要求。萍乡市建立萍乡市促进“大众创业、万众创新”工作联席会议制度，成立萍乡市推进“大众创业、万众创新”工作联合工作组，由市发改委、市科技局、市人社局牵头落实，联合工作组办公室设在市人社局，负责日常工作；出台了《萍乡市人民政府关于大力推进大众创业万众创新若干政策措施的实施意见》（萍府发〔2016〕7 号）文件；建立了工作考核督促机制；市人社局草拟了市“大众创业、万众创新”联合工作组成员单位工作职责，征求各单位意见后下发。

2. 加强体制机制建设，创新创业服务能力不断提升

近年来，萍乡市落实就业创业平台建设资金近 1000 万元，用于人力资源服务中心、创业基地（创业园）、实训基地和基层平台建设；搭建完善了科技

创新服务平台，已建成新材料、电瓷、工业陶瓷、粉末冶金 4 个国家产业化示范基地，一个国家级芦溪农业科技示范园，一个省级环保产业示范基地，8 个省级产业技术创新联盟，14 个省级工程技术研究中心，实现了县（市、区）和主要产业高层次创新载体和平台的全覆盖；培育壮大了创业主体，积极推进商事登记制度改革，2016 年，全市新登记企业 5459 个，同比增长 22%，注册资本（金）336.07 亿元，同比增长 33%；加强创业孵化服务体系建设。全市已经建成市县两级创业孵化基地 8 个，投入建设资金近 2000 万元，面积 1.8 万平方米，吸纳创业实体 300 余户，带动 1000 多人就业。

3. 落实“大众创业、万众创新”激励政策，调动全市积极性

萍乡市充分用好用足小额担保创业贷款这一含金量最高的政策，建立了创业贷款风险共担机制，简化审批程序，提供“一站式、无障碍”绿色通道服务；降低社会保险费率，落实稳岗补贴等促进就业优惠政策；完善了科研技术人员和国有企业、事业单位人员离岗创业的相关政策，规定了公务员辞职创业的有关政策；提高创业费用补贴标准，加大电商发展扶持力度。

四、鹰潭市“三个新”推进“大众创业、万众创新”

鹰潭市委、市政府高度重视“大众创业、万众创新”工作。经过不断摸索、实践，形成了以“新动力”“新高地”“新渠道”——“三个新”为代表的创新举措推动“大众创业、万众创新”事业快速发展。

1. 打造创新创业“新动力”

2015 年以来，鹰潭市出台推进“大众创业、万众创新”36 条、构建“大众创业、万众创新”支撑平台 16 条等政策措施，为企业创新创业争取扶持资金 7.6 亿元，直接扶持创业 8912 人，带动 4.2 万人就业。

2. 构筑创新发展“新高地”

鹰潭市搭建各类科技创新平台，实现主导产业全覆盖，聚集创新人才 1000 余人；创建 6 个省级创业孵化示范基地，吸引 400 余个企业或商户入驻；开展 2 个返乡创业试点建设，吸引 3 万名眼镜创业大军、5 万名烘焙创业大军返乡创业。

3. 畅通协同创新“新渠道”

鹰潭市与工信部共同主办创客中国“鹰潭杯”移动物联网创新创业大赛，举办面向全国的“绽放杯”5G应用征集大赛等重大活动，开设创业大学、企业家培训等课堂，推动“草根”创新产业孵化。

五、永修县全力打造“大众创业、万众创新”新引擎

永修县牢牢把握“大众创业、万众创新”新引擎，以创新创业为抓手，不断提升创业能力，倾力打造示范载体，以创新创业带动就业，畅通了创业富民通道，推动县域经济走上快速发展轨道。

1. 加强创新创业的领导

永修县积极转变思路，一改过去由部门负责“大众创业、万众创新”行动的模式，变为由县委、县政府牵头揽总，县长担任“大众创业、万众创新”工作领导小组组长，成员单位达58个，要求各部门把实施“大众创业、万众创新”工作列入重要工作和议事日程。

2. 强化创新创业的支撑

永修县在出台了“双创永修”三年行动计划的基础上，从科技成果转化、科学技术提升、创业政策扶持、创业孵化政策扶持多个方面，配套出台“*N*”份优惠扶持政策，力争用三年时间实现创新创业工作比较优势位居江西全省县域前列。

3. 搭建创新创业的平台

永修县全力整合政府、企业、高校和社会团体等多方资源，充分利用闲置厂房、空余仓库及生产设施，落实房租、水电费等补贴政策，采取社会力量参与的多元方式，建设具有永修特色和影响力的“大众创业、万众创新”载体平台。

4. 凝聚创新创业的人才

永修县财政每年安排100万元设立人才发展专项基金，用于全县重大人才项目的组织实施、优秀人才的引进。永修县对获得国家科学技术进步奖的专业人才，最高奖励20万元；对通过“绿色通道”引进的急需紧缺人才，最

高给予每人 5 万元购房补贴。并且，永修县定期对高级专家、拔尖人才、名师名医进行温情慰问和关怀帮扶，让外来人才感受到家的温暖，从而更好地服务永修县域经济发展。

5. 汇集创新创业的资金

永修县开设了快速、方便、高效的创业资金审批绿色通道窗口，安排专人实行“一对一”跟踪服务，为创业群体提供小额担保贷款。此外，永修县积极探索资本运营新模式，成立永修工业投资有限公司、江西赣江新区永修投资集团有限公司、永修县财企服务有限公司、永修县湖东开发建设投资有限公司、永修县农业投资发展有限公司、永修县交通投资建设有限公司等 6 个平台公司，组建工投基金、倒贷基金，启动城投发债，打造以网络小贷、交易中心等新型金融业态为主的科技金融聚集高地，为“大众创业、万众创新”提供金融支持。

第五节　问题与差距

在“众创时代”的大背景下，得益于国家相关部门的重视和江西省政府的大力支持，江西省创业孵化事业有了显著的发展和进步，创业孵化器逐步呈现对促进企业发展、增加规模就业岗位等方面的显著效果。虽然江西省孵化器数量稳步增加、社会影响力持续提升、阶段性成果不断凸显、社会价值充分彰显、总体发展态势良好，但与周边发达省份相比，江西省孵化器存在的孵化体量规模仍然偏小、孵化能力不强、地域发展不平衡、发展承载基础薄弱等问题，亟须引起关注。

一、孵化体量规模偏小

从孵化器的数量来看，2016～2019 年，江西省孵化器的数量分别为 116 个、156 个、165 个、236 个，虽然数量、规模、体量不断提高，但与中部地区的其他五省、东北地区的辽宁、东部地区的江苏与广东等、西部地区的四川与陕西相比，差距仍然明显。特别是，与东部地区的广东与江苏两省相比，江西省孵化器的数量仅达到两省孵化器数量的 14%左右；而从全国平均水平看，虽然山西、湖南、四川、辽宁等的孵化器数量均与全国平均水平线有一定差距，但江西的差距最明显。2016～2019 年，江西省孵化器数量与全国平均水平相比，分别少 120 个、150 个、204 个、177 个，江西在孵化器数量上与先进地区的差距正在不断拉大（图 3-21）。

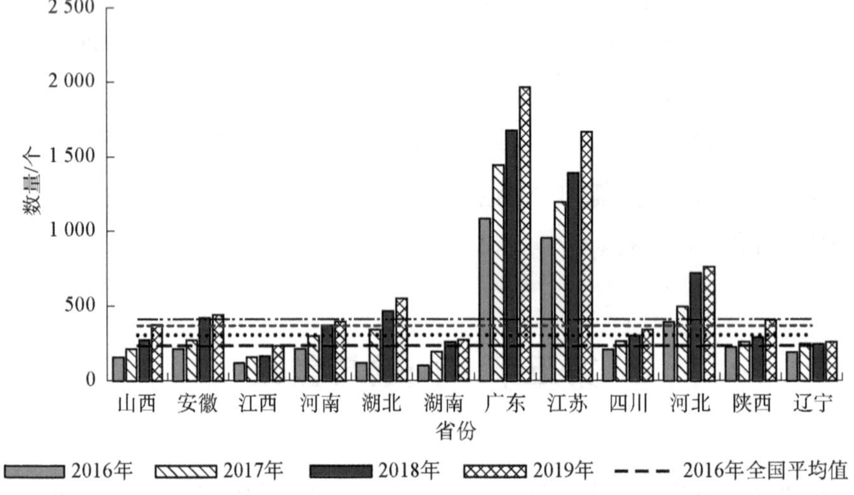

图 3-21 2016～2019 年江西省与我国部分其他省份孵化器的数量情况

资料来源：《2017 中国火炬统计年鉴》《2018 中国火炬统计年鉴》《2019 中国火炬统计年鉴》《2020 中国火炬统计年鉴》

从国家级孵化器数量来看，2016～2019 年，江西省国家级孵化器的数量分别为 26 个、60 个、60 个、63 个，与中部地区的山西、安徽、河南、湖南四省的差距不大，均未达到全国平均水平。2019 年，江西省与达到全国平均水平的中部地区的湖北、东部地区的河北、西部地区的四川与陕西等省相比，国家级孵化器数量的差距在 40～50 个；东部地区的广东、江苏两省国家级孵化器的数量远远超过全国平均水平，分别是江西省国家级孵化器数量的 6 倍左右（图 3-22）。

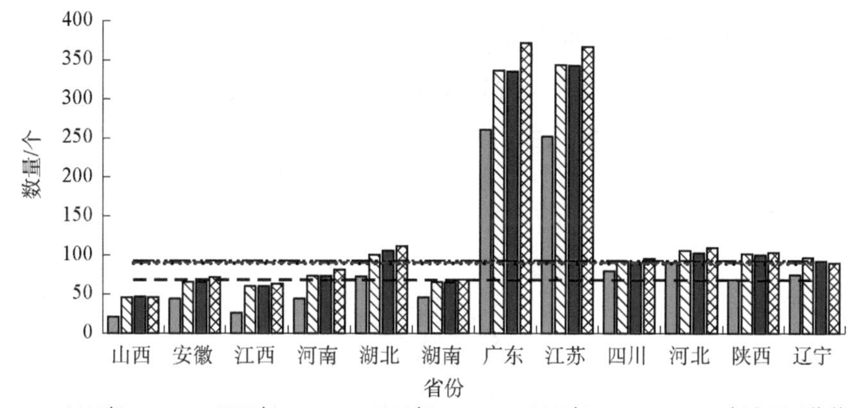

图 3-22　2016～2019 年江西省与我国部分其他省份国家级孵化器的数量情况

资料来源：《2017 中国火炬统计年鉴》《2018 中国火炬统计年鉴》《2019 中国火炬统计年鉴》《2020 中国火炬统计年鉴》

总体而言，目前江西省孵化器的数量与我国部分发达省份的差距仍然明显，同时江西省孵化器的数量虽然有一定的增加，但规模增长趋势平缓，无法跟上我国发达省份特别是东部地区发达省份的发展步伐，差距正在不断拉大。

二、地域发展不平衡

目前，江西省孵化器的发展处于不平衡状态，经济社会发展水平相对较好、各类社会资源要素集中的地区明显强于发展相对滞后的地区。从各市省级及以上科技企业孵化器数量看，截至 2020 年 4 月，南昌市省级及以上科技企业孵化器达到 26 个，占全省省级及以上科技企业孵化器总数的 31%，排名全省第一；赣州市排名全省第二，省级及以上科技企业孵化器数量达到 14 个，占比 16%；九江市与上饶市排名第三，占比均为 11%；江西省省级及以上科技企业孵化器数量排名靠前的 4 个地市占全省省级及以上科技企业孵化器总数的 69%，其余地市的占比均未超过 10%，鹰潭市的占比最小，仅为 1%。从各市省级及以上众创空间数量来看，截至 2020 年 4 月，南昌市省级及以上众创空间数量达到 56 个，占全省总数的 33%，排名全省第一；赣州市排名全省第二，省级及以上众创空间的数量为 21 个，占比 12%；上饶市排名全省第三，省级及以上众创空间的数量为 20 个，占比 12%；江西省省级及以上众创空间数量排名前三的地市占全省省级及以上众创空间总数的 57%，其余地市除九江占比超过 10%以外，占比均小于或等于 8%，新余市的占比最小，仅为 1%（图 3-23）。

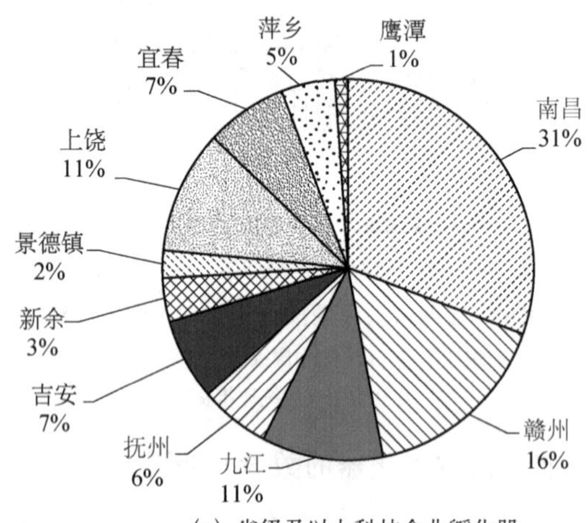

（a）省级及以上科技企业孵化器

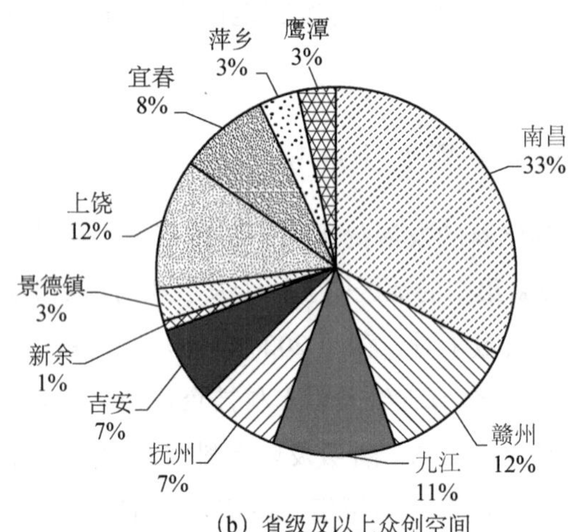

（b）省级及以上众创空间

图 3-23　江西省省级及以上孵化器地域分布情况

资料来源：江西省科技厅官网

三、整体孵化能力不强

目前，江西省孵化器整体的孵化能力仍然不强，专业化孵化程度偏低、孵化服务效率低、孵化服务延伸能力不足等问题仍然凸出，导致孵化器在孵企业与毕业企业发展成型与壮大仍然困难重重。

（一）专业化孵化程度偏低

2016～2019 年，江西省专业型孵化器的数量分别为 13 个、13 个、14 个、15 个，远远少于全国平均水平的 32 个、38 个、45 个、46 个；与中部其他五省相比，江西省的体量仅多于山西、湖南，与安徽、河南、湖北三省的差距明显；与西部地区的四川与陕西两省、东北地区的辽宁省、东部地区的河北省相比，孵化器的数量相差 15～30 个；江西省与远远超过全国平均水平的广东、江苏两省相比，专业型孵化器的数量仅为其 4%～10%。另外，江西省孵化器的构建多为综合型孵化器，专业型孵化器的数量仅占整体数量的 6%～11%，江西省孵化器的专业化孵化程度仍然偏低（图 3-24）。

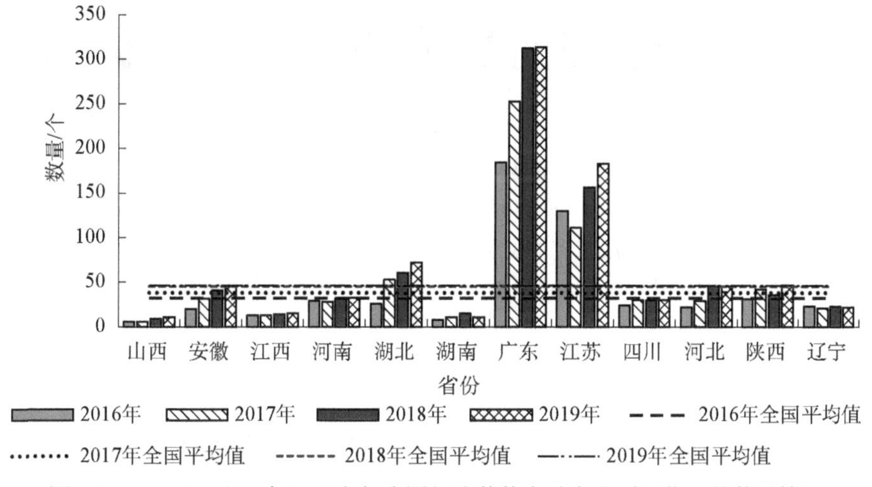

图 3-24　2016～2019 年江西省与我国部分其他省份专业型孵化器的数量情况

资料来源：《中国创业孵化发展报告 2017》《中国创业孵化发展报告 2018》《中国创业孵化发展报告 2019》《中国创业孵化发展报告 2020》

（二）孵化服务效率低下

从科技企业孵化器的在孵企业数量来看，2016～2019 年，江西省科技企业孵化器在孵企业的数量分别为 1837 个、2994 个、2987 个、3507 个，与全国平均水平相比，分别少 2328 个、2554 个、3451 个、3268 个；江西省与中部地区其他五省相比，数量仅多于山西省，与湖北、河南两省差距最大；与西部地区的陕西省、东北地区的辽宁省相比，江西省科技企业孵化器在孵企业的数量的差距并不大，仅相差 1000～1500 个企业；与东部地区的广东、江苏两省相比，江西省科技企业孵化器在孵企业的数量的差距巨大，江西省在孵企业数量仅能达到广东、江苏两省的 1/10 左右（图 3-25）。

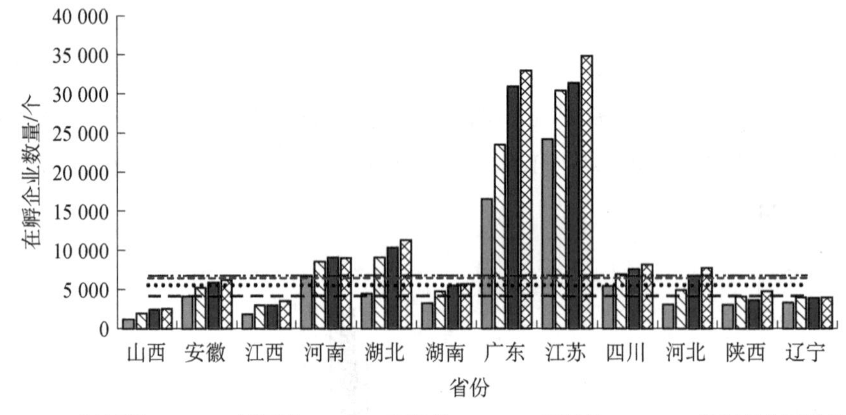

图 3-25　2016～2019 年江西省与我国部分其他省份科技企业孵化器在孵企业的情况

资料来源：《2017 中国火炬统计年鉴》《2018 中国火炬统计年鉴》《2019 中国火炬统计年鉴》《2020 中国火炬统计年鉴》

从科技企业孵化器在孵企业的收入情况来看，2016～2019 年，江西省科技企业孵化器在孵企业的总收入分别为 61.32 亿元、139.09 亿元、131.79 亿元、140.09 亿元，与全国平均水平的差距较大，分别少 88.45 亿元、58.9 亿元、128.93 亿元、116.78 亿元；与中部地区的其他五省、东北地区的辽宁省、西部地区的四川与陕西两省相比，江西省科技企业孵化器在孵企业的总收入仅多于山西与辽宁两省；而与在孵企业收入远远超过全国平均水平的东部地区的广东、江苏两省相比，江西省科技企业孵化器在孵企业的总收入仅能达到其总收入的 8%～10%（图 3-26）。

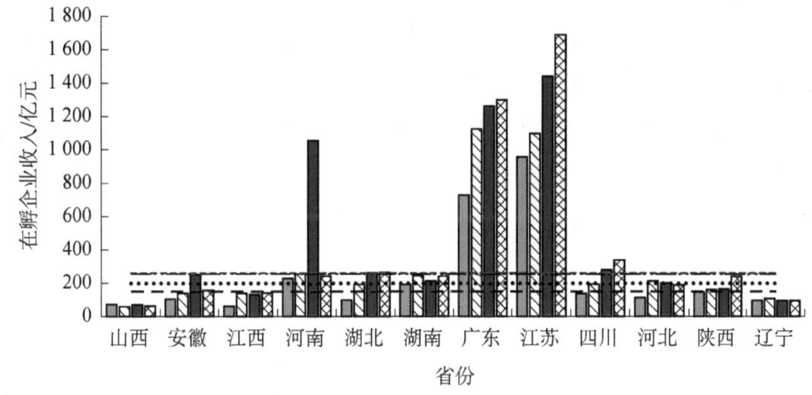

图 3-26　2016～2019 年江西省与我国部分其他省份科技企业孵化器在孵企业收入情况

资料来源：《2017 中国火炬统计年鉴》《2018 中国火炬统计年鉴》《2019 中国火炬统计年鉴》《2020 中国火炬统计年鉴》

总体而言，江西省科技企业孵化器在孵企业的数量与收入水平无论是与经济社会发展水平相对较低的中部地区的其他五省，还是与经济高度发达的东部地区的部分省份相比，均排在靠后位置，孵化器孵化效率仍然偏低，在孵企业的发展仍然面临诸多问题。

（三）孵化服务延伸能力不足

从科技企业孵化器累计毕业企业的情况来看，2016～2019 年，江西省科技企业孵化器累计毕业企业的数量分别为 1112 个、1579 个、1930 个、2647 个，较全国平均水平分别少 1691 个、1880 个、2426 个、2379 个；与中部地区的其他五省相比，江西仅强于山西，与河南、湖北两省差距最大，达到 3000～6000 个；与西部地区的四川与陕西两省、东北地区的辽宁省、东部地区的河北省相比，江西省科技企业孵化器累计毕业企业数量少 1000～3000 个；江西省与科技企业孵化器累计毕业企业数远远超过全国平均水平的广东、江苏两省的差距则更大。2019 年，江西省科技企业孵化器累计毕业企业数量分别比广东、江苏两省少 16 211 个、23 550 个（图 3-27）。

从收入达 5000 万元的科技企业孵化器毕业企业的情况来看，2016～2019 年，江西省分别拥有 59 个、76 个、66 个、90 个企业，比全国平均水平分别少 9 个、12 个、36 个、26 个。与中部地区的其他五省相比，江西省仅强于山西；

2019年，与西部地区的四川与陕西两省、东北地区的辽宁省、东部地区的河北省相比，江西省收入达5000万元的科技企业孵化器毕业企业的数量仅多于辽宁、河北两省；与东部地区的广东、江苏两省相比，江西省的差距较大，2019年，江西省收入达5000万元的科技企业孵化器毕业企业的数量分别比广东、江苏两省少489个、804个（图3-28）。

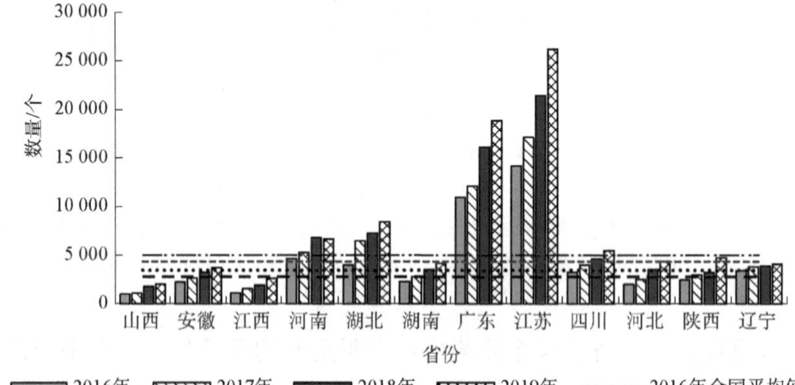

图3-27　2016～2019年江西省与我国部分其他省份科技企业孵化器累计毕业企业情况

资料来源：《2017中国火炬统计年鉴》《2018中国火炬统计年鉴》《2019中国火炬统计年鉴》《2020中国火炬统计年鉴》

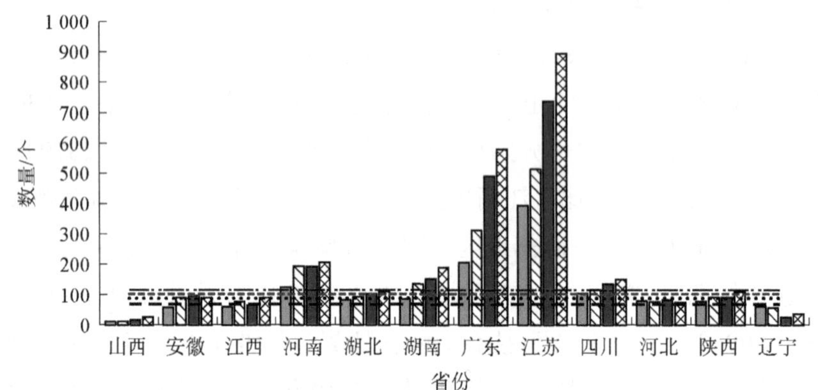

图3-28　2016～2019年江西省与我国部分其他省份收入达5000万元的科技企业孵化器毕业企业情况

资料来源：《2017中国火炬统计年鉴》《2018中国火炬统计年鉴》《2019中国火炬统计年鉴》《2020中国火炬统计年鉴》

总体而言，江西省无论从毕业企业数量，还是从毕业企业发展规模的角度，与我国部分其他省份的差距仍然明显，孵化器后期延伸服务功能与能力仍然不足。

四、发展承载基础薄弱

目前，助力江西省孵化器健康快速发展的承载基础仍然薄弱，孵化场地规模偏小、投融资环境不优、软性服务基础不牢等问题依然存在，夯实孵化器发展的软硬服务基础势在必行。

（一）孵化场地规模偏小

2016～2019 年，江西省孵化器的孵化场地面积分别为 193 万平方米、242 万平方米、290 万平方米、360 万平方米，较全国平均水平分别少 213 万平方米、207 万平方米、241 万平方米、156 万平方米；与中部地区的其他五省相比，江西省孵化器的孵化场地面积明显少于安徽、河南、湖北、湖南等省，仅略多于山西省；2019 年，与西部地区的四川与陕西两省、东北地区的辽宁省、东部地区的河北省相比，江西省孵化器的孵化场地面积多于辽宁省，略少于四川、河北、陕西三省；而与远远超过全国平均水平的东部地区的广东、江苏两省相比，江西省的差距巨大。2019 年，江西省孵化器孵化场地面积分别为广东、江苏两省的 12%、16%。由此可知，目前江西省孵化器的孵化场地规模仍然偏小，硬性服务基础仍然较差（图 3-29）。

（二）投融资环境不优

从获得投融资的孵化企业情况来看，2016～2019 年，江西省获得投融资的孵化企业数量分别为 579 个、856 个、666 个、1229 个。2019 年，江西省首次超过全国平均水平。2019 年，与中部地区的其他五省相比，江西强于山西、安徽两省；与西部地区的四川与陕西两省、东北地区的辽宁省、东部地区的河北省相比，江西省获得投融资的孵化企业数量仅略多于陕西省；而江西与东部地区的广东、江苏两省相比，获得投融资的孵化企业数相对较少，2019 年仅能达到广东、江苏两省的 30%左右（图 3-30）。

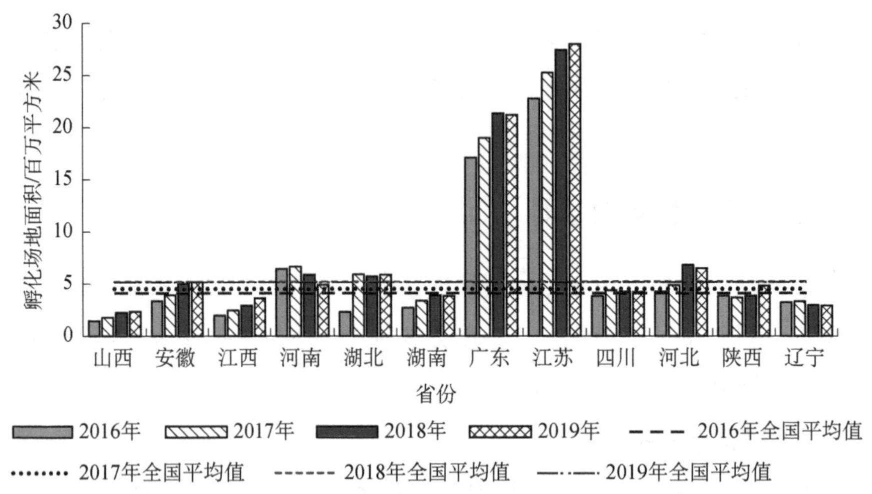

图 3-29 2016～2019 年江西省与我国部分其他省份孵化器孵化场地情况

资料来源：《中国创业孵化发展报告 2017》《中国创业孵化发展报告 2018》《中国创业孵化发展报告 2019》《中国创业孵化发展报告 2020》

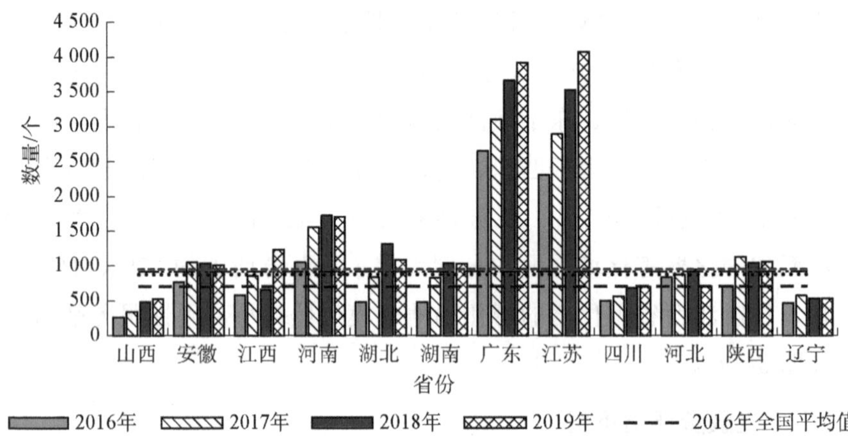

图 3-30 2016～2019 年江西省与我国部分其他省份获得投融资的孵化企业情况

资料来源：《2017 中国火炬统计年鉴》《2018 中国火炬统计年鉴》《2019 中国火炬统计年鉴》《2020 中国火炬统计年鉴》

从孵化企业获得的投融资总额情况来看，2016～2019 年，江西省孵化企业获得的投融资总额分别为 13.01 亿元、15.12 亿元、7.58 亿元、14.6 亿元，较全国平均水平分别少 15.91 亿元、21.04 亿元、36.77 亿元、29.73 亿元。2019 年，与中部地区的其他五省、西部地区的四川与陕西两省、东北地区的辽宁省、东部地区的河北省相比，江西省孵化器获得的投融资总额高于山西、河南、河北三省，与湖北、四川、陕西三省的差距较大；与远超过全国平均水平的东部地区的广东、江苏两省相比，江西省的差距更大。2019年，江西省孵化企业获得的投融资总额分别比广东省、江苏省少137.3亿元、118.9亿元（图3-31）。

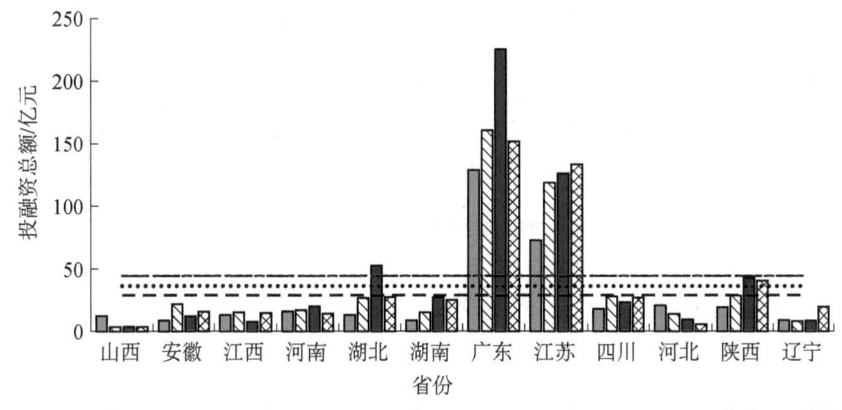

图3-31　2016～2019年江西省与我国部分其他省份孵化企业获得的投融资额情况

资料来源：《2017中国火炬统计年鉴》《2018中国火炬统计年鉴》《2019中国火炬统计年鉴》《2020中国火炬统计年鉴》

总体而言，无论是从获得投融资的孵化企业数量，还是从孵化企业获得的投融资总额情况的角度来看，江西省与我国部分其他发达省份的差距仍然明显，激发中小型企业与创业团队创新创业活力的投融资体系仍不够完善。

（三）软性服务基础不牢

从孵化器管理服务人员的情况来看，2016～2019年，江西省孵化器管理服务人员分别有11 600人、12 462人、12 249人、4474人，仅2019年未超过全国平均水平。2019年，江西省孵化器管理服务人员的数量与中部地区的其他五省、西部地区的陕西与四川两省、东北地区的辽宁省、东部地区的河北省相比，仅多于湖南、四川、辽宁三省；与东部地区的广东、江苏两省相比，存在的差距更大，2019年，江西省孵化器管理服务人员的数量比广东、

江苏两省分别少 15 227 人、15 672 人（图 3-32）。

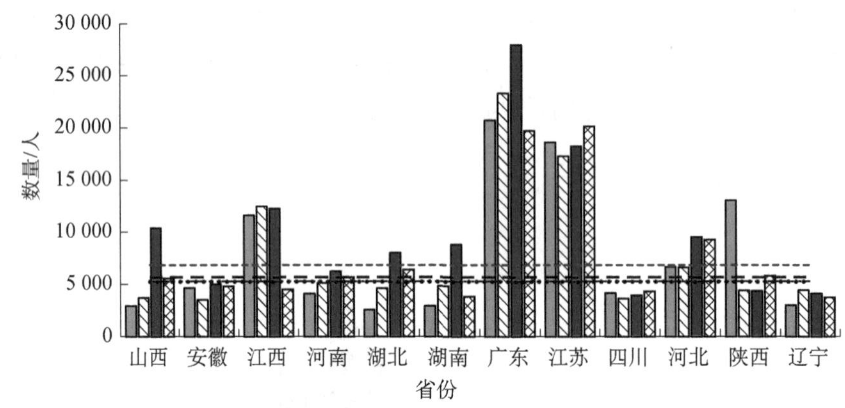

图 3-32　2016～2019 年江西省与我国部分其他省份孵化器管理服务人员情况

资料来源：《2017 中国火炬统计年鉴》《2018 中国火炬统计年鉴》《2019 中国火炬统计年鉴》《2020 中国火炬统计年鉴》

从孵化器创业导师数量的情况来看，2016～2019 年，江西省孵化器创业导师的数量分别为 3259 人、4464 人、4765 人、6688 人，较全国平均水平分别少 333 人、739 人、1771 人、533 人。2019 年，与中部地区的其他五省、西部地区的四川与陕西两省、东北地区的辽宁省相比，江西省创业导师的数量仅多于山西、安徽、湖南三省；而江西省与东部地区的河北、广东、江苏三省的孵化器创业导师的数量相比，差距则较大，2019 年，江西省孵化器创业导师的数量分别比广东、江苏、河北三省少 15 328 人、13 486 人、5616 人（图 3-33）。

从孵化器举办创新创业活动的情况来看，2016～2019 年，江西省分别举办创新创业活动 3726 场、4598 场、5390 场、8039 场。2019 年，江西省与中部地区的河南省、西部地区的四川省举办的创新创业活动数量基本保持同一水平；略少于山西、湖北、陕西与河北四省，差距在 2000～4000 场；而与东部地区的广东、江苏两省的差距明显，2019 年，江西省孵化器举办的创新创业活动数量分别比广东、江苏两省少 21 781 场、15 570 场（图 3-34）。

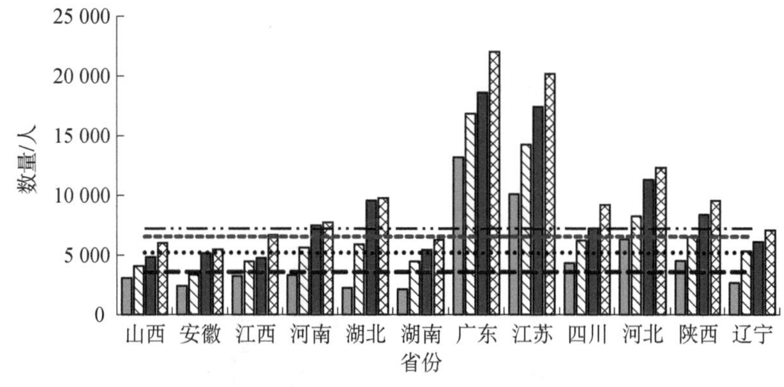

图 3-33　2016～2019 年江西省与我国部分其他省份孵化器创业导师情况

资料来源：《2017 中国火炬统计年鉴》《2018 中国火炬统计年鉴》《2019 中国火炬统计年鉴》《2020 中国火炬统计年鉴》

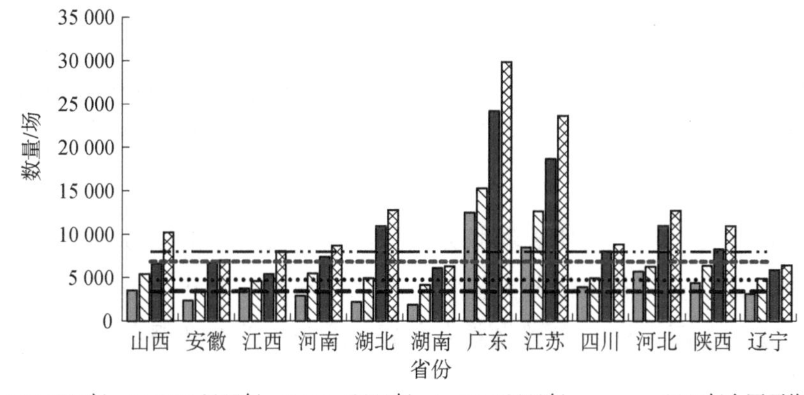

图 3-34　2016～2019 年江西省与我国部分其他省份孵化器举办创新创业活动情况

资料来源：《中国创业孵化发展报告 2017》《中国创业孵化发展报告 2018》《中国创业孵化发展报告 2019》《中国创业孵化发展报告 2020》

从孵化器开展的创业教育培训活动情况来看，2016～2018 年，江西省开展的活动数量分别为 3500 场、5075 场、17 250 场，增长势头强劲；与中部地区的其他五省，西部地区的四川与陕西两省，东部地区的广东、江苏、河北三省，东北地区的辽宁省相比，江西省孵化器开展的创业教育培训活动场次数量由2016年的仅多于山西、湖南两省，增加至2018年的仅少于广东省的21 623场，但差距仍然有4373场（图3-35）。

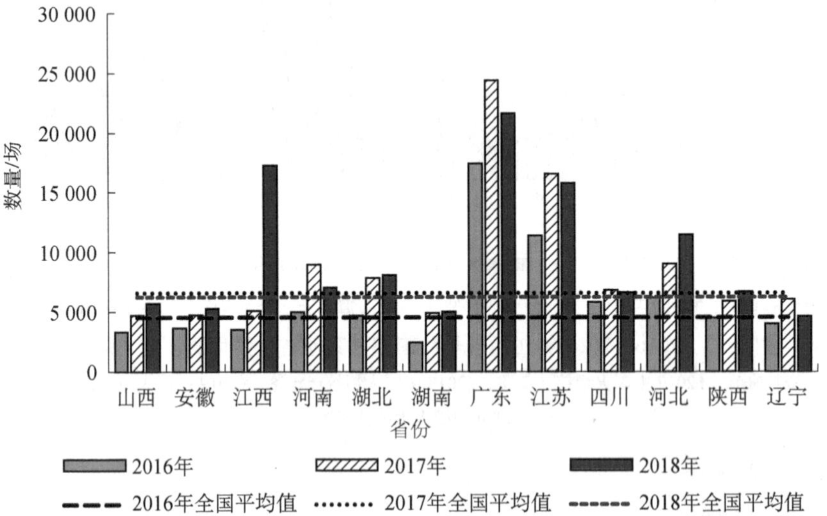

图3-35　2016～2019年江西省与我国部分其他省份孵化器开展创业教育培训情况

资料来源：《中国创业孵化发展报告2017》《中国创业孵化发展报告2018》《中国创业孵化发展报告2019》，《中国创业孵化发展报告2020》未统计此项数据，因此只统计至2018年

总体而言，从孵化器管理服务人员的数量与举办的服务活动场次等角度来看，江西省与我国部分其他省份相比，在软性孵化服务提供等方面仍然有一定的差距，江西省孵化器为在孵企业与毕业企业服务的软性基础亟待夯实。

五、可持续发展能力不足

目前，江西省孵化器的收益水平仍然偏低，可持续发展能力不足。2016～2019年，江西省孵化器的利润总额分别为0.98亿元、7.21亿元、9.43亿元、4.5亿元，利润水平不高，且起伏较大，未形成稳定的收益能力。截至2019年，江西省孵化器的利润总额与东部地区的广东、江苏、河北三省相比，利润总额差距分别达到11.1亿元、10.8亿元、0.5亿元（图3-36）。

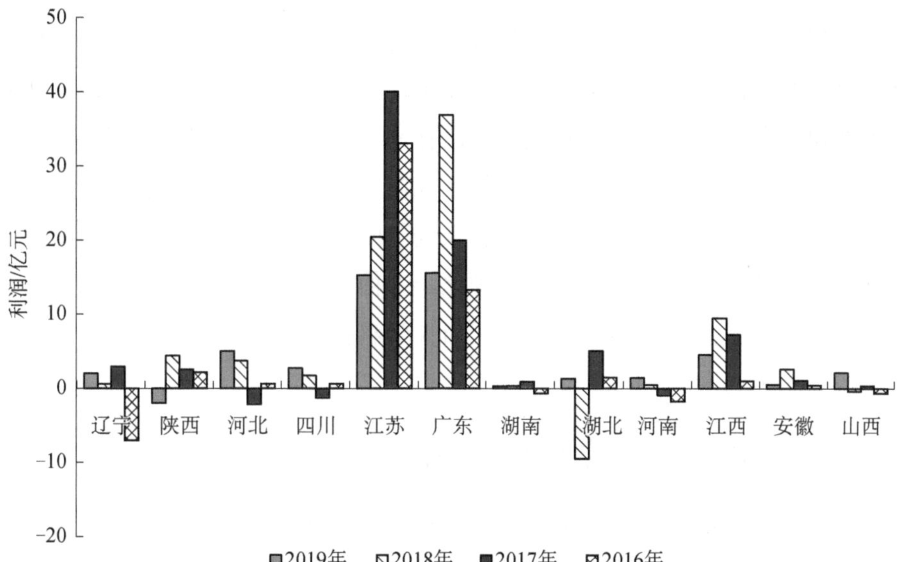

图 3-36　2016～2019 年江西省与我国部分其他省份孵化器利润情况

资料来源：《中国创业孵化发展报告 2017》《中国创业孵化发展报告 2018》《中国创业孵化发展报告 2019》《中国创业孵化发展报告 2020》

第六节　原因与影响因素分析

在“大众创业、万众创新”的形势下，创业浪潮的兴起为江西省的经济社会发展带来了新的发展机遇。在新的时代背景下，创业门槛的降低，使得江西省与周边发达省份在这一波创业浪潮中能够以同一起点进行发展。然而，受经济社会发展基层先天不足、孵化器政策环境与运营管理体系不优等因素影响，江西省孵化器的发展仍难以跟上周边发达省份的步伐。

一、政策热度降温，扶持力度不均衡

近三年来，江西省“大众创业、万众创新”政策的热度明显下降。从政策制定出台的年限来看，江西省专门针对孵化器发展的扶持政策大多发布于 2018 年之前，且主要集中在 2015～2017 年。2018 年以来，江西省并未根据孵化器发展的形势变化出台专门促进孵化器发展的政策举措，导致江西省孵化器的发展明显放缓。另外，除省级层面公布出台的政策以外，江西省各设区市之间相关配套扶持政策的分布明显不均衡，部分地市的孵化器政策扶持力度明显不足，导致孵化器难以有效运行与发展。以吉安市井冈山大学科技园、红米谷众创空间为例，受科技园区或创业孵化基地内部无税收奖励政策的影响，井冈山大学科技园、红米谷众创空间等孵化器无法吸引优秀的科技型初创企业或优质的创业项目入园孵化，并由于缺乏转化项目，直接影响到园区吸引产业基金的能力，当前井冈山大学科技园区内入驻企业向产业基金融资成功的案例为零。

二、人才引育难，专业化人才匮乏

孵化器的发展依靠一大批掌握风险投资、财务管理、市场运作、政府运作、贸易往来、战略运营、生产配送等知识的专业人才。然而，当前江西省孵化器缺乏与科技企业创业辅导、投融资服务等高端服务相适应的专业人才，大部分孵化器从业管理人员学历不高、专业不精、缺少创业经验，对企业运作的全过程缺乏明确认识，直接弱化了中小型企业的有效孵化和培育能力。从人才引进的角度来看，长三角、珠三角地区的经济发展基础与人才政策扶持力度远远高于江西。受其“虹吸效应”影响，江西省在高层次、高素质专业人才引进方面困难巨大。从人才培养的角度来看，江西省孵化器专业人才的培养机制仍不够完善，行业内沟通交流平台仍存在缺位，孵化器管理从业人员专业素质提升缺乏有效渠道，如创新载体的开放共享机制不完善，使得各创新载体间难以开展合作研究、开放课题、学术交流、委托试验、人才培训等多种形式的良性互动，导致人才成长速度较慢，基础薄弱。

三、专业化运营经验不足，盈利模式亟待突破

近年来，在“大众创业、万众创新”背景下，江西省推动产生了众多背景各异、形态各异的新型创客空间或众创空间，扩张速度过快，导致管理团队的运营管理水平与在孵企业所需的服务难以匹配。目前，在服务方面，江西省大部分孵化器除提供物理空间外，仍以提供综合基础服务为主，即工商注册、法务咨询、财务咨询、政策解读、政策申请、培训辅导、人力资源

等，在市场竞争激烈的当下，具有很强的可替代性，并且缺乏经营亮点。在运营盈利方面，江西省孵化器盈利模式仍处于不断探索阶段，收入主要包括政府资助和工位租金、创新创业和配套服务费、股权投资等，其中政府资助和工位租金仍为主要收入来源，大多数孵化器处于入不敷出的状态，在政策扶持期勉强维持生存，资金链断裂风险巨大。以井冈山大学科技园为例，根据园区与井冈山国家经济技术开发区的合作协议，于 2020 年 9 月起，园区需向金庐陵公司支付租金，以 6 元/（米^2·月）计，月租金高达 12 万元，年租金达 144 万元，加上每年 24 万元的物业管理费用，每年的开支在 200 万元左右，而当前井冈山大学科技园无力独自承担这笔费用，且目前江西省内大多数大学科技园在成立三年时难以实现年盈利额 200 万元。

第四章　江西省孵化器未来发展的思考

第一节　机遇与挑战

一、创新创业成为新经济发展的原动力

当前，新一轮科技革命和产业变革创造的历史性机遇，催生出智能制造、互联网+、分享经济等新科技、新业态和新经济，蕴藏着巨大商机。有别于传统的产业和产品形态，以信息产业为主导的新经济是以满足消费者需求为核心的新产业、新技术、新产品和新商业模式，将为人类的生产方式、商业模式、生活方式、学习和思维方式等带来深刻变革，重塑整个世界和社会。

创新驱动发展，形成新经济动力。随着我国资源环境约束日益强化，过去依赖高投入、高消耗、粗放式要素驱动经济增长的模式难以为继，需要从要素驱动、投资驱动转向创新驱动。以互联网、知识经济、高新技术为代表的新经济得益于信息技术革命的推进，给全球发展和人类生产生活带来了翻天覆地的变化，全世界经济增长越来越依靠新技术、新业态和新经济，只有坚定不移地实施创新驱动发展战略，大力发展新经济，才能为我国经济高质量发展提供坚实的基础和保障。

创业带动就业，激发新经济活力。我国拥有世界第一的人口红利，人力资源转化为人力资本的潜力巨大，但就业总量与需求的结构性矛盾突出，总体压力较大。通过创业可以增加收入，促进收入分配结构调整，实现创新带动创业、创业带动就业的良好局面。在以数字经济为代表的新经济背景下，“零边际成本社会”已经到来，新产品、新技术、新业态和新商业模式层出不穷，形成了以创业为核心的良好生态和从创业到创新的经济循环，使各类市

场创业主体“如鱼得水”，提高了就业体量，增加了市场活力。

二、“大众创业、万众创新”下孵化器大有可为

推进“大众创业、万众创新”，是发展的动力之源，也是富民之道、公平之计、强国之策。2015 年国务院印发的《国务院关于大力推进大众创业万众创新若干政策措施的意见》提出，要大力发展创新工场、车库咖啡等新型孵化器，做大做强众创空间，完善创业孵化服务；引导和鼓励各类创业孵化器与天使投资、创业投资相结合，完善投融资模式。

当前，“大众创业、万众创新”已经成为新常态下经济建设的国家战略。它的实施有力推动了经济社会新旧动能转换，促进经济可持续发展和高质量增长。在这个背景下，孵化器作为推动区域经济结构调整与优化布局的重要抓手，主导产业集聚与激发知识创新，在培育区域创新企业、强化科技人才队伍建设、优化营商环境、带动当地税收增长等方面具有重要的支撑作用①。

一是培育区域创新主体。孵化器通过对在孵科技型企业及企业家的培育，实现了对创新主体的专业化培育。通过“申请、挑选、批准、培训、毕业”，最终向区域经济系统输出有竞争力的企业，并培养出具有创新意识和冒险精神的企业家。技术创新的主体可以是高校、科研院所、新型研发机构，也可以是大型、中型和小型企业。不同时期、不同经济条件下的创新主体可能存在差异，但在当前的现实条件下，技术创新主体主要是少数的大型企业和大量的小型科技企业及新兴的企业家群体。

二是推动科技型小企业集聚。科技企业孵化器具有集聚初创期企业的显著特点，为科技型小企业提供一定的物理空间和硬件设施环境，促使众多类似的企业抱团成长。这些科技型小企业可以共同获取最佳的产业、技术情况及其享受孵化器提供的咨询服务，及时对接政府的产业政策，调整自身发展方向，并且可以进一步促进孵化企业的文化交流乃至合作。

三是定向培育高科技小企业。不同于国外的企业孵化器，中国的企业孵化器是为培养高新技术产业化人才和培育高新技术企业而建立的。经过 30 余

① 艾瑞咨询. 2019. 中国产业创新孵化器行业研究报告[EB/OL]. http://www.199it.com/ archives/935921.html [2020-04-08].

年的发展，虽然其经营范围可能超出原先的设想，但最基本也最特色的目标还是定向孵育高新技术企业及技术创新主体。

四是为技术创新主体提供完善的服务。企业孵化器对科技型中小企业的技术创新活动提供全过程、全方位的服务。从有创业意愿的创新者到入驻企业、概念孵化、产品开发、快速成长、成熟及最终毕业阶段，孵化器都能提供全流程的支撑，包括：及时发现创新创业者，对创新项目进行全面评估，提供适宜的创新环境，对设备、技术、诀窍进行技术评估，对用户特征、用户期望、销售渠道、潜在市场进行商业评估，对产品提供市场开拓方面支持等。

综合来看，孵化器定位于区域创新创业资源的连接平台，能够集聚各类产业资源，促进资源的有效流动，并提供高质量的智力支撑。从区域创新成果贡献、创业氛围引导烘托、职能部门管理协调到考核指标量化、公众满意度等，孵化器都可以产生积极的正向社会影响。

三、创新创业新特点提出发展新要求

2014 年以来，我国将“大众创业、万众创新”作为国家经济发展的重要引擎，全国上下掀起新一轮热潮。“大众创业、万众创新”持续向更大范围、更高层次和更深程度推进，创新创业与经济社会发展深度融合，已经成为推动经济增长的重要动力、促进转型升级的重要力量、稳定和扩大就业的重要支撑。近年来，创新创业呈现出几个新亮点。

发展新动能不断增强，推动经济高质量发展。在创新创业相互促进下，高技术产业和战略性新兴产业蓬勃发展。2019 年，高技术制造业和战略性新兴产业增加值分别比上年增长 8.8%和 8.4%，增速分别比规模以上工业企业快 3.1 个百分点和 2.7 个百分点①。

社会资源加速汇聚，创新创业平台支撑能力不断增强。2018 年，我国众创空间和科技企业孵化器的增长速度高于 20%，全国有孵化器 11 808 个，其中科技企业孵化器有 4849 个，众创空间有 6959 个。局部良好的创新创业生态，有效促进了区域经济的协调发展。截至 2018 年，累计有 1 万多个创业机构，在孵企业、服务企业和团队达到 62 万个，累计毕业企业 13.9 万个，培

① 数据来自国家统计局。

育了3600多个上市和挂牌企业，市值突破3.3万亿元，我国已经成为世界上第二大创业投资市场[①]。

市场主体活力充分激发，带动就业效应显著增强。一大批创新型企业快速成长，市场主体呈现爆发式增长态势。2018年，全国科技企业孵化器和众创空间解决390万人的就业问题，其中吸纳应届大学毕业生超过46万人，有力带动了高质量和充分的就业[②]。

同样，在“大众创业、万众创新”的大背景下，我国孵化器也呈现井喷式增长态势。但同时，孵化器这一新生事物在运行中也出现了与原有体制和机制的碰撞、理论和现实的矛盾、观念和理解的差异，政策性、事业型孵化器普遍存在体制缺陷，孵化器管理人员的约束和激励机制尚不健全。这些因素在不同程度上制约了创新团队、创业企业和孵化器的良性发展[③]。

综合来看，当前国内孵化器的创业孵化服务能力和水平不能完全满足创新创业活动的巨大服务需求，因此需以更高的要求和标准来推动企业孵化器加快转型升级。

四、孵化器行业发展面临新变革

中国孵化器建设走过30余年，经历了4个发展阶段，总体态势良好。但从国内孵化器整体的效益、运营和品牌影响力来看，孵化器行业仍处于初期发展阶段，主要面临以下几个问题。

（1）融资渠道有待完善。当前孵化器的融资渠道较单一。从我国孵化器的融资渠道来看，当前规模较大、发展较好的孵化器的投资主体主要是各级政府，资金来源于政府财政资金、“火炬计划”基金、科技创新基金等，社会资本参与度不高。虽然一线地区也在积极探索构建多元化的融资渠道、加快社会资本进入孵化器领域，但对大多数孵化器而言，融资渠道单一化现状已经难以满足不同层次“大众创业、万众创新”群体的多样化需求。

（2）专业化管理与服务水平有待提高。当前，孵化器缺乏自身特色，重空间轻服务的现象比较突出，创新创业企业急需的资金支持、创业辅导、研

① 科学技术部火炬高技术产业开发中心.2019.2019中国火炬统计年鉴[M].北京：中国统计出版社.

② 科学技术部火炬高技术产业开发中心.2019.2019中国火炬统计年鉴[M].北京：中国统计出版社.

③ 李昱. 2019. 双创背景下科技企业孵化器转型升级的对策研究[J]. 芜湖职业技术学院学报，21（3）：58-60.

发设施、实验平台、市场推广、客户对接等方面的增值服务比较欠缺。这对于孵化器的孵化绩效提升和企业快速成长较不利。另外，管理团队在人事方面缺乏自主权，管理人员缺乏企业实际管理经验，团队中知识产权保护、创业培育、人力资源开展、专业化公共技术平台建设方面的科技人才不足。诸多因素造成孵化器在前期评估、发展策略、项目包装、技术成果推广等层面难以为创业企业提供高质量的专业化扶持[①]。

（3）市场化运行机制有待健全。近年来，大多数孵化器仍停留在政府主导的事业单位的管理运行模式上，尚未建立完善的市场化运行机制。对创业企业而言，事业单位管理运行机制不能很好地满足中小企业多元化的需求，难以调动科技企业和孵化器的积极性。对孵化器而言，完成行政任务与自身盈利也有冲突，缺乏有效的盈利机制，限制了自身的发展，也抑制了社会资源的参与热情。

现阶段，创新创业服务的巨量需求要求孵化器向专业化、链条化、多层次、立体化方向发展，多样化的创新创业孵化载体的大量出现，逐步构建形成了一条完整的孵化链条体系，带动孵化器投资和建设主体更加广泛，管理和服务更加专业化，创业孵化正由“器”之型转变为“业”之态。新时代的孵化器行业正面临着新变革，需要更多更优质的创新创业孵化载体和个性化、专业化的服务，需要综合素质高、专业技术知识丰富、有企业实际运营经验的管理团队，需要完善的市场化管理运作机制和高效的投融资体系平台，才能更好地培育经济发展新动能，让科技孵化成就“大众创业、万众创新”梦想。

第二节　基本思路

一、“六个提升”新格局

创新创业孵化体系的建设是孵化器发展的核心内容。要将创新创业孵化体系发展模式打造成可持续发展的创新模式，需要以“六个提升”来构建新的发

① 李昱. 2019. 双创背景下科技企业孵化器转型升级的对策研究[J]. 芜湖职业技术学院学报，21（3）：58-60.

展格局：①从服务初创企业到培育新经济源头的提升。②从集聚创业要素到促进资源开放共享的提升。③从注重综合服务能力到打造专业化服务能力的提升。④从注重服务供给导向到侧重服务需求导向的提升。⑤从推动国际合作到融入全球创新创业网络的提升。⑥从营造局部创业氛围到引领全社会创新创业文化提升。加快实现创新创业资源的汇聚力度与速度，以构建创新创业生态为主线，以培育新经济、发展新动能为目标，以市场为主导，全面激发全社会创新创业活力，持续推动我国从孵化器大国向孵化器强国迈进[①]。

二、市场主导，政府引导

我国孵化器在发展过程中经历了从政府主导转变为政府引导、市场与政府共同运营、市场主导三个阶段。市场化运行是孵化器的必然发展方向。在保证政府监管到位的前提下，坚持市场为主导、政府为引导，孵化器按照企业模式实行专业化管理，采取灵活的市场化运作机制，可以发挥市场在资源配置中的决定性作用。顺应市场规律自主运营、分配利益、管理人事，才能吸引更多社会力量参与孵化器的建设和发展，推动孵化器多元化、专业化发展，真正成为培育科技型中小企业的重要平台。

三、强化服务，持续创新

完善的服务机制是孵化机构“软实力”和竞争力的重要体现。培育孵化优质企业，需要改进服务方式，优化服务体系，这样才能建立良好的孵化生态环境，持续为在孵企业保驾护航。在保障场地和基础设施服务的前提下，孵化器可以提供工商税务注册代理、法律咨询、人力资源培训、品牌策划、运营管理、市场拓展、资本运作等一系列服务。同时，针对孵化企业的不同需求，孵化器还应聚焦各类创新创业资源，建立公共技术服务平台和专业特色服务平台，拓宽和完善人才引进、产品研发、成果推广、技术转移、国际合作、融资服务、劳务派遣、知识产权保护、休闲娱乐等各项服务，为创业企业提供全方位、多层次和多元化的一站式服务。

---

① 科技部. 2017. 科技部办公厅关于印发《国家科技企业孵化器“十三五”发展规划》的通知 [EB/OL]. http://www.chinatorch.gov.cn/fhq/gztz/201707/ca0df74467ff491aa53b6aea638abebe.shtml[2020-04-08].

四、面向大众，服务实体

深入实施创新驱动发展战略。科研人员、大学生、归国留学人员、企业各类人才积极投身于创新创业活动中，让孵化器成为培养创新创业人才的重要基地、支撑大众创新创业的重要平台。孵化器的快速发展大大提高了企业的管理储备能力，培育新主体、催生新业态、创造新产业，为经济发展和产业结构调整带来强大的动力支持。与此同时，科技产业技术的进步，为鼓励科技人员创业、吸引海外高科技人才、提供就业岗位、促进实体经济发展做出突出的贡献。

五、科学评价，分类指导

强化孵化器发展质量标准化建设，必须加快建立孵化器发展质量评价标准，强调科学评价和分类指导的原则。依据我国各级各类孵化器的发展质量情况的研究，建立科学的孵化器发展质量评价标准和指标体系，可以发挥科学合理的考核、评价、跟踪监测的作用。实施分类指导，可以促进孵化器绩效提升。对于政府主导型孵化器，可以由相关管理部门组织建立发展质量标准，进行评价和监督。对于同类型的社会孵化器，可以结合自身特点建立团体性孵化质量评价制度和服务标准体系，进行监督和指导，以差异化的支持政策和措施支撑孵化器行业持续健康发展①。

第三节　总 体 目 标

一、创新创业的主阵地

孵化器为拥有创业激情的科技人员打破制度的束缚，创造宽容的成长环境，撑起解放思想、放飞梦想的一片天空。以留学人员创业园为代表的孵化器成为孵化留学人员企业、汇聚创新创业要素与资源的重要平台，解决了经济要素的制约，为归国留学人员创业营造了良好的环境。随着江西省科技孵

① 奉莹. 2018. 我国创业孵化机构发展质量研究[J]. 中国人事科学，(12)：85-96.

化事业的大发展，未来将有更多数量、更多类型的人才进入创业孵化平台开展创新创业活动。2019 年，江西省科技企业孵化器和众创空间内的在孵企业共吸纳 136 873 人就业，其中有应届大学毕业生 29 829 人。

二、创新模式的试验田

孵化器作为一个企业实体采取商业模式运营，可以为企业带来创收。孵化器以培育企业而创造价值，以发现创业者的潜在价值并培育创业企业的市场价值来实现孵化器自身的增值。创业孵化市场富于创新性，孵化服务组织形态、服务设施、服务模式、服务手段随着服务对象需求的变化而不断变化，孵化器形态同样向多样化、专业化和特色化的方向转变，投资+孵化、创业导师+孵化、哑铃型与镜像型国际孵化等新生事物层出不穷。在新经济的发展过程中，孵化器不断成为创新模式的试验田，催生出新产品、新产业、新模式、新业态。2019 年，江西省拥有科技企业孵化器和众创空间 236 个，总收入 14.8 亿元，平均每个孵化器收入约 627.12 万元。

三、创业文化的引领者

自诞生以来，科技企业孵化器就是江西省乃至全国创新创业文化的空间载体。孵化器链接起不同创新团体的创业文化和创业资源，形成了以“成人达己”为核心的创业文化，又推动文化向社会辐射，不断影响着全社会的创新创业活动。不同区域的孵化器微环境构筑起全社会的创业文化大环境，孕育出影响全社会的文化思潮，引领着创业文化的变革。2019 年，江西省孵化器共举办创新创业活动 8039 场。

四、新经济发展动力源

培育新经济增长新动能的内涵是制度变革、结构优化和创新驱动。科技企业孵化器、众创空间通过集聚创新创业资源，将经济增长驱动要素转向依靠人才、知识、信息的投入，形成了对区域新兴产业的源头孵化，也深刻改变着区域产业结构的转型升级。一方面，孵化器孵化的科技型企业高度聚焦国家高新技术产业，而毕业企业通过集群形成了地方特色的新兴产业。另一方面，大型企业鼓励内部创业，建立孵化器就是聚焦供给侧结构性改革；建设专业化众创空间，有利于增强自身的产业创新能力和竞争力。

第四节 体系布局

一、载体建设呈现新格局

运用市场化手段，加大“大众创业、万众创新”示范基地、创业孵化示范基地、大学生创新创业基地、电子商务基地、科技企业孵化器、小型微型企业创新创业示范基地等国家和省级创新创业基地建设力度，推动人才链、资金链、产业链、创新链全要素集聚，为高校毕业生、返乡农民工、下岗失业人员及其他创新创业者提供低成本场地支持和“一站式”创业服务。预计到 2025 年底，江西省省级大学科技园超过 15 个、省级众创空间达到 200 个以上，省级科技企业孵化器超过 100 个，国家级科技企业孵化器超过 40 个、国家备案众创空间超过 65 个。

二、孵化绩效达到新水平

强化科技型企业梯次培育，江西省力争到 2025 年培育独角兽企业 5～6 个、瞪羚企业 150 个、高新技术企业 4500 多个、科技型中小微企业 6000 多个；加强知识产权的转化应用，力争到 2025 年实现在孵企业有效知识产权数超过 12 000 件、有效发明专利拥有量超过 3000 件，培育省级及以上知识产权品牌服务机构 20 个、专利代理机构 50 个以上，为在孵企业知识产权的申报、代理、转让、登记、鉴定、评估与认证等提供全方位的服务，力争将江西打造成全国范围内重大科技成果转移转化的区域样板。

三、服务能力实现新提升

引导和推动各类孵化器积极与高等院校、科研院所的技术成果转移转化相结合，完善技术支撑服务。建立和完善企业管理、财务咨询、市场营销、人力资源、法律顾问、知识产权、检验检测、现代物流、科技服务等第三方专业化服务体系。探索通过创业券、创新券等方式对入驻孵化器的创业者和创新企业提供社会培训、管理咨询、检验检测、软件开发、研发设计、信息共享等服务。完善创业导师辅导体系，加大孵化器管理服务人员培训力度，提升孵化器整体服务水平。力争到 2025 年，江西省依托孵化器搭建公共技术共享服务平台 200 个，面向中小型企业建立国家级公共服务示范平台 30 个、省级 60 个，产业技术创新战略联盟 80 个，江西各类孵化器从业人员突破 3 万人，70%以上的从业人员接受专业培训。

四、开放发展迈上新台阶

深入贯彻国家“一带一路”倡议，构建与共建“一带一路”国家科技创新创业合作新机制，密切与共建“一带一路”国家技术协作，加强海外科技园、科技合作基地和海外技术转移中心建设，强化与发达国家（地区）、东南亚国家（地区）的创新创业合作交流。支持孵化器引进国际先进的创业孵化理念，整合技术、资本、信息等资源，吸引更多海外高端人才和领军创业团队入驻，重点支持以核心技术为源头的创新创业、项目融资和成果转化对接。江西省力争到 2025 年，重点培育建设省级及以上国际联合研究中心超过 50 个，累计吸引超过 200 个留学人员和海外创业者团队来赣创业，引进海外孵化机构、在海外建立孵化机构均达到 10 个以上。

第五节　发 展 战 略

我国经济发展进入新常态，创新驱动发展战略深入实施，“大众创业、万众创新”成为经济转型和保增长的重要引擎。国家着力推动科技成果转化，鼓励科研人员创新创业，推进商事制度改革，营造有利于创新创业的市场环境。国务院出台了一系列支持和鼓励创新创业的政策文件，综合利用财政、税收等多种政策工具，支持构建大中小型企业、高校、科研机构、创客多方协同的新型创新创业生态。在国家政策方针的引导下，江西省将“实施产业转型升级战略”和“实施创新驱动发展战略”作为“十三五”期间经济社会发展的重大战略，并出台了《江西省人民政府关于大力推进大众创业万众创新若干政策措施的实施意见》《中共江西省委江西省人民政府关于深入实施创新驱动发展战略推进创新型省份建设的意见》《江西省人民政府关于印发重点创新产业化升级工程实施办法的通知》《江西省创新驱动“5511”工程的实施意见》等一系列政策措施，为江西省“大众创业、万众创新”事业助力。在良好的创新创业生态背景下，江西省必须厘清正确的孵化器发展战略与方向，推动“大众创业、万众创新”事业全面可持续发展。

一、坚持以政府为引导的总体原则

科技企业孵化器的发展起源于政府引导，目的是培育地方性内生的根植性的创业企业，涵养税源、创造就业，具有社会公益性及基础服务性的特征，资金来源也主要依靠政府投入。经过几十年的发展，部分科技企业孵化器开始进行市场化和商业化运作，通过整合政府、企业、科研机构、大学和社会资源，逐步形成社会公益性、非营利性及营利性科技企业孵化器多元化发展的态势。当前，江西省社会公益性的科技企业孵化器仍然占主导地位，并以政府补贴收入作为主要资金来源①，因此，江西省科技企业孵化器的发展仍需坚持以政府为引导的总体原则，以战略层面的系统设计和部署为基础，发挥制度供给的核心作用和市场在资源配置中的决定性作用，拓展社会空间，发展多种体制和运营机制的孵化器。

二、坚持以创新服务模式为总抓手

科技企业孵化器的主要任务是帮助创业者开拓和发展企业，本身也生产“产品”——健康发展的科技企业。面对日益活跃的创业活动，作为不断产出“产品”的孵化器，只有在运行过程中保持创新，才能根据环境的变化不断调整服务以满足创业企业的需要。因此，江西省科技企业孵化器未来发展应该坚持以创新服务模式为总抓手，综合运用众创、众包、众扶、众筹等手段，提升服务的深度和广度，推动孵化资源基础化、创新技术资本化、孵化资本

① 罗丽璇. 2019. 浅谈我国科技企业孵化器在发展过程中面临的财务问题及建议[J]. 财会学习，(24)：64-65.

密集化、孵化流程链条化、服务行为职业化、服务要素生态化、孵化过程定制化，进一步推动体制机制改革创新，持续探索和发展可持续商业模式①。

三、坚持以服务求支持以贡献求发展

在我国科技企业孵化器蓬勃发展的背景下，江西省科技企业孵化事业相对滞后。江西省科技企业孵化器要加快建设与发展，就必须坚持以服务求支持、以贡献求发展的理念，强化服务意识，提高服务层次，注重服务水平和质量，不断增强服务能力，切实解决在孵企业创立和发展过程中遇到的问题，以优质的服务与卓越的贡献获得政府与社会各界的支持，实现快速可持续发展。

第六节　重点任务

一、坚持人才驱动，建设高素质服务型人才队伍

坚持引育并举，以提升创新创业、市场竞争和现代经营管理服务能力为核心，以培育现代服务型人才和职业经理人为重点，加大创新服务人才培育和外部智力引进，造就一批具有战略眼光和社会责任感、专业素质能力强、引领创新创业的管理者和“店小二”式的服务人才，补齐人才与服务功能不匹配的短板；依托国内外高校、培训机构和行业协会等，建设多层次科技企业人才培训基地，构建布局合理、特色鲜明、优势互补的人才培训体系，建设一支职业化、市场化、专业化、国际化、高素质的服务型人才队伍。

（一）创新“聚人才”方式

根据综合评价，注重实绩原则，完善人才引进制度设计，建立以实际成果和贡献为主要指标的评价体系；创新人才引进模式，采取专职与兼职、长期聘用与短期服务相结合等方式，以“不求为我所有，但求为我所用”的务

① 《中国创业孵化 30 年》编委会. 2017. 中国创业孵化 30 年（1987—2017）[M]. 北京：科学技术文献出版社.

实态度，实现对人才的引进与使用；建立高素质人才培养长效稳定支持制度，大力实施人才素质提升工程，拓展人才交流合作渠道，支持人才实现自我能力与水平的提升；突出产业聚才模式，坚持同步谋划人才发展与江西省产业布局，推动产业链、创新链、人才链互联互动、深度融合。

（二）优化“聚人才”环境

优化人才保障机制，提升中高端人才基本工资待遇水平，建立完善知识、技术、管理、技能等要素参与分配的机制，构建有利于创新创业管理服务型人才发挥作用的多种分配方式；设立相关奖项，奖励在孵化企业过程中做出突出贡献的高素质管理型、技能型人才；积极构建人才服务体系，妥善解决引进人才的子女上学、配偶就业等问题，逐步形成有利于人才聚集的良好氛围，不断优化人才发展环境。

二、服务“大众创业、万众创新”，支持孵化器多元化发展

坚持持续创新的原则，尊重市场规律，加强创业孵化链条建设，推动众创空间质效提升，促进科技企业加速器发展，加大专业型孵化器布局力度。鼓励孵化模式创新，拓宽孵化活动范围，实现孵化器发展模式从单一到多元转变，形成投资多元化、门类多元化、服务多元化的发展新格局①②。

（一）完善“众创空间-孵化器-科技企业加速器”创业孵化链条建设

围绕江西省各市支柱产业、特色产业和战略性新兴产业，引导其打造完善的“众创空间-孵化器-科技企业加速器”科技创业孵化育成链条，实现从团队孵化到企业孵化再到产业孵化的全链条、一体化服务。鼓励各类创新主体在高新技术和战略性新兴产业等领域，集成人才、技术、资本、市场等各种要素，兴办创新与创业相结合，线上与线下相结合、孵化与投资相结合的众创空间，引导其强化开放式、全要素、便利化等功能，通过市场化机制，构建特色服务和商业模式，不断提升服务质量和运行效率，形成一批高水平众创空间示范品牌；创新孵化器运行机制与服务链管理机制，在促进孵化器可持续发展的同时，建立健全服务接力促进机制；秉承高起点、高标准、高要求的理念，围绕

① 《中国创业孵化 30 年》编委会. 2017. 中国创业孵化 30 年（1987—2017）[M]. 北京：科学技术文献出版社.
② 王咏. 2016. 广东省科技企业孵化器发展模式研究[J]. 中国管理信息化，19（19）：80-82.

高成长型企业的发展需求，不断完善技术研发、资本运作、市场开拓、知识产权等加速服务，加快构建多种类型的科技企业加速器。

（二）加大专业型孵化器布局力度，推进各类孵化器深化发展

在依托江西省国家自主创新示范区、国家高新区和特色产业基地布局专业型孵化器的同时，鼓励行业龙头企业围绕主营业务建设专业型孵化器，利用其优势的产业资源与创新资源，围绕产业链条设计和打造自身孵化服务能力，助力在孵企业快速成长，助推龙头企业转型升级；引导高校、科研院所与新型研发机构等围绕优势专业领域建设专业型孵化器，促进产学研用深度融合，加快科技成果转移转化；鼓励各类新建孵化器围绕各市区的产业特色与技术优势，通过股份制改造等方式，引导银行、基金和风投机构共建专业化的高新技术孵化器。

（三）拓宽孵化活动范围，促进各类新型孵化器建设发展

打造内生孵化模式，通过支持企业成立创业孵化基金等方式，鼓励企业员工内部创新创业，促进创新型企业形成裂变效应；开展外延孵化模式，鼓励骨干科技企业通过天使投资等方式围绕产业链上下游孵化新项目，从而产生强大的创新创业聚变效应；开展协同孵化模式，鼓励企业开放自身技术和市场平台，通过为进驻企业提供孵化器载体，实现集群发展和产学研协同创新；鼓励有条件的孵化器发展成专业化创业孵化服务提供商，形成集团连锁孵化；利用“互联网+”，积极发展众包、众筹、众创、众扶等孵化新模式，促进新企业、新业态、新模式不断涌现。

三、优化金融服务，推进投资孵化融合发展

强化孵化器投融资服务能力，优化创业金融服务环境，围绕创业链部署资金链，建立由孵化器自有资金和外部社会资本共同构成的多层次创业孵化投融资服务体系，满足不同阶段的在孵企业对资金的需求，不断深化“投资+孵化”的发展模式[①②③]。

① 《中国创业孵化 30 年》编委会. 2017. 中国创业孵化 30 年（1987—2017）[M]. 北京：科学技术文献出版社.
② 杨春雷. 2018. 科技企业孵化器投融资服务对其孵化绩效的影响[D]. 济南：山东财经大学硕士学位论文.
③ 李涛. 2015. 孵化器与天使投资融合发展中的政府对策研究[D]. 北京：北京理工大学硕士学位论文.

（一）构建梯度孵化投资服务体系

鼓励孵化器针对创业企业，设立种子基金等创业投资基金；鼓励各类孵化器以政府创业投资引导基金、科技成果转化引导基金等为重点，积极构建股权融资产品链，形成涵盖天使投资、创业投资、私募股权基金、产业投资基金等在内的股权投资服务体系；鼓励孵化器与专业投资机构、金融机构等社会资本合作设立创业投资基金；引导行业龙头企业、上市公司等投资众创空间、孵化器、科技企业加速器在孵企业和毕业企业；吸引知名企业家、成功创业者、孵化器从业人员等为在孵企业提供创业投资服务。

（二）提升孵化器融资服务能力

建立多元共赢的孵化融资模式，实现创新创业孵化与股权融资、债券融资的有效对接。建立健全由孵化器、创业企业、担保机构、投融资机构、政府机构等组成多元的投资风险分担机制，发挥政府财政资金的杠杆效应，引导孵化器以联合授信、内部担保等方式，有效整合社会资源为企业提供融资服务；各地市政府性融资担保机构应积极为符合条件的小微企业提供低费率的担保支持，提高小微企业贷款可获得性；加大创业担保贷款支持，对具有博士学位、正高级专业技术职称、高级技师职业资格及以上人员创办的小微企业，简化或免除担保、反担保手续；构建灵活的风险资金退出机制，采取产权转让、风险资金保证制、股权交易入股等方式，建立合适的退出通道，实现风险最低化；完善孵化器与各类金融机构的长效合作机制，探索融资租赁、知识产权质押、小微贷、可转换债券等模式为创业企业提供融资服务；鼓励孵化器开展互联网股权众筹融资试点，增强众筹对“大众创业、万众创新”的服务能力。

（三）多方位优化创业金融服务环境

支持各市区建立创新创业金融服务平台，整合企业信用信息、政府配套政策和各类金融机构、第三方服务机构等资源，畅通信息查询、政策传导机制，实现企业融资需求信息、金融机构产品服务信息、企业信用信息和政策信息的交互对接，助力解决企业“融资难”；加强与江西联合股权交易中心等金融服务网络的无缝对接，加强与科创板、创业板等对接，建立孵化企业产权和股权交易平台，推动在孵企业上市挂牌；建立健全江西省孵化器毕业企业数据库，加强企业跟踪服务；支持各类孵化器与专业投融资机构、相关中介服务机构成立创业金融服务联盟，助力江西省创业金融服务环境不断优化。

四、提升孵化质量，带动创业服务精益发展

以创业企业的实际需求为导向，深化落实创业导师行动计划，加快孵化器管理服务队伍职业化进程，扩大孵化器与第三方专业服务机构合作，建立专业化、市场化、网络化、开放化、信息化的运营管理与服务机制，提升孵化效率，扩大创业服务供给，提升增值服务水平①②③④。

（一）深化落实创业导师行动计划

加强“创业导师”队伍建设，支持各类孵化器聘请成功创业企业家、行业管理专家与投资、金融、法律、市场咨询等专业机构人员等担任创业导师，引导创业导师围绕创业者的实际需求，为创业者提供专业性、实践性的辅导与指导；加快“创业辅导师”队伍建设，支持孵化器选拔优秀人才成为专职创业辅导师，强化创业辅导师培养，通过举办创业培训班，培育一批服务能力强、业务素质高的创业辅导师队伍；建立江西省创业导师和创业辅导师数据库，完善创业导师和辅导师评价与激励机制，促进创业导师与辅导师队伍不断壮大。

（二）加快管理服务队伍职业化建设

加快搭建面向江西省孵化器管理人员和孵化服务人员的多层次创业培训体系，加强对全省孵化器从业人员孵化服务能力的培养，不断扩大形成一支为在孵企业提供高水平专业化服务和为毕业企业提供延伸跟踪服务的队伍，不断增强服务能力；推动江西省孵化器培训机构将人才培养工作常态化，建立第三方培训效果评估机制；支持引导各类孵化器与高校、龙头企业、创投机构、新型研发机构等密切合作，开展孵化服务人才联合与委托培养；加快制定孵化服务队伍的职业标准，开拓孵化器管理人才的资格考评及资格认证

① 《中国创业孵化 30 年》编委会. 2017. 中国创业孵化 30 年（1987—2017）[M]. 北京：科学技术文献出版社.
② 梁辉. 2019. X 科技孵化器服务优化研究[D]. 南宁：广西大学硕士学位论文.
③ 陈绪长. 2017. 湖北省科技企业孵化器的绩效评价及对策研究[D]. 武汉：华中师范大学硕士学位论文.
④ 何欣. 2015. 企业孵化器服务改进：从服务提供到协同增效[J]. 甘肃社会科学，（6）：196-199.

渠道，完善孵化器内部人才的考核、评价、激励机制。

（三）以创业者需求为导向提升增值服务能力

引导孵化器围绕创业企业实际需求，提供定制化的高附加值服务。支持各类孵化器在提供场地和设施供给、商务、项目申报等基本服务的基础上，不断加强项目包装、项目诊断、创业咨询、技术成果评估、市场推广、产品改进、教育培训、财务顾问、科技情报等增值服务；鼓励孵化器建立第三方服务平台或与知识产权、法律、会计、咨询等第三方专业服务机构合作，做强做优孵化器在某一细分领域的服务能力，满足相关产业向价值链高端发展的新需求。

五、促进开放协同，加速创业孵化生态发展

加快孵化服务信息化，着力提升孵化器的开放发展水平。强化孵化器资源整合链接能力，整合各类创新创业资源要素，构建与第三方服务机构的长效合作机制。支持众创集聚区建设，打造开放协同的创业孵化生态①②。

（一）运用“互联网+”方式提升开放水平

运用互联网思维提升创业孵化服务水平，鼓励孵化器探索研发众包、资金众筹等基于互联网的新型创业服务；建立开放、共享、互通、协助的服务机制，通过云计算、大数据集成、网络化协同、虚拟现实等技术手段，有效整合大学科技园、高校、科研院所、技术转移机构等的服务资源，构建全要素、低成本、开放性的创新创业云孵化服务平台，实现技术成果、信息数据、创新人才、投融资服务等资源的互联互通与开放共享，为江西省各类创新创业主体提供全要素、便利性、专业化的孵化服务。

（二）强化孵化器资源整合链接功能

建立各类孵化器与各类创新创业要素和主体对接机制，深化各类孵化器与各类第三方服务机构的合作；支持孵化器与高校、科研院所、新型研发机构等加强对接，链接创新源头的人才与技术资源，推动科技成果转移转化；

① 刘平. 2012. 科技企业孵化器网络行为与孵化绩效的关系研究[D]. 杭州：浙江大学硕士学位论文.
② 王汉光. 2012. 科技企业孵化器网络化运营创新研究[D]. 武汉：武汉理工大学博士学位论文.

加强孵化器与行业龙头企业的对接，促进在孵企业与龙头企业不同层面的紧密合作，实现共赢发展；支持孵化器加强与社会创业教育和培训资源的对接，围绕创业企业需求，定期开展创业沙龙、创业讲堂等活动，为广大创业者提供创业培训引导、创业项目推介、创业经验交流等服务。

（三）推动众创集聚区建设

通过试点示范方式，在南昌、赣州等中心城市都市核心功能区内，充分结合产业布局、已有基础和孵化条件及辖区内的高校、科研院所等创新创业资源，根据建设主体资源条件和独特定位，加快培育一批特色化和差异化的品牌众创空间，并推动其在区域内聚集，打造标志性的集聚区域；以集聚区为核心，聚集一批科技创业型项目或企业、科技咨询与科技金融等创新创业服务机构、创业团队、创业投资人，开展丰富的创业活动，通过集群优势，营造开放共享的创新创业氛围与系统性的培育孵化成长环境。

六、增强区域合作，构建孵化器协调式发展

加强孵化器行业组织建设，发挥中介组织的平台效应，完善区域孵化器协作网络，探索孵化器跨区域合作发展模式，强化中心城市对周边区域的辐射带动作用，打造江西省孵化器区域协调和高质量发展的新格局①。

（一）完善区域孵化器协作网络

加大对江西省欠发达地区孵化器发展的政策、资金帮扶力度，引导有条件的市（区、县）集中优质资源建设孵化器；借鉴科技企业孵化器发展的“深圳经验”，完善孵化器行业组织（联盟、协会）建设，充分发挥政府与孵化器行业协会等中介组织的平台效应，对江西省各孵化器间的交流合作进行协调指导，促进省内孵化器间各类信息与资源共享，打造江西省孵化器区域协调和高质量发展的新格局。

（二）引导跨区域孵化器合作

抓住江西省打造内陆双向开放新高地的发展契机，探索“异地孵化”模式，

① 骆山鹰. 2019. 长三角一体化战略下高新区创新创业跨区域合作模式及路径研究[J]. 中国高新科技，（21）：124-126.

借鉴“常德异地孵化”经验，克服不同地区在区域发展、体制机制、市场化程度等方面的差异与障碍，鼓励江西省国家级高新区内的孵化器在长三角、珠三角等创新资源密集区设立异地孵化器，以“孵化+基金+园区”为总体思路开展运营，促进发达地区资本、技术、人才等要素的跨区域流动和精准链接；探索“联合共建”模式，支持鼓励江西省各类“双创”载体与沿海发达地区各企业主体、“双创”平台联合共建科技企业孵化器，依托发达地区的市场与科技资源优势，为江西省各创业企业及创业者提供一站式、全方位的创新创业服务。

（三）发挥中心城市对周边孵化器辐射作用

支持南昌、赣州等中心城市围绕地区产业特色，进一步加快创业街区、特色小镇、众创集聚区等“大众创业、万众创新”基地建设，实现创业资源的有效汇聚；通过简化办理流程、建设后奖励等方式，支持江西省县域孵化器建设，补齐县市、区孵化事业短板；发挥南昌、赣州等中心城市和南昌高新区、赣州高新区、赣江新区等园区对周边区域的辐射带动作用，健全“大众创业、万众创新”服务资源共享机制，实现中心城市密集创新创业资源与周边区域的双向交流互动，带动区域孵化事业协调高效发展。

七、融入全球网络，注重孵化器国际化发展

强化与海外创新创业资源的精准对接，深入开展引才引智创新创业基地建设试点，探索促进孵化器国际交流合作的各类孵化模式，搭建江西省与海内外孵化器行业的信息交流、科研交流、项目合作平台，促进江西省孵化器国际化发展①②③④。

（一）加快孵化器国际化步伐

鼓励江西省内科研院所、高校、新型研发机构、大型龙头企业等各类主体，围绕江西省产业发展重点方向与需求，探索“国内注册、海内外经营”

① 周述章，朱婧，胡品平. 2019. 广东孵化育成体系国际化的实践与探索[J]. 科技创新发展战略研究，3（3）：1-9.

② 吴贻康. 2017. 中国科技企业孵化器国际化之路[EB/OL]. http://www.chinatorch.gov.cn/zgkjqyfhq/xhtml/zjft/23.html[2020-04-08].

③ 安磊，陈晴. 2015. 聚集全球资源 服务科技创业——中国科技企业孵化器的国际化探索[J]. 中国科技产业，（1）：70-72.

④ 胡小龙，陈家田. 2013. 我国科技企业孵化器的国际化战略[J]. 宿州学院学报，28（12）：10-13.

的离岸模式，打造具有引才引智、创业孵化、专业服务保障等多功能的国际化综合性创新创业平台；营造国际化的营商环境，吸引国外孵化机构在江西省设立分支机构或合作共建科技企业孵化器，加速海外人才、技术、资本等“双创”要素集聚，实现“全球项目+国际孵化+江西转化”的“大众创业、万众创新”孵化新模式。

（二）推动孵化器行业国际化发展

借鉴江西省成功举办“2019 年世界 VR 产业大会”经验，积极举办国际创新发展论坛、会展和学术研讨等相关活动，搭建江西省与海内外孵化器行业的信息交流、科研交流、项目合作平台；鼓励江西省各类孵化器在孵企业参与国际孵化器行业的各项活动与创业大赛，促进创新创业人才的国际化交流与合作；发挥江西省孵化器行业协会的桥梁纽带作用，积极寻求与海外科研院所、高校、技术转移机构、国际性孵化器行业协会的交流合作，学习借鉴海外创业孵化的先进理念与模式，拓宽江西省孵化器管理者的国际视野。

（三）开展“一带一路”孵化器国际合作

深入开展引才引智创新创业基地建设试点，探索建立海外人才工作站等重大引才引智平台，吸引共建“一带一路”国家人才来赣创业；围绕江西省战略性新兴产业、传统优势产业领域，充分发挥江西省海外孵化机构的平台作用，推动江西省与共建“一带一路”国家的合作交流与技术转移，把握海外市场的创业机遇，帮助在孵企业拓展国际市场，扩大国际市场份额，提升企业综合竞争力。

八、推动改革创新，实现可持续发展

深入推动江西省国有企事业孵化器改革，提升江西省各类孵化器的服务效率，拓展孵化器收益渠道，创新孵化器孵化运营模式，助推江西省各类孵化器可持续健康发展[①②③]。

（一）继续推动国有孵化器改革创新

探索开展江西省国有企业孵化器职业经理人制度试点，按照“市场化选

① 李想. 2020. 吉林省孵化器可持续发展能力评价研究[D]. 长春：吉林大学硕士学位论文.
② 温欣言. 2019. 促进科技企业孵化器和众创空间集聚化发展的对策研究[J]. 科技风，(36)：3.
③ 贾丽丽. 2019. 中国科技企业孵化器发展现状及改革转型对策研究[J]. 科技经济导刊，27（18）：231.

聘、契约化管理、差异化薪酬、市场化退出”的原则，面向全国各地公开选聘职业经理人；支持引导国有孵化器运营机制的企业化、市场化改革，通过实行现代企业管理制度，保障科技企业孵化器的运行效率；通过股权转让等方式，积极引导外资、民营资本等入驻孵化器，推动江西省国有孵化器的混合所有制改革；完善国有孵化器管理人员绩效考核机制，通过股权奖励、期权激励等方式，建立孵化器所有者与管理者间利益共享、风险共担的合作关系，从而有效调动管理人员的积极性。

（二）引导孵化器探索可持续发展模式

吸引社会资本参与共建“新型互联网+孵化服务平台”，有效提升孵化器在创业咨询、政策咨询、法律咨询、市场推广等方面的服务效率；引入企业服务酒店概念，定制适合创业者群体的自助餐厅、创意休息酒店等增值服务；探索建立毕业企业反哺机制，引导毕业企业通过担任创业导师等方式，支持孵化器组建一支专业化的创业导师队伍，为江西省孵化器提供创业者培训等服务提供支撑；支持孵化器通过入股优质在孵企业等形式，分担企业运营风险与成长发展收益，拓宽孵化器收入渠道；支持江西省各类孵化器以国家标准为方向，做精、做深、做全各类孵化服务，打造江西省孵化服务品牌形象，发挥品牌的辐射作用，有效提升孵化器的盈利效益。

（三）鼓励孵化器不断创新孵化模式

以促进创业资源整合、提升专业服务和投融资能力为重点，支持鼓励江西省传统孵化器向企业主导型、“天使+孵化”型、开放空间型、媒体平台型、产业平台型、新型地产型等新型孵化器转变；围绕江西省产业特色，探索建立龙头企业、高校、科研院所与孵化器共同参与的开放式创新生态，促进产业链、资金链和创新链的有效融合，形成孵化器与各主体间资源共享和收益分享的联动发展机制。

九、营造创业氛围，引领创业文化繁荣发展

深入开展全方位、多层次、立体化的创业孵化活动，积极推动落实江西省孵化器“创优争先”活动，发挥主流媒体与新媒体的舆论导向作用，大力弘扬优秀企业家、创客精神，努力营造有利于江西省创新创业发展的社

会氛围①。

（一）深入开展各类创业孵化品牌活动

持续深入开展江西省“互联网+”大学生创新创业大赛、“创客中国”江西省中小型企业创新创业大赛、留学人员创新创业大赛等相关活动；支持省内孵化器及行业组织联合国外相关机构举办跨国创业大赛；鼓励孵化器组织创业者积极参与江西省举办的各类创新创业大赛；探索举办“双创”活动周、孵化器创新发展论坛等系列活动，吸引国内各类孵化器组织参与，促进江西省孵化器与国内优质创新创业资源的深入交流，进一步提升江西孵化器发展水平。

（二）积极推动落实“创优争先”行动

以“创优争先当模范、双创改革立新功”为主题、“争做先进机构、争创先进业绩”为活动载体，深入开展江西省孵化器“创优争先”活动；以孵化器服务能力、孵化绩效、社会贡献等指标为重点，进一步细化完善江西省孵化器绩效考核评价奖励机制，努力营造江西省创新创业的良好氛围。

（三）引领全社会创业文化建设

推动建立健全国有企业负责人容错纠错机制，树立对企业家的正向激励导向，营造鼓励创新、宽容失败的文化和社会氛围；大力弘扬爱国敬业、遵纪守法、艰苦奋斗、创新发展、专注品质、追求卓越、服务社会的优秀企业家、创客精神，利用主流媒体和新媒体推出形式多样的宣传报道，讲好优秀企业家故事，凝聚崇尚创新创业正能量，营造尊重企业家价值、鼓励企业家创新、发挥优秀企业家与创客作用的社会氛围，形成有利于江西省“大众创业、万众创新”事业发展的舆论导向。

十、强化自律规范，形成孵化器行业健康发展

强化孵化器联盟、协会等行业组织建设，发挥其在行业培训、制定标准、促进交流合作与资源共享方面的核心作用，加快建立江西省各行业领域孵化器的标准体系，推动孵化器行业研究常态化，实现江西省孵化器行业的健康可持续发展。

① 徐世波，陈晴. 2017. 积极营造创新创业氛围 推动双创更深层次发展[J]. 中国科技产业，(10)：44-46.

（一）强化孵化器行业组织作用

建立健全江西省孵化器联盟、协会等行业组织建设，充分发挥其在行业培训、促进交流协作和资源共享等方面的核心作用，推动江西省各类科技企业孵化载体共同发展；加强江西省孵化器行业组织与沿海发达地区间的沟通合作，促进区域间创新创业资源的交互共享，实现沿海地区优质孵化服务资源在江西的有效配置。

（二）健全完善孵化器行业标准

在国家孵化器行业标准体系的基础上，发挥江西省孵化器行业组织及第三方专业机构等各方力量，分类建立具有江西省各行业领域特色的众创空间、科技企业加速器、专业型孵化器等多类型孵化器标准，规范江西省各类孵化器的服务与管理，提升孵化器服务质量与效率；在国家孵化器行业标准体系的基础上，实现孵化器行业的自我约束、自我管理。

（三）持续开展孵化器行业研究

通过建立江西省孵化器公益性研究基金等方式，鼓励和支持江西省科技管理部门、省内外科技智库、孵化器行业协会等机构围绕创业孵化生态、创业活动规律、孵化盈利模式等重点领域开展调查与研究，编写江西省孵化器行业年度发展报告等研究成果，为江西省孵化器行业健康可持续发展奠定坚实的理论基础。

第七节 政策环境

一、国家政策的导入和贯彻落实

近年来，国家高度重视创新创业在新一轮技术革命和国民经济发展中的作用，先后出台了《国务院办公厅关于发展众创空间推进大众创新创业的指导意见》《国务院关于大力推进大众创业万众创新若干政策措施的意见》《国务院关于加快构建大众创业万众创新支撑平台的指导意见》《关于技术市场发展的若干意见》《科技企业孵化器管理办法》等一系列政策文件，不断推进全国“大众创业、万众创新”工作。在良好的政策条件下，江西省应深入贯彻落实国家关于鼓励“大众创业、万众创新”事业发展的各类相关政策，积极组织孵化器行业协会、智库机构的相关专家开展政策解读工作；通过政策讲解员实地讲解与微信、微博等互联网平台同步宣传等方式，加大政策宣传力度；建立健全政策实施情况第三方监测机制，为促进政策落地见效提供支撑。

二、江西和行业政策的制定利用

坚持国家政策精神与江西实际相结合，鼓励江西省孵化器行业协会、高校、智库等专业机构，围绕科技成果转化、商事制度改革、研发费用税前加计扣除等国家支持大众创新创业的相关举措，开展政策创新研究，创造性地制定具有江西省特色的地方政策；坚持“分类施策”原则，针对江西省众创空间、众创集聚区、科技企业加速器、专业型孵化器、国际企业孵化器等各类孵化器类型，进一步细化完善江西省促进“大众创业、万众创新”发展的政策支撑体系，实现精准施策；健全政策实施情况第三方评估机制，为调整完善相关政策举措奠定基础。

第八节　考 核 评 价

一、建立健全综合评价体系

坚持“目标导向、分类评价、科学客观、动态调整”的原则，依据科技部 2019 年印发的《科技企业孵化器评价指标体系》，结合江西省实际，以孵化器的服务能力、孵化绩效、可持续发展为重点，制定完善江西省科技企业孵化器综合评价指标体系；通过大数据分析等方式，增加对江西省毕业企业的跟踪评估，为研究孵化企业成长规律、社会贡献等奠定基础；建立完善江西省县域孵化器火炬统计指标体系，启动县域孵化器统计工作，为县域孵化器发展政策制定提供参考依据。

二、持续强化动态管理

建立健全江西省孵化器动态评估管理机制，持续开展江西省各类孵化器年度考核和动态管理工作，对发展态势好、社会贡献大的孵化器给予重点支持，对发展慢、服务意识不强的孵化器取消其孵化器称号及享受有关政策的资格。

三、主动接受社会检验

为保证孵化器考核评价的公平公正，通过政府购买服务等方式，支持江西省孵化器行业协会、智库机构等第三方社会组织开展江西省各类孵化器的社会评价，形成具有指导性和公信力的评价成果；建立完善考核评价结果的公示与申诉制度，积极公开评价结果，接受社会各界监督，增强考核评价结果的透明度；完善考核评价主体与客体的“责任追究制”，通过惩罚机制，减少评价各方的失信行为，营造公平竞争的良好社会氛围。

附　　录

一、中央和江西省政策文件

（一）2015 年以来中央发布的政策文件

自 2015 年以来，中国的创新创业事业进入蓬勃发展的“快车道”，各地孵化器、众创空间如雨后春笋般迅速发芽、成长，为推动中国步入创新驱动发展的新阶段提供了强大动力。从制度层面来看，这与近年来不断出台的各类国家支持政策是分不开的，其中 2015～2016 年是全国创新创业扶持政策的“高产期”。据不完全统计，国务院、各部委在 2015～2016 年先后发布的创新创业重要政策有近百项，涉及示范基地建设、科技体制改革、政府简政放权、创新人才驱动、资金支持、税收减免等多个领域，为我国“大众创业、万众创新”事业发展奠定了坚实的后台保障。

附表 1　2015 年以来中国创新创业发展的主要扶持政策情况

序号	政策名称	发文字号
1	中共中央 国务院关于深化体制机制改革加快实施创新驱动发展战略的若干意见	中发〔2015〕8 号
2	中共中央印发《关于深化人才发展体制机制改革的意见》	中发〔2016〕9 号
3	中共中央办公厅 国务院办公厅关于印发《深化科技体制改革实施方案》的通知	中办发〔2015〕46 号
4	国务院关于取消和调整一批行政审批项目等事项的决定	国发〔2015〕11 号
5	国务院关于进一步做好新形势下就业创业工作的意见	国发〔2015〕23 号
6	国务院关于大力推进大众创业万众创新若干政策措施的意见	国发〔2015〕32 号
7	国务院关于取消一批职业资格许可和认定事项的决定	国发〔2015〕41 号
8	国务院关于促进融资担保行业加快发展的意见	国发〔2015〕43 号
9	国务院关于加快构建大众创业万众创新支撑平台的指导意见	国发〔2015〕53 号
10	国务院关于“先照后证”改革后加强事中事后监管的意见	国发〔2015〕62 号

续表

序号	政策名称	发文字号
11	国务院关于印发推进普惠金融发展规划（2016—2020年）的通知	国发〔2015〕74号
12	国务院关于取消一批职业资格许可和认定事项的决定	国发〔2016〕5号
13	国务院关于第二批取消152项中央指定地方实施行政审批事项的决定	国发〔2016〕9号
14	国务院关于取消13项国务院部门行政许可事项的决定	国发〔2016〕10号
15	国务院关于印发实施《中华人民共和国促进科技成果转化法》若干规定的通知	国发〔2016〕16号
16	国务院关于取消一批职业资格许可和认定事项的决定	国发〔2016〕35号
17	国务院关于印发“十三五”国家科技创新规划的通知	国发〔2016〕43号
18	国务院关于促进创业投资持续健康发展的若干意见	国发〔2016〕53号
19	国务院关于取消一批职业资格许可和认定事项的决定	国发〔2016〕68号
20	国务院关于印发中国落实2030年可持续发展议程创新示范区建设方案的通知	国发〔2016〕69号
21	国务院关于印发“十三五”促进就业规划的通知	国发〔2017〕10号
22	国务院关于印发中国（四川）自由贸易试验区总体方案的通知	国发〔2017〕20号
23	国务院关于做好当前和今后一段时期就业创业工作的意见	国发〔2017〕28号
24	国务院关于强化实施创新驱动发展战略进一步推进大众创业万众创新深入发展的意见	国发〔2017〕37号
25	国务院关于印发国家技术转移体系建设方案的通知	国发〔2017〕44号
26	国务院关于推动创新创业高质量发展打造“双创”升级版的意见	国发〔2018〕32号
27	国务院关于促进国家高新技术产业开发区高质量发展的若干意见	国发〔2020〕7号
28	国务院办公厅关于发展众创空间推进大众创新创业的指导意见	国办发〔2015〕9号
29	国务院办公厅关于创新投资管理方式建立协同监管机制的若干意见	国办发〔2015〕12号
30	国务院办公厅关于深化高等学校创新创业教育改革的实施意见	国办发〔2015〕36号
31	国务院办公厅关于支持农民工等人员返乡创业的意见	国办发〔2015〕47号
32	国务院办公厅关于加快推进“三证合一”登记制度改革的意见	国办发〔2015〕50号
33	国务院办公厅关于加快融资租赁业发展的指导意见	国办发〔2015〕68号
34	国务院办公厅关于促进金融租赁行业健康发展的指导意见	国办发〔2015〕69号
35	国务院办公厅关于推进线上线下互动加快商贸流通创新发展转型升级的意见	国办发〔2015〕72号
36	国务院办公厅关于加快众创空间发展服务实体经济转型升级的指导意见	国办发〔2016〕7号
37	国务院办公厅关于印发促进科技成果转移转化行动方案的通知	国办发〔2016〕28号
38	国务院办公厅关于深入推行科技特派员制度的若干意见	国办发〔2016〕32号
39	国务院办公厅关于建设大众创业万众创新示范基地的实施意见	国办发〔2016〕35号
40	国务院办公厅关于支持返乡下乡人员创业创新促进农村一二三产业融合发展的意见	国办发〔2016〕84号

续表

序号	政策名称	发文字号
41	国务院办公厅关于创新管理优化服务培育壮大经济发展新动能加快新旧动能接续转换的意见	国办发〔2017〕4 号
42	国务院办公厅关于促进开发区改革和创新发展的若干意见	国办发〔2017〕7 号
43	国务院办公厅关于印发进一步做好新形势下就业创业工作重点任务分工方案的通知	国办函〔2015〕47 号
44	国务院办公厅关于同意建立推进大众创业万众创新部际联席会议制度的函	国办函〔2015〕90 号
45	国家企业技术中心认定管理办法	中华人民共和国国家发展和改革委员会、中华人民共和国科学技术部、中华人民共和国财政部、中华人民共和国海关总署、国家税务总局 2016 年第 34 号
46	关于发展数字经济稳定并扩大就业的指导意见	发改就业〔2018〕1363 号
47	国家发展改革委　科技部关于构建市场导向的绿色技术创新体系的指导意见	发改环资〔2019〕689 号
48	国家发展改革委办公厅关于印发双创孵化专项债券发行指引的通知	发改办财金〔2015〕2894 号
49	国家发展改革委办公厅　财政部办公厅关于做好国家新兴产业创业投资引导基金参股基金推荐工作的通知	发改办高技〔2016〕1509 号
50	国家发展改革委办公厅关于建立大众创业万众创新示范基地联系协调机制的通知	发改办高技〔2016〕2019 号
51	科技部办公厅关于印发《科技部　落实国家科技计划管理监督　主体责任实施方案》的通知	国科办政〔2016〕49 号
52	科技部关于进一步推动科技型中小企业创新发展的若干意见	国科发高〔2015〕3 号
53	科技部关于印发《发展众创空间工作指引》的通知	国科发火〔2015〕297 号
54	科技部　财政部　国家税务总局关于修订印发《高新技术企业认定管理办法》的通知	国科发火〔2016〕32 号
55	科技部　财政部　国家税务总局关于修订印发《高新技术企业认定管理工作指引》的通知	国科发火〔2016〕195 号
56	科技部关于印发《科技监督和评估体系建设工作方案》的通知	国科发政〔2016〕79 号
57	科技部　财政部　发展改革委关于印发《科技评估工作规定（试行)》的通知	国科发政〔2016〕382 号
58	科技部　财政部关于印发《国家科技成果转化引导基金贷款风险补偿管理暂行办法》的通知	国科发资〔2015〕417 号
59	科技部　质检总局　国家标准委关于在国家科技计划专项实施中加强技术标准研制工作的指导意见	国科发资〔2016〕301 号
60	科技部关于印发《科技企业孵化器管理办法》的通知	国科发区〔2018〕300 号
61	科技部　教育部关于印发《关于促进国家大学科技园创新发展的指导意见》的通知	国科发区〔2019〕116 号
62	科技部　教育部关于印发《国家大学科技园管理办法》的通知	国科发区〔2019〕117 号

续表

序号	政策名称	发文字号
63	科技部印发《关于新时期支持科技型中小企业加快创新发展的若干政策措施》的通知	国科发区〔2019〕268 号
64	科技部关于印发《关于技术市场发展的若干意见》的通知	国科发创〔2018〕48 号
65	关于开展《技术合同认定规则》修订工作的通知	国科火函〔2016〕28 号
66	国家高新区互联网跨界融合创新中关村示范工程	国科火字〔2015〕50 号
67	“创业中国”中关村引领工程	国科火字〔2015〕51 号
68	关于印发《国家火炬特色产业基地建设管理办法》的通知	国科火字〔2015〕163 号
69	关于加强国家技术转移人才培养基地建设的通知	国科火字〔2015〕316 号
70	关于印发《国家技术转移示范机构评价指标体系（修订稿）》的通知	国科火字〔2016〕12 号
71	关于开展“科技创业带动高质量就业行动”的通知	国科火字〔2020〕109 号
72	两部门关于深入推进国家高技能人才振兴计划的通知	人社部发〔2016〕74 号
73	人力资源社会保障部关于实施高校毕业生就业创业促进计划的通知	人社部发〔2016〕100 号
74	人力资源社会保障部关于印发进一步减少和规范职业资格许可和认定事项改革方案的通知	人社部发〔2017〕2 号
75	人力资源社会保障部 财政部 农业农村部关于进一步推动返乡入乡创业工作的意见	人社部发〔2019〕129 号
76	人力资源社会保障部关于进一步支持和鼓励事业单位科研人员创新创业的指导意见	人社部发〔2019〕137 号
77	人力资源社会保障部关于支持和鼓励事业单位专业技术人员创新创业的指导意见	人社部规〔2017〕4 号
78	人力资源社会保障部关于做好 2015 年全国高校毕业生就业创业工作的通知	人社部函〔2015〕21 号
79	人力资源社会保障部关于做好 2016 年全国高校毕业生就业创业工作的通知	人社部函〔2016〕18 号
80	人力资源社会保障部关于做好 2017 年全国高校毕业生就业创业工作的通知	人社部函〔2017〕20 号
81	人力资源社会保障部办公厅关于进一步推进创业培训工作的指导意见	人社厅发〔2015〕197 号
82	人力资源社会保障部办公厅、农业部办公厅、国务院扶贫办行政人事司共青团中央办公厅全国妇联办公厅关于实施农民工等人员返乡创业培训五年行动计划（2016—2020 年）的通知	人社厅发〔2016〕90 号
83	人力资源社会保障部办公厅财政部办公厅关于进一步做好 2017 年就业重点工作的通知	人社厅发〔2017〕32 号
84	人力资源社会保障部办公厅关于持续开展离校未就业高校毕业生技能就业行动的通知	人社厅发〔2017〕127 号
85	人力资源社会保障部办公厅关于推进技工院校学生创业创新工作的通知	人社厅发〔2018〕138 号
86	人力资源社会保障部办公厅关于做好留学回国人员自主创业工作有关问题的通知	人社厅函〔2015〕19 号

续表

序号	政策名称	发文字号
87	人力资源社会保障部办公厅关于加强技工教育和职业培训教材建设工作的通知	人社厅函〔2017〕107号
88	关于“十三五”期间支持科技创新进口税收政策的通知	财关税〔2016〕70号
89	关于公布进口科学研究、科技开发和教学用品免税清单的通知	财关税〔2016〕72号
90	关于支持开展小微企业创业创新基地城市示范工作的通知	财建〔2015〕114号
91	关于印发《中小企业发展专项资金管理暂行办法》的通知	财建〔2015〕458号
92	关于支持和促进重点群体创业就业税收政策有关问题的补充通知	财税〔2015〕18号
93	关于小型微利企业所得税优惠政策的通知	财税〔2015〕34号
94	关于推广中关村国家自主创新示范区税收试点政策有关问题的通知	财税〔2015〕62号
95	关于高新技术企业职工教育经费税前扣除政策的通知	财税〔2015〕63号
96	关于扩大企业吸纳就业税收优惠适用人员范围的通知	财税〔2015〕77号
97	关于进一步扩大小型微利企业所得税优惠政策范围的通知	财税〔2015〕99号
98	关于将国家自主创新示范区有关税收试点政策推广到全国范围实施的通知	财税〔2015〕116号
99	关于完善研究开发费用税前加计扣除政策的通知	财税〔2015〕119号
100	关于科技企业孵化器税收政策的通知	财税〔2016〕89号
101	关于国家大学科技园税收政策的通知	财税〔2016〕98号
102	关于完善股权激励和技术入股有关所得税政策的通知	财税〔2016〕101号
103	关于印发《国有科技型企业股权和分红激励暂行办法》的通知	财资〔2016〕4号
104	关于印发《政府性融资担保、再担保机构绩效评价指引》的通知	财金〔2020〕31号
105	教育部关于印发《高等学校“十三五”科学和技术发展规划》的通知	教技〔2016〕5号
106	教育部关于做好2016届全国普通高等学校毕业生就业创业工作的通知	教学〔2015〕12号
107	农业农村部 国家发展改革委 教育部 科技部 财政部 人力资源和社会保障部 自然资源部 退役军人部 银保监会关于深入实施农村创新创业带头人培育行动的意见	农产发〔2020〕3号
108	国家税务总局 财政部 人力资源社会保障部 教育部 民政部关于支持和促进重点群体创业就业有关税收政策具体实施问题的补充公告	国家税务总局 财政部人力资源社会保障部 教育部 民政部公告2015年第12号
109	国土资源部 发展改革委 科技部 工业和信息化部 住房城乡建设部 商务部关于支持新产业新业态发展促进大众创业万众创新用地的意见	国土资规〔2015〕5号

（二）江西省发布的政策文件

近年来，江西省紧跟全国上下创新创业事业发展的热潮，配套出台了一系列促进“大众创业、万众创新”孵化平台发展的政策举措，打造了一批技术转移转化载体和基地，建设了一批技术转移服务团队，推动了一批科技成果在江西转移转化，为江西省深入实施创新驱动发展战略、推进创新型省份建设注入强力催化剂。

附表 2　江西省及部分地市创新创业发展的主要扶持政策情况

地区	发布时间	政策名称	发文字号
江西省	2010 年 4 月	关于印发《江西省科技企业孵化器（高新技术创业服务中心）认定和管理办法的通知》	赣科发〔2010〕4 号
	2014 年 8 月	关于印发《江西省大学科技园认定与管理办法》的通知	赣科发高字〔2014〕125 号
	2014 年 9 月	关于印发《江西省大学生创业引领计划实施方案》的通知	赣人社字〔2014〕364 号
	2015 年 7 月	江西省人民政府关于大力推进大众创业万众创新若干政策措施的实施意见	赣府发〔2015〕36 号
	2015 年 8 月	江西省人民政府办公厅关于深化高等学校创新创业教育改革的实施意见	赣府厅发〔2015〕49 号
	2015 年 11 月	江西省人力资源和社会保障厅、江西省教育厅等 4 部门《关于做好困难高校毕业生一次性求职创业补贴和大学生一次性创业补贴发放工作》的通知	赣人社字〔2015〕355 号
	2016 年 1 月	江西省科技厅关于印发《江西省众创空间认定管理办法（试行）》的通知	赣科发高字〔2016〕11 号
	2016 年 3 月	中共江西省委 江西省人民政府关于深入实施创新驱动发展战略推进创新型省份建设的意见	赣发〔2016〕5 号
	2016 年 3 月	江西省人民政府关于印发重点创新产业化升级工程实施办法的通知	赣府发〔2016〕12 号
	2016 年 3 月	江西省人民政府关于创新驱动“5511”工程的实施意见	赣府发〔2016〕13 号
	2016 年 8 月	江西省委办公厅、省政府办公厅关于印发《深入学习贯彻李克强总理视察江西重要讲话精神的责任分工方案》的通知	赣办字〔2016〕84 号
	2016 年 10 月	江西省人民政府办公厅关于加快构建大众创业万众创新支撑平台的实施意见	赣府厅发〔2016〕64 号
	2016 年 12 月	江西省人民政府办公厅关于深入推行科技特派员制度的实施意见	赣府厅发〔2016〕86 号
	2017 年 1 月	中共江西省委关于深化人才发展体制机制改革的实施意见	赣发〔2017〕4 号
	2017 年 1 月	江西省人民政府办公厅关于加快众创空间发展服务实体经济转型升级的实施意见	赣府厅发〔2017〕3 号
	2017 年 7 月	江西省人民政府办公厅关于印发江西省促进科技成果转移转化行动方案（2017—2020 年）的通知	赣府厅字〔2017〕11 号
	2017 年 9 月	江西省人民政府办公厅关于印发江西省贯彻落实促进中部地区崛起“十三五”规划实施方案的通知	赣府厅发〔2017〕76 号
	2017 年 9 月	江西省人民政府办公厅关于进一步激发社会领域投资活力的实施意见	赣府厅发〔2017〕81 号

续表

地区	发布时间	政策名称	发文字号
江西省	2017年10月	江西省人民政府办公厅关于进一步支持返乡下乡人员创业创新促进农村一二三产融合发展的实施意见	赣府厅发〔2017〕18号
	2017年12月	江西省人民政府办公厅关于引导企业创新管理提质增效的实施意见	赣府厅发〔2017〕100号
	2018年2月	江西省人民政府办公厅关于加快县域创新驱动发展的意见	赣府厅发〔2018〕4号
	2018年7月	江西省工业和信息化厅印发《江西省新经济企业孵化器认定管理办法（试行）》	赣工信企业字〔2017〕166号
	2018年10月	江西省人民政府办公厅关于印发加快推进虚拟现实产业发展若干措施的通知	赣府厅发〔2018〕96号
	2018年12月	江西省人民政府印发关于做好当前和今后一个时期促进就业工作若干政策措施的通知	赣府发〔2018〕41号
	2019年1月	江西省人民政府办公厅关于印发江西省技术转移体系建设实施方案的通知	赣府厅字〔2019〕4号
	2019年1月	关于印发《江西省就业补助资金管理办法》的通知	赣财社〔2019〕1号
	2019年2月	关于印发《江西省就业补助资金职业培训补贴管理办法》的通知	赣人社发〔2019〕3号
	2019年8月	江西省人民政府办公厅关于进一步促进高等学校科技成果落地江西的实施意见	赣府厅发〔2019〕24号
	2019年8月	江西省人力资源和社会保障厅等五部门《关于做好当前形势下高校毕业生就业创业工作的通知	赣人社发〔2019〕30号
	2019年11月	江西省人民政府关于支持赣西转型升级推动高质量跨越式发展的若干意见	赣府发〔2019〕17号
	2019年12月	江西省人民政府办公厅关于印发江西省稳就业三年行动计划（2020—2022年）的通知	赣府厅字〔2019〕107号
	2020年3月	江西省人民政府关于推进全省国家级开发区创新提升打造改革开放新高地的若干意见	赣府发〔2020〕8号
南昌市	2015年9月	南昌市人民政府关于印发《南昌市小微企业创业创新基地城市示范三年行动计划（2015—2017）》的通知	洪府发〔2015〕42号
	2015年11月	南昌市人民政府办公厅关于印发南昌市小微企业创业创新基地城市示范专项资金管理指导意见的通知	洪府厅发〔2015〕123号
	2016年6月	南昌市新建区人民政府印发《新建区小微企业创业创新扶持办法》	新府发〔2016〕9号
	2016年8月	南昌市红谷滩新区关于鼓励创业创新企业发展的扶持政策	
	2018年4月	中共南昌市委 南昌市人民政府关于实施“天下英雄城聚天下英才”行动计划的意见	洪府发〔2018〕8号
	2018年8月	南昌市人民政府关于做好当前和今后一段时期就业创业工作的实施意见	洪府发〔2018〕16号
	2019年1月	南昌市人民政府关于做好当前和今后一个时期促进就业工作若干政策措施实施办法的通知	洪府发〔2019〕2号

续表

地区	发布时间	政策名称	发文字号
南昌市	2019 年 2 月	南昌市政府办公室关于印发《关于进一步激发民间有效投资活力促进经济持续健康发展的若干意见》的通知	洪府办字〔2019〕42 号
	2020 年 1 月	南昌市人民政府关于印发南昌市非公有制经济五年发展规划（2019—2023 年）的通知	洪府发〔2020〕2 号
赣州市	2015 年 4 月	赣州市委办公厅、市政府办公厅印发《关于大力推进创业孵化基地建设鼓励创新创业的实施意见》	赣市办发〔2015〕8 号
	2015 年 7 月	赣州市人民政府关于印发促进经济平稳健康发展若干政策措施的通知	赣市府发〔2015〕22 号
	2017 年 3 月	赣州市委办公厅、市政府办公厅印发《关于进一步完善市级财政科研项目资金管理等政策的实施意见》	
	2018 年 4 月	赣州市人民政府关于进一步做好就业创业工作的实施意见	赣市府发〔2018〕7 号
	2019 年 1 月	赣州市人民政府印发关于做好当前和今后一个时期促进就业工作的若干措施的通知	赣市府发〔2019〕2 号
吉安市	2015 年 4 月	吉安市人民政府关于印发吉安市落实优秀高层次人才待遇实施办法的通知	吉府发〔2015〕2 号
	2015 年 7 月	关于印发《吉安市劳动密集型小企业小额担保贷款贴息办法》的通知	吉人社字〔2015〕88 号
	2015 年 11 月	关于印发《吉安市众创空间孵化基地认定管理办法》的通知	吉人社发〔2015〕28 号
	2015 年 11 月	中共吉安市委办公室吉安市人民政府办公室关于印发吉安市引进人才用好人才“20 条”的通知	吉办字〔2015〕180 号
	2016 年 3 月	吉安市人民政府关于大力推进大众创业万众创新的实施意见	吉府发〔2016〕2 号
九江市	2016 年 2 月	九江市人民政府关于大力推进大众创业万众创新若干政策措施的实施意见	九府发〔2016〕1 号
	2016 年 4 月	九江市人民政府办公厅关于印发江西九江留学人员创业园管理办法的通知	九府厅发〔2016〕9 号
	2017 年 12 月	九江市人民政府关于做好当前和今后一段时期就业创业工作的实施意见	九府发〔2017〕19 号
	2017 年 12 月	九江市人民政府办公厅关于印发加快众创空间发展服务实体经济转型升级实施方案的通知	九府厅字〔2017〕247 号
	2018 年 6 月	中共九江市委九江市人民政府关于印发《九江市人才新政 30 条》的通知	九字〔2018〕16 号
	2018 年 11 月	九江市人民政府关于印发进一步加强招商引资促进产业发展若干措施（试行）的通知	九府字〔2018〕41 号
宜春市	2015 年 8 月	宜春市人民政府印发关于贯彻落实省政府大力推进大众创业万众创新若干政策具体措施的通知	宜府发〔2015〕16 号
	2016 年 12 月	宜春市人民政府印发关于贯彻实施创新驱动“5511”工程的意见的通知	宜府发〔2016〕17 号

续表

地区	发布时间	政策名称	发文字号
宜春市	2017年2月	宜春市人民政府办公室关于印发江西宜春丰城高新技术产业园区以升促建整改方案的通知	宜府办字〔2017〕24号
	2017年4月	宜春市人民政府印发关于培育壮大实体经济鼓励企业做大做强做优实施意见的通知	宜府发〔2017〕15号
	2017年12月	宜春市人民政府印发《关于做好当前和今后一段时期就业创业工作的实施意见》的通知	宜府发〔2017〕36号
	2018年6月	宜春市人民政府办公室印发《宜春市“十三五”促进就业规划》的通知	宜府办字〔2018〕91号
	2019年1月	宜春市人民政府印发关于全力以赴促进就业20条政策措施的通知	宜府发〔2019〕4号
	2020年1月	宜春市人民政府办公室印发《关于进一步扩大科技开放建设技术转移体系的实施意见》的通知	宜府办发〔2020〕2号
上饶市	2012年3月	关于印发上饶市科技企业孵化器（高新技术创业服务中心）认定和管理办法（试行）的通知	饶科发〔2012〕4号
	2014年5月	上饶市人民政府关于深化科技体制改革全面提升企业科技创新能力的实施意见	饶府发〔2014〕14号
	2015年10月	上饶市人民政府关于大力推进大众创业万众创新若干政策措施的实施意见	饶府发〔2015〕24号
	2016年5月	关于印发《上饶市众创空间认定管理办法（试行）》的通知	
	2016年7月	上饶市人民政府办公厅关于印发简化优化公共服务流程方便基层群众办事创业工作方案的通知	饶府厅字〔2016〕68号
	2017年11月	上饶市人民政府办公厅关于印发上饶市深入推进科技特派员制度实施方案的通知	饶府厅发〔2017〕32号
抚州市	2015年6月	抚州市人民政府办公室关于印发抚州市银行业金融机构支持大众创业万众创新的实施意见的通知	抚府办字〔2015〕31号
	2016年4月	抚州市人民政府关于印发全面推进大众创业万众创新实施意见的通知	抚府发〔2016〕9号
	2016年5月	抚州市人民政府办公室印发关于改进加强市级科研项目和资金管理的若干意见的通知	抚府办发〔2016〕38号
	2016年6月	抚州市国土资源局关于印发降低企业成本优化发展环境实施意见的通知	抚国土资发〔2016〕17号
	2017年1月	抚州市人民政府办公室印发关于进一步做好新形势下就业创业工作的实施意见和关于支持农民工等人员返乡创业的实施意见的通知	抚府办发〔2017〕7号
	2017年12月	抚州市人民政府关于做好当前和今后一段时期就业创业工作的实施意见	抚府发〔2017〕32号
	2018年6月	中共抚州市委抚州市人民政府关于进一步优化营商环境的实施意见	抚发〔2018〕10号
	2019年1月	抚州市人民政府印发关于做好当前和今后一个时期促进就业工作实施意见的通知	抚府发〔2019〕2号

续表

地区	发布时间	政策名称	发文字号
抚州市	2019 年 2 月	抚州市推进创新型城市建设实施方案（2018—2020 年）	
	2019 年 8 月	关于进一步支持文化产业发展的若干意见	
	2020 年 1 月	抚州市贯彻落实《江西省中长期青年发展规划（2018—2025 年）》的实施意见	
新余市	2015 年 11 月	新余市人民政府关于大力推进大众创业万众创新若干政策措施的意见	余府发〔2015〕25 号
	2015 年 12 月	新余市人民政府办公室关于印发新余市鼓励农民工等人员返乡创业三年行动计划纲要（2015—2017 年）的通知	余府办发〔2015〕93 号
	2017 年 1 月	新余市人民政府关于加快推进制造业与互联网融合发展的实施意见	余府发〔2017〕2 号
	2017 年 3 月	新余市人民政府关于创新驱动“3315”工程的实施意见	余府发〔2017〕8 号
	2017 年 12 月	新余市人民政府关于进一步做好全市就业创业工作的意见	余府发〔2017〕29 号
	2018 年 5 月	中共新余市委新余市人民政府印发《关于实施促进人才发展政策三十条的意见》的通知	余发〔2018〕10 号
	2019 年 1 月	新余市人民政府关于进一步落实当前和今后一个时期促进就业工作若干政策的实施意见	余府发〔2019〕4 号
萍乡市	2013 年 2 月	萍乡市人民政府办公室印发关于在主要产业园区（基地）创建科技园区指导性意见的通知	萍府发〔2013〕2 号
	2015 年 7 月	萍乡市人民政府关于稳增长促发展的实施意见	萍府发〔2015〕9 号
	2017 年 12 月	萍乡市人民政府办公室关于印发萍乡市贯彻落实促进中部地区崛起“十三五”规划实施方案的通知	萍府办发〔2017〕56 号
	2019 年 1 月	萍乡市人民政府印发关于做好当前和今后一个时期促进就业工作若干政策措施的通知	萍府发〔2019〕3 号
	2019 年 11 月	萍乡市人民政府办公室关于印发萍乡市对接长江三角洲区域一体化发展规划分工方案的通知	萍府办字〔2019〕46 号
	2020 年 4 月	萍乡市人民政府办公室关于印发萍乡市贯彻落实江西省人民政府支持赣西转型升级推动高质量跨越式发展的若干意见分工方案的通知	萍府办字〔2020〕27 号

二、江西省孵化器发展的相关数据指标情况

（一）江西省孵化器名录

近年来，江西省孵化器平台进入快速发展阶段，一大批国家级及省级孵化器平台不断涌现，截至 2020 年 4 月底，江西省共有国家级科技企业孵化器 21 个、省级科技企业孵化器 64 个、国家备案众创空间 51 个、省级众创空间 121 个，具体名录见附表 3～附表 6。

附表 3　江西省国家级科技企业孵化器名单

序号	名称	认定时间	所属地	单位性质
1	南昌高新区创业服务中心	2006 年	南昌	政府所属事业单位企业化管理
2	江西省高新技术创业服务中心	2007 年	南昌	政府所属事业单位企业化管理
3	南昌大学科技园发展有限公司	2007 年	南昌	国有企业机构
4	九江恒盛科技发展有限责任公司	2012 年	九江	民营企业机构
5	江西桑海生物高科孵化器发展有限公司	2012 年	南昌	民营企业机构
6	新余高新区科技孵化器有限公司	2013 年	新余	国有企业机构
7	江西南昌启迪科技企业孵化器	2014 年	南昌	民营企业机构
8	江西北大科技园科技企业孵化器有限公司	2016 年	南昌	民营企业机构
9	景德镇合盛科技企业孵化器有限公司	2016 年	景德镇	国有企业机构
10	江西吉安中兴工业城科技企业孵化器	2016 年	吉安	民营企业机构
11	江西省科学院科技企业孵化器	2016 年	南昌	国有企业机构
12	九江津晶城科技企业孵化器	2016 年	九江	民营企业机构
13	江西抚州高新区科技企业孵化器	2017 年	抚州	国有企业机构
14	赣州市科技企业孵化器	2017 年	赣州	国有企业机构
15	赣州恒科东方实业有限公司	2017 年	赣州	民营企业机构
16	抚州天势科技企业孵化器	2017 年	抚州	民营企业机构
17	先锋移动互联网科技企业孵化器	2017 年	南昌	民营企业机构
18	赣州红色文化创意产业园科技企业孵化器	2017 年	赣州	民营企业机构
19	南昌工程学院大学科技园	2019 年	南昌	国有企业机构
20	南昌小蓝创新创业基地科技企业孵化器	2019 年	南昌	民营企业机构
21	赣州高新区科技企业孵化器	2019 年	赣州	国有企业机构

附表 4　江西省省级科技企业孵化器名单

序号	名称	认定时间	所属地	单位性质
1	江西南昌高新区软件科技园高新技术创业服务中心	2013 年	南昌	国有企业机构
2	丰城企程科技企业孵化器有限公司	2014 年	宜春	国有企业机构
3	莲花县民营科技园科技企业孵化器	2014 年	萍乡	民营企业机构
4	萍乡环保产业科技企业孵化器	2014 年	萍乡	国有企业机构
5	江西广裕科技企业孵化器	2014 年	吉安	民营企业机构
6	江西龙谷科技企业孵化器	2015 年	上饶	民营企业机构
7	江西浙大中凯科技企业孵化器	2016 年	南昌	国有企业机构
8	新余金利达科技企业孵化器	2016 年	新余	境内外合资民营企业机构

续表

序号	名称	认定时间	所属地	单位性质
9	江西捷一科技企业孵化器	2016 年	宜春	民营企业机构
10	东鑫实业科技企业孵化器	2016 年	抚州	民营企业机构
11	江西昌大瑞丰科技企业孵化器	2016 年	南昌	国有企业机构
12	九江学院科技企业孵化器	2016 年	九江	国有企业机构
13	景德镇大学生陶瓷创业孵化园科技企业孵化器	2016 年	景德镇	国有企业机构
14	安远县电子商务科技企业孵化器	2016 年	赣州	政府所属事业单位企业化管理
15	江西万创电商科技企业孵化器	2016 年	上饶	民营企业机构
16	宁都县电子商务科技企业孵化器	2016 年	赣州	民营企业机构
17	章贡区软件产业科技企业孵化器	2017 年	赣州	民营企业机构
18	南昌工学院科技企业孵化器	2017 年	南昌	民营企业机构
19	九江中瀚科技企业孵化器	2017 年	九江	民营企业机构
20	横峰四梦科技企业孵化器	2017 年	上饶	民营企业机构
21	腾讯科技企业孵化器（南昌）	2017 年	南昌	民营企业机构
22	赣州飞天科技企业孵化器	2017 年	赣州	民营企业机构
23	华东交通大学科技企业孵化器	2017 年	南昌	政府所属事业单位企业化管理
24	企服通科技企业孵化器	2017 年	南昌	民营企业机构
25	江西省大学生创新创业科技企业孵化器	2017 年	南昌	民营企业机构
26	樟树市中药饮片及保健品小微企业科技企业孵化器	2017 年	宜春	国有企业机构
27	万载县科技企业孵化器	2017 年	宜春	民营企业机构
28	792 创意园科技企业孵化器	2017 年	九江	民营企业机构
29	上饶高新区科技企业孵化器	2017 年	上饶	民营企业机构
30	新瑞达科技企业孵化器	2017 年	赣州	民营企业机构
31	龙南经济技术开发区科技企业孵化器	2017 年	赣州	国有企业机构
32	安远工发科创科技企业孵化器	2017 年	赣州	政府所属事业单位企业化管理
33	泰豪软件园小微企业科技企业孵化器	2017 年	南昌	民营企业机构
34	科骏 AR 科技企业孵化器	2017 年	南昌	民营企业机构
35	支点科技企业孵化器	2017 年	新余	民营企业机构
36	万年慧谷创新创业科技企业孵化器	2017 年	上饶	民营企业机构
37	芦溪县飞天互联网+科技企业孵化器	2017 年	萍乡	民营企业机构
38	东华理工大学科技企业孵化器	2018 年	抚州	国有企业机构
39	信丰信明科技企业孵化园	2018 年	赣州	民营企业机构
40	新干安郡科技企业孵化器	2018 年	吉安	民营企业机构

续表

序号	名称	认定时间	所属地	单位性质
41	吉安螃蟹王国科技有限公司互联网+众创电商产业科技企业孵化器	2018 年	吉安	民营企业机构
42	九江新兴产业双创示范基地	2018 年	九江	国有企业机构
43	微盟创客咖啡	2018 年	九江	民营企业机构
44	汉昀孵化器	2018 年	南昌	境内外合资民营企业机构
45	味粽创客空间	2018 年	南昌	民营企业机构
46	豫章 1 号文化科技园	2018 年	南昌	民营企业机构
47	南昌中兴科技园企业孵化器	2018 年	南昌	民营企业机构
48	南昌（国家）大学科技城	2018 年	南昌	政府所属事业单位企业化管理
49	南氏科技创新产业园	2018 年	宜春	民营企业机构
50	鹰潭高新区颐高互联网+创业园科技企业孵化器	2018 年	鹰潭	民营企业机构
51	安郡科技企业孵化器	2018 年	上饶	民营企业机构
52	江西师大科技园科技企业孵化器	2019 年	南昌	国有企业机构
53	上饶数字经济科技企业孵化器（上饶数字经济科创孵化中心）	2019 年	上饶	民营企业机构
54	青年谷创意产业园	2019 年	宜春	民营企业机构
55	上饶市创新创业产业孵化中心	2019 年	上饶	国有企业机构
56	泰和县工业园区电子信息科技企业孵化器	2019 年	吉安	国有企业机构
57	恒科产业园	2019 年	赣州	民营企业机构
58	抚州创客空间科技企业孵化器	2019 年	抚州	民营企业机构
59	赣南师范大学科技企业孵化器（江西赣师科技发展有限公司）	2019 年	赣州	国有企业机构
60	吉安县科技企业孵化器	2019 年	吉安	国有企业机构
61	江西企创科技企业孵化器	2019 年	萍乡	民营企业机构
62	弋阳县科技创业园孵化器	2019 年	上饶	国有企业机构
63	绿冬智能制造产业园	2019 年	九江	民营企业机构
64	九江产教融合发展中心科技企业孵化器	2019 年	九江	政府所属事业单位企业化管理

附表 5 江西省国家备案众创空间名单及基本情况

序号	名称	运营管理主体	认定时间	所属地	单位性质
1	中青数媒 APP 创客之家	中青数媒科技发展有限公司	2016 年	九江	民营企业机构
2	星火众创空间	南昌大学科技园发展有限公司	2016 年	南昌	国有企业机构

续表

序号	名称	运营管理主体	认定时间	所属地	单位性质
3	江西省科学院科创空间	江西省科院科技园发展有限公司	2016 年	南昌	国有企业机构
4	企服通众创空间	江西企业服务股份有限公司	2016 年	南昌	民营企业机构
5	微盟创客	九江微盟信息技术有限公司	2016 年	九江	民营企业机构
6	清华梦工场	诚志科技园（江西）发展有限公司	2016 年	南昌	国有企业机构
7	泰豪众创空间	南昌泰豪动漫园区服务有限公司	2016 年	南昌	民营企业机构
8	江财众创空间	江西智盛企业管理有限公司	2016 年	南昌	民营企业机构
9	99 创业咖啡	南昌佰分佰咨询服务有限公司	2016 年	南昌	民营企业机构
10	味粽空间	江西慧谷互联商业运营管理有限公司	2016 年	南昌	民营企业机构
11	恒盛众创空间	九江恒盛科技发展有限责任公司	2017 年	九江	民营企业机构
12	青年谷众创空间	江西青年谷信息产业有限公司	2017 年	宜春	民营企业机构
13	中科（赣州）科创智库众创空间	赣州市创业服务中心有限公司	2017 年	赣州	国有企业机构
14	绿地心客众创平台	江西心客投资有限公司	2017 年	南昌	民营企业机构
15	中航长江设计师众创空间	中航长江建设工程有限公司	2017 年	南昌	民营企业机构
16	北大资源众创（南昌）	江西北大科技园科技企业孵化器有限公司	2017 年	南昌	国有企业机构
17	瑶湖众创	江西师大科技园发展有限公司	2017 年	南昌	国有企业机构
18	腾讯众创空间（南昌）	江西问鼎互联网服务有限公司	2017 年	南昌	民营企业机构
19	菜鸟众创空间	江西美窝创业投资有限公司	2017 年	南昌	民营企业机构
20	汉昀众创空间	江西汉昀孵化器有限公司	2017 年	南昌	民营企业机构
21	赣源梦工坊	赣南师范大学科技园	2017 年	赣州	国有企业机构
22	哇陶众创空间	景德镇市哇陶众创空间投资管理有限公司	2017 年	景德镇	民营企业机构
23	陶瓷梦工场	景德镇大学生陶瓷创业孵化园发展有限公司	2017 年	景德镇	国有企业机构

续表

序号	名称	运营管理主体	认定时间	所属地	单位性质
24	飞麦坊	萍乡市飞麦电子商务有限公司	2017 年	萍乡	民营企业机构
25	宜职众创空间	宜春职业技术学院	2017 年	宜春	政府所属事业单位企业化管理
26	赣州国际企业中心众创空间	赣州恒科东方实业有限公司	2017 年	赣州	民营企业机构
27	一杯（E-Bank）众创	江西天势资产管理有限公司	2017 年	抚州	民营企业机构
28	吉安创客空间	吉安人文谷创客空间小微企业服务有限公司	2017 年	吉安	民营企业机构
29	鹰潭高新区颐高万创空间	鹰潭颐高智慧科技发展有限公司	2017 年	鹰潭	民营企业机构
30	红米谷众创空间	江西红米谷孵化企业发展有限公司	2017 年	吉安	民营企业机构
31	优联众创空间	江西优联投资集团有限公司	2017 年	南昌	民营企业机构
32	南工智创空间	江西南工科技发展有限公司	2017 年	南昌	国有企业机构
33	江财 MBA 创业中心	江西江财文化传播有限公司	2017 年	南昌	民营企业机构
34	鄱阳创客工场	江西鄱商网络科技有限公司	2017 年	上饶	民营企业机构
35	支点众创空间	新余支点创业投资管理有限责任公司	2017 年	新余	民营企业机构
36	新瑞达众创空间	瑞金市飞麦电子商务有限公司	2017 年	赣州	民营企业机构
37	津晶城众创空间	江西津晶城实业有限公司	2017 年	九江	民营企业机构
38	科骏 AR 产业众创空间	江西科骏实业有限公司	2017 年	南昌	民营企业机构
39	浙江大学国家大学科技园（江西）创客工场	江西浙大中凯科技园发展有限公司	2017 年	南昌	国有企业机构
40	小蓝创新创业众创空间	南昌小蓝创新创业基地管理有限公司	2017 年	南昌	国有企业机构
41	航天科工江西科创空间	江西航天科创发展有限公司	2017 年	南昌	国有企业机构
42	翰林陶瓷众创空间	景德镇翰林陶瓷创意服务有限公司	2017 年	景德镇	民营企业机构
43	南昌高新区大学生创新创业园	江西省青年众创创业服务有限公司	2020 年	南昌	民营企业机构
44	抚州高新区科技企业众创空间	抚州高新区创新创业服务中心有限公司	2020 年	抚州	国有企业机构

续表

序号	名称	运营管理主体	认定时间	所属地	单位性质
45	华东交通大学众创空间	华东交通大学	2020 年	南昌	政府所属事业单位企业化管理
46	科创众创空间	萍乡市科创力科技有限公司	2020 年	萍乡	民营企业机构
47	瑞华众创空间	江西瑞华科工贸有限公司	2020 年	南昌	民营企业机构
48	抚创空间	抚州市创客空间科技孵化器有限公司	2020 年	抚州	民营企业机构
49	赣西南师傅众创空间	江西赣西电商发展有限公司	2020 年	宜春	民营企业机构
50	“互联网+中国传统文化创意”众创空间	吉安螃蟹王国科技有限公司	2020 年	吉安	民营企业机构
51	赣坊 1969 青创公社	赣州海邦文化产业发展有限公司	2020 年	赣州	民营企业机构

附表 6　江西省省级众创空间名单及基本情况

序号	名称	运营管理主体	认定时间	所属地	单位性质
1	先锋天使咖啡众创空间	先锋软件股份有限公司	2016 年	南昌	民营企业机构
2	合盛创新创意工场	景德镇合盛科技企业孵化器有限公司	2016 年	景德镇	国有企业机构
3	江测创客坊	江西省高新技术创业服务中心	2016 年	南昌	政府所属事业单位企业化管理
4	网易（有道）国信众创空间	江西国信网络科技有限公司	2016 年	南昌	民营企业机构
5	电商众创空间	江西捷一商务服务有限公司	2016 年	宜春	民营企业机构
6	心客众创咖啡	江西心客酒店管理有限公司	2016 年	南昌	民营企业机构
7	环保产业孵化众创空间	萍乡市安源区生产力促进中心	2016 年	萍乡	政府所属事业单位企业化管理
8	中兴创客中心	江西中兴工业城有限公司	2016 年	吉安	民营企业机构
9	南昌大学汇智创客空间	南昌大学	2016 年	南昌	政府所属事业单位企业化管理
10	大美众创空间	江西大美科技股份有限公司	2016 年	南昌	民营企业机构
11	龙谷创客茶馆	江西龙谷孵化器服务有限公司	2016 年	上饶	民营企业机构
12	东鑫电子商务创业园	黎川县东鑫实业有限公司	2016 年	抚州	民营企业机构
13	江西理工大学科技园众创空间	赣州市企业技术创新促进中心有限公司	2016 年	赣州	国有企业机构

续表

序号	名称	运营管理主体	认定时间	所属地	单位性质
14	章江众创空间	章贡区章江众创空间科技服务中心	2016 年	赣州	民营企业机构
15	萍水缘众创	萍乡市商派电子商务创业园有限公司	2016 年	萍乡	民营企业机构
16	1+1 众创空间	江西云镜电子商务产业园有限公司	2016 年	宜春	民营企业机构
17	光明创客空间	江西世纪光明电子商务孵化园管理有限公司	2016 年	赣州	民营企业机构
18	国美天城暨村淘电商创客空间	江西天城一品电子商务有限公司	2016 年	抚州	民营企业机构
19	微创空间	江西林垦科技有限公司	2016 年	南昌	民营企业机构
20	吉安微网众创空间	吉安市微网创业人力资源服务有限公司	2016 年	吉安	民营企业机构
21	多美众创空间	江西多美电子商务有限公司	2016 年	上饶	民营企业机构
22	Dream8	江西亿源红电子商务有限公司	2016 年	抚州	民营企业机构
23	奉合众创空间	江西奉合电子商务有限公司	2016 年	宜春	国有企业机构
24	豫章 1 号众创空间	江西江豫文化发展有限公司	2016 年	南昌	民营企业机构
25	江西省青创空间	江西省青少年事业服务中心	2016 年	南昌	政府所属事业单位企业化管理
26	大业东方众创空间	上饶市锦辉实业有限公司	2016 年	上饶	民营企业机构
27	蓝青创客工场	上饶市信州区青年互联网创业服务中心	2016 年	上饶	政府所属事业单位企业化管理
28	四梦众创园	横峰县飞天麦光光投资管理有限公司	2016 年	上饶	民营企业机构
29	蓝青梦创工场	九江学院	2016 年	九江	政府所属事业单位企业化管理
30	三客众创空间	江西省太亚科技有限公司	2016 年	上饶	民营企业机构
31	童年梦-创客空间	江西忆童年电子商务有限公司	2016 年	宜春	民营企业机构
32	宋城壹号青年家园众创空间	赣州市七一五文化创意投资有限公司	2016 年	赣州	民营企业机构
33	赣州飞天众创空间	赣州飞鹏电子商务有限公司	2016 年	赣州	民营企业机构
34	七八九零众创空间	江西七八九零众创科技发展有限公司	2016 年	上饶	民营企业机构
35	知交中心众创空间	江西省青年知识产权交易中心服务有限公司	2016 年	九江	民营企业机构

续表

序号	名称	运营管理主体	认定时间	所属地	单位性质
36	赣州高新区电子商务创业孵化园	江西三润天成电子商务有限公司	2016年	赣州	民营企业机构
37	井大阳光城众创空间	吉安市富润文化传媒有限公司	2016年	吉安	民营企业机构
38	龙南县电子商务产业园众创空间	龙南县商务综合行政执法大队	2016年	赣州	政府所属事业单位企业化管理
39	比玉堂青陶汇	景德镇比玉堂瓷文化传播有限公司	2016年	景德镇	民营企业机构
40	中国调味料商城创客工场	江西省加乐食品有限公司	2016年	抚州	民营企业机构
41	万安电商创客空间	万安县电子商务产业办公室	2016年	吉安	政府所属事业单位企业化管理
42	唏唏哩咖啡厅	贵溪大众民生供销实业有限公司	2016年	鹰潭	民营企业机构
43	红色文化创客平台	赣州红色文化创意产业发展有限公司	2016年	赣州	民营企业机构
44	因为有你众创空间	江西码客街科技有限公司	2017年	南昌	民营企业机构
45	云才众创空间	江西汇鼎企业管理咨询有限公司	2017年	南昌	民营企业机构
46	南航金轩知识产权众创空间	南昌金轩科技有限公司	2017年	南昌	民营企业机构
47	江西经济管理干部学院电子商务创客空间	南昌如鱼电子商务有限公司	2017年	南昌	民营企业机构
48	江西好吖好电商创业园	江西好吖好电子商务有限公司	2017年	南昌	民营企业机构
49	上饶创梦空间创业园	上饶职业技术学院	2017年	上饶	政府所属事业单位企业化管理
50	宜丰县科创众创空间	江西良中电子商务有限公司	2017年	宜春	民营企业机构
51	安郡创客空间	江西安郡园区管理有限公司	2017年	上饶	民营企业机构
52	红绿蓝众创空间	江西红绿蓝科技有限公司	2017年	南昌	民营企业机构
53	新元素众创空间	江西新元素创业服务有限公司	2017年	萍乡	民营企业机构
54	江西旅创空间	江西康辉国际旅行社有限责任公司	2017年	南昌	民营企业机构
55	聚空间	江西聚空间资产管理有限公司	2017年	南昌	民营企业机构
56	新干安郡众创空间	新干安郡电子商务园区运营管理有限公司	2017年	吉安	民营企业机构
57	南昌工学院众创空间	江西超弦控股有限公司	2017年	南昌	民营企业机构
58	792创意园	九江津晶城众创投资发展有限公司	2017年	九江	民营企业机构

续表

序号	名称	运营管理主体	认定时间	所属地	单位性质
59	余江区返乡创业众创空间	余江区工业园区劳动保障所电商创业孵化基地管理办公室	2017 年	鹰潭	政府所属事业单位企业化管理
60	青创空间	抚州市启智实业有限公司	2017 年	抚州	民营企业机构
61	弋电园众创空间	弋阳县汇本科技有限责任公司	2017 年	上饶	民营企业机构
62	猪八戒江科 O2O 众创空间	江西悟能创新创业园经营管理有限公司	2017 年	南昌	民营企业机构
63	兴国聚众文化科技创意园	兴国春天文化传媒有限公司	2017 年	赣州	民营企业机构
64	玉山县梦想众创空间	江西玉都投资开发有限公司	2017 年	上饶	国有企业机构
65	南昌创客邦	南昌创邦投资管理有限公司	2017 年	南昌	民营企业机构
66	e 邮领客空间	中国邮政集团有限公司上饶市分公司	2017 年	上饶	国有企业机构
67	三元众创空间	江西应用科技学院	2017 年	南昌	政府所属事业单位企业化管理
68	三十六步众创空间	江西美尔丝瓜络有限公司	2017 年	抚州	民营企业机构
69	江西“锦囊”众创空间	江西锦囊商旅信息有限公司	2017 年	九江	民营企业机构
70	井冈山电子商务产业园众创空间	井冈山杰夫电子商务有限公司	2017 年	吉安	民营企业机构
71	万年慧谷众创空间	江西慧谷创新创业服务有限公司	2017 年	上饶	民营企业机构
72	江西祥和物流园众创空间	江西祥和电子商务有限公司	2017 年	吉安	民营企业机构
73	去搜宝创客之家	崇仁县去搜宝科技有限公司	2018 年	抚州	民营企业机构
74	米趣众创空间	宜黄县公共就业人才服务局	2018 年	抚州	政府所属事业单位企业化管理
75	宁都飞麦众创空间	宁都县飞天工艺品有限公司	2018 年	赣州	民营企业机构
76	宁都赖沙众创空间	宁都诚果电子商务有限公司	2018 年	赣州	民营企业机构
77	全南创新创业（电商）园众创空间	全南县兆通科技发展有限公司	2018 年	赣州	民营企业机构
78	信丰信明众创孵化园	江西信明坊食品发展有限公司	2018 年	赣州	民营企业机构
79	江西应用技术职业学院应讯联智创空间	赣州企强网络科技有限公司	2018 年	赣州	民营企业机构
80	章贡区软件产业孵化园	科睿特软件集团股份有限公司	2018 年	赣州	民营企业机构

续表

序号	名称	运营管理主体	认定时间	所属地	单位性质
81	吉安市青草源众创空间	江西联合智创商业运营管理有限公司	2018 年	吉安	民营企业机构
82	湖口颐高众创空间	九江颐高互联网科技有限公司	2018 年	九江	民营企业机构
83	九江火炬创客工场	九江市产业技术研究院	2018 年	九江	政府所属事业单位企业化管理
84	九江市“互联网+”创新创业综合示范区	九江沙悟净创新创业园经营管理有限公司	2018 年	九江	民营企业机构
85	彭泽县为民众创空间	彭泽县为民小微企业创业园有限公司	2018 年	九江	民营企业机构
86	瑞昌市电子商务创业孵化基地	瑞昌市创新创业孵化服务有限公司	2018 年	九江	民营企业机构
87	武宁县电商（新动能）产业园	武宁县众创电子商务有限公司	2018 年	九江	民营企业机构
88	中瀚国际众创空间	九江中瀚实业集团有限公司	2018 年	九江	民营企业机构
89	赣江新区（永修）新经济孵化器	江西赣江新区博创孵化器服务有限公司	2018 年	九江	民营企业机构
90	江西省跨境电商创业示范基地众创空间	南昌友天腾科技有限公司	2018 年	南昌	民营企业机构
91	南昌洪泰智造工场	南昌洪泰同创科技园管理有限公司	2018 年	南昌	民营企业机构
92	蚂蚁众投	南昌蚂蚁众投投资管理有限公司	2018 年	南昌	民营企业机构
93	泰豪迭代创空间	南昌泰豪软件园创业服务有限公司	2018 年	南昌	民营企业机构
94	航天众创空间	南昌理工科技园有限公司	2018 年	南昌	国有企业机构
95	水投三分地现代农业众创空间	江西省水投三分地农业产业孵化器管理有限公司	2018 年	南昌	民营企业机构
96	国邦众创空间	江西省国邦文化创业园有限公司	2018 年	南昌	民营企业机构
97	8090 梦工厂	江西海淦投资管理有限公司	2018 年	南昌	民营企业机构
98	悦创空间	南昌悦创科技有限公司	2018 年	南昌	民营企业机构
99	江西农业大学大学生众创空间“惟义青创园”	江西农业大学	2018 年	南昌	政府所属事业单位企业化管理
100	虹裕造梦空间	萍乡虹裕造梦空间商业管理有限公司	2018 年	萍乡	民营企业机构
101	博创众创空间	上饶市博通科技企业孵化器有限公司	2018 年	上饶	民营企业机构
102	犹温电子商务众创空间	上饶市广丰区犹温众创信息咨询有限公司	2018 年	上饶	民营企业机构

续表

序号	名称	运营管理主体	认定时间	所属地	单位性质
103	横峰新天地众创园	江西我家生态农业发展有限公司	2018 年	上饶	民营企业机构
104	新华龙梦想众创空间	上饶市新华龙物流有限公司	2018 年	上饶	民营企业机构
105	布衣传说创客空间	婺源县好时服饰有限公司	2018 年	上饶	民营企业机构
106	江西省数字经济示范区众创空间	上饶高铁经济试验区投资建设有限公司	2018 年	上饶	国有企业机构
107	丰创众创空间	丰城企程科技企业孵化器有限公司	2018 年	宜春	国有企业机构
108	靖安水木众创空间	靖安县创辉投资开发有限公司	2018 年	宜春	国有企业机构
109	江西科创企服汇	江西科创信息产业发展有限公司	2018 年	宜春	民营企业机构
110	宜春市大数据产业众创空间	宜春市大数据产业运营有限公司	2018 年	宜春	国有企业机构
111	云健康众创空间	江西云健康电子商务有限公司	2018 年	宜春	民营企业机构
112	江西农业工程职业学院大学生创业基地	江西农业工程职业学院	2018 年	宜春	政府所属事业单位企业化管理
113	LED 铜线灯众创空间	鹰潭恺坤实业有限公司	2018 年	鹰潭	民营企业机构
114	鹰潭电商众创园	鹰潭市飞麦电子商务有限公司	2018 年	鹰潭	民营企业机构
115	比邦电子智能众创空间	赣州市比邦数码科技有限公司	2019 年	赣州	民营企业机构
116	瑞昌市华中国际木业众创空间	瑞昌市华中国际木业创业孵化基地服务中心	2019 年	九江	民营企业机构
117	九江万其创新创业园	江西万其电子商务有限公司	2019 年	九江	民营企业机构
118	香谷众创空间	金溪香谷文化发展有限公司	2019 年	抚州	民营企业机构
119	江西师范高等专科学校大学生创业中心	江西师范高等专科学校	2019 年	鹰潭	政府所属事业单位企业化管理
120	九江（颐高）互联网创业中心	九江微巢互联网科技有限公司	2019 年	九江	民营企业机构
121	红樟众创空间	江西红樟企业孵化管理有限公司	2019 年	吉安	民营企业机构

（二）江西省与我国其他省份孵化器发展的基本情况对比①

近年来，虽然江西省孵化器平台在孵化基础、体量、规模、能力等方面得到显著加强与提升，但与我国其他发达省份的差距仍然明显，具体数据指标情况如附表 7～附表 15 所示。

① 该部分数据仅代表列入火炬计划统计的科技企业孵化器及众创空间情况。

附表 7　江西省与我国其他省份和组织孵化器发展基本情况一

单位：个

省份（组织）	2017 年						2018 年						2019 年					
	孵化器总数	科技企业孵化器数量	众创空间数量	国家级孵化器总数	国家级科技企业孵化器数量	国家备案众创空间数量	孵化器总数	科技企业孵化器数量	众创空间数量	国家级孵化器总数	国家级科技企业孵化器数量	国家备案众创空间数量	孵化器总数	科技企业孵化器数量	众创空间数量	国家级孵化器总数	国家级科技企业孵化器数量	国家备案众创空间数量
北　京	291	106	185	203	54	149	299	152	147	198	55	143	375	130	245	200	61	139
天　津	226	71	155	109	32	77	223	72	151	109	33	76	272	81	191	106	33	73
河　北	497	139	358	106	23	83	721	228	493	103	23	80	764	251	513	110	33	77
山　西	213	44	169	46	12	34	276	59	217	47	13	34	376	62	314	46	14	32
内蒙古	174	40	134	55	10	45	233	51	182	53	10	43	198	50	148	51	12	39
辽　宁	250	72	178	97	30	67	248	68	180	93	27	66	261	67	194	90	30	60
吉　林	199	94	105	40	22	18	236	112	124	39	21	18	203	93	110	40	22	18
黑龙江	206	158	48	44	16	28	206	178	28	44	16	28	236	182	54	44	19	25
上　海	348	176	172	125	49	76	332	180	152	116	47	69	339	175	164	115	55	60
江　苏	1198	610	588	344	175	169	1394	695	699	343	175	168	1668	832	836	367	201	166
浙　江	650	235	415	188	68	120	943	321	622	187	68	119	1072	363	709	195	82	113
安　徽	272	139	133	66	25	41	422	157	265	66	25	41	442	170	272	72	32	40
福　建	411	115	296	64	12	52	425	144	281	63	11	52	487	135	352	65	15	50
江　西	**156**	**51**	**105**	**60**	**18**	**42**	**165**	**53**	**112**	**60**	**18**	**42**	**236**	**62**	**174**	**63**	**21**	**42**
山　东	787	303	484	282	84	198	958	378	580	274	83	191	984	358	626	278	96	182
河　南	302	148	154	74	36	38	372	169	203	74	36	38	396	167	229	82	44	38
湖　北	343	176	167	101	45	56	467	192	275	106	45	61	553	216	337	112	53	59

续表

省份（组织）	2017年						2018年						2019年					
	孵化器总数	科技企业孵化器数量	众创空间数量	国家级孵化器总数	国家级科技企业孵化器数量	国家备案众创空间数量	孵化器总数	科技企业孵化器数量	众创空间数量	国家级孵化器总数	国家级科技企业孵化器数量	国家备案众创空间数量	孵化器总数	科技企业孵化器数量	众创空间数量	国家级孵化器总数	国家级科技企业孵化器数量	国家备案众创空间数量
湖　南	195	70	125	66	19	47	262	85	177	65	19	46	275	89	186	69	24	45
广　东	1446	754	692	337	109	228	1678	962	716	336	108	228	1965	1013	952	372	150	222
广　西	147	74	73	31	10	21	210	89	121	30	10	20	242	106	136	35	15	20
海　南	13	5	8	7	1	6	32	6	26	7	1	6	32	8	24	7	2	5
重　庆	279	49	230	59	16	43	280	65	215	58	16	42	291	77	214	61	19	42
四　川	265	143	122	93	29	64	303	147	156	91	28	63	343	168	175	96	34	62
贵　州	92	29	63	30	6	24	109	31	78	31	6	25	124	42	82	31	8	23
云　南	145	32	113	48	12	36	165	33	132	46	11	35	162	40	122	46	13	33
西　藏	1	1	0	1	1	0	1	1	0	1	1	0	3	1	2	3	1	2
陕　西	262	85	177	102	31	71	293	69	224	101	30	71	406	122	284	104	33	71
甘　肃	266	84	182	38	8	30	301	86	215	37	8	29	286	79	207	39	10	29
青　海	15	11	4	9	5	4	50	14	36	16	5	11	60	14	46	17	6	11
宁　夏	34	17	17	9	4	5	50	18	32	11	4	7	21	15	6	10	4	6
新　疆	72	24	48	32	9	23	73	24	49	32	9	23	92	29	63	32	9	23
新疆生产建设兵团	48	9	39	16	5	11	61	10	51	17	5	12	42	9	33	16	4	12

附表 8　江西省与我国其他省份和组织孵化器发展基本情况二　单位：个

省份（组织）	2017 年			2018 年			2019 年		
	专业型孵化器总数	国家级专业型孵化器	非国家级专业型孵化器	专业型孵化器总数	国家级专业型孵化器	非国家级专业型孵化器	专业型孵化器总数	国家级专业型孵化器	非国家级专业型孵化器
北　京	46	25	21	52	26	26	53	31	22
天　津	23	11	12	22	10	12	19	10	9
河　北	29	2	27	46	2	44	46	2	44
山　西	6	3	3	9	4	5	11	5	6
内蒙古	14	4	10	16	4	12	16	5	11
辽　宁	21	14	7	23	12	11	22	12	10
吉　林	38	8	30	39	7	32	35	8	27
黑龙江	34	4	30	34	4	30	34	3	31
上　海	128	35	93	130	33	97	126	39	87
江　苏	111	29	82	157	48	109	183	54	129
浙　江	58	15	43	87	15	72	95	22	73
安　徽	32	6	26	41	6	35	45	7	38
福　建	38	5	33	43	4	39	35	5	30
江　西	**13**	**5**	**8**	**14**	**5**	**9**	**15**	**5**	**10**
山　东	125	34	91	148	34	114	135	42	93
河　南	28	8	20	32	9	23	33	11	22
湖　北	53	17	36	61	17	44	72	19	53
湖　南	11	4	7	15	4	11	11	5	6
广　东	253	59	194	313	59	254	314	87	227
广　西	21	3	18	26	2	24	33	3	30
海　南	1	1	0	1	1	0	2	1	1
重　庆	15	8	7	16	7	9	23	10	13
四　川	30	7	23	30	7	23	30	11	19
贵　州	6	3	3	9	3	6	14	3	11
云　南	4	3	1	5	3	2	5	3	2
西　藏	0	0	0	0	0	0	0	0	0
陕　西	42	20	22	36	19	17	47	18	29
甘　肃	14	2	12	13	2	11	12	2	10
青　海	0	0	0	0	0	0	0	0	0
宁　夏	3	1	2	3	1	2	2	1	1
新　疆	7	4	3	7	4	3	8	4	4
新疆生产建设兵团	1	0	1	1	0	1	1	0	1

附表 9　江西省与我国其他省份和组织孵化器发展基本情况三

省份（组织）	2017 年				2018 年				2019 年			
	在孵企业数/个	在孵企业总收入/亿元	累计毕业企业数/个	收入达5000 万元及以上毕业企业数/个	在孵企业数/个	在孵企业总收入/亿元	累计毕业企业数/个	收入达5000 万元及以上毕业企业数/个	在孵企业数/个	在孵企业总收入/亿元	累计毕业企业数/个	收入达5000 万元及以上毕业企业数/个
北　京	6 717	540.28	9 817	97	9 629	746.35	14 986	114	9 444	680.13	15 091	122
天　津	4 264	84.65	1 868	58	4 263	79.66	2 220	58	4 309	85.59	2 479	65
河　北	4 907	212.24	2 552	76	6 788	201.01	3 535	83	7 725	188.19	4 401	75
山　西	1 956	59.43	1 100	12	2 435	70.81	1 797	17	2 543	63.9	2 025	26
内蒙古	1 588	67.59	1 116	24	1 926	90.98	1 621	9	1 842	75.17	1 890	11
辽　宁	3 953	107.54	3 832	56	3 940	93.96	3 912	26	3 947	93.91	4 114	37
吉　林	3 214	130.38	1 464	49	3 616	131.69	1 932	37	3 230	152.88	2 114	40
黑龙江	4 649	60.43	2 531	21	5 405	75.58	2 883	17	6 313	94.01	3 345	11
上　海	7 836	253.74	3 078	101	8 730	316.99	3 399	133	8 384	519.44	3 837	144
江　苏	30 381	1 097.09	17 153	513	31 382	1 440.48	21 460	738	34 800	1 688.79	26 197	894
浙　江	11 927	383.07	9 044	183	15 709	410.75	11 335	219	16 690	489.61	13 893	251
安　徽	5 243	138.53	2 696	91	5 896	250.29	3 290	97	6 220	156.59	3 720	90
福　建	3 150	122.74	2 768	103	3 380	137.63	3 276	114	3 493	133.33	3 772	123
江　西	**2 994**	**139.09**	**1 579**	**76**	**2 987**	**131.79**	**1 930**	**66**	**3 507**	**140.09**	**2 647**	**90**
山　东	13 755	393.07	8 941	275	16 840	507.34	11 333	264	16 315	588.87	12 529	261
河　南	8 548	255.64	5 281	195	9 096	1 054.38	6 811	193	8 987	240.99	6 698	207
湖　北	9 066	191.85	6 494	93	10 344	264.54	7 287	104	11 286	266.58	8 409	111

续表

省份（组织）	2017 年				2018 年				2019 年			
	在孵企业数/个	在孵企业总收入/亿元	累计毕业企业数/个	收入达5000万元及以上毕业企业数/个	在孵企业数/个	在孵企业总收入/亿元	累计毕业企业数/个	收入达5000万元及以上毕业企业数/个	在孵企业数/个	在孵企业总收入/亿元	累计毕业企业数/个	收入达5000万元及以上毕业企业数/个
湖　南	4 746	243.54	2 805	136	5 527	212.9	3 543	153	5 672	242.35	4 189	189
广　东	23 459	1 124.55	12 128	312	30 928	1 262.56	16 175	490	32 918	1 298.46	18 858	579
广　西	2 330	55.46	1 184	24	2 842	73.34	1 431	26	3 417	78.12	1 952	43
海　南	988	22.68	200	1	1 335	14.55	84	2	754	39.44	171	—
重　庆	2 081	60.34	1 984	17	2 585	51.62	2 340	14	2 733	52.85	2 756	21
四　川	6 970	194.26	4 011	118	7 590	279.84	4 659	136	8 190	339.36	5 464	152
贵　州	1 124	72	551	26	1 047	78.73	673	18	1 251	64.74	789	17
云　南	1 893	43.08	1 121	11	2 073	48.91	1 127	12	2 280	55.79	1 416	11
西　藏	20	1.28	57	6	13	0.62	60	6	17	1.27	60	4
陕　西	4 096	161.25	3 020	91	3 644	164.99	3 255	91	4 730	242.08	4 728	110
甘　肃	2 816	42.79	1 020	12	2 820	54.16	1 394	7	2 570	43.96	1 358	10
青　海	513	23.43	360	1	457	19.61	440	2	471	25.85	502	2
宁　夏	525	16.76	208	3	629	14.85	277	4	558	13.05	387	3
新　疆	1 394	28.55	579	32	1 640	32.94	675	16	1 690	43.17	811	24
新疆生产建设兵团	439	8.26	159	3	528	29.14	256	6	542	21.21	248	6

附表 10 江西省与我国其他省份和组织孵化器发展基本情况四

省份（组织）	2017 年				2018 年				2019 年			
	拥有有效知识产权数/件		拥有有效发明专利数/件		拥有有效知识产权数/件		拥有有效发明专利数/件		拥有有效知识产权数/件		拥有有效发明专利数/件	
	科技企业孵化器	众创空间	科技企业孵化器	众创空间	科技企业孵化器	众创空间	科技企业孵化器	众创空间	科技企业孵化器	众创空间	科技企业孵化器	众创空间
北 京	24 208	36 328	5 598	4 707	38 810	47 283	9 736	5 880	49 708	96 669	8 357	16 907
天 津	6 033	3 922	1 553	860	6 711	4 282	1 202	869	7 779	7 426	1 554	1 706
河 北	5 922	3 632	1 097	901	9 368	4 636	1 495	914	13 955	5 832	2 194	963
山 西	2 838	1 792	474	399	3 811	3 686	565	651	5 105	7 552	759	786
内蒙古	1 280	1 549	277	512	1 711	3 143	301	528	2 744	3 935	353	633
辽 宁	4 470	2 012	1 438	676	4 216	2 148	1 066	580	7 406	4 118	1 686	847
吉 林	4 046	831	817	223	5 282	1 877	846	315	5 941	1 889	785	294
黑龙江	3 294	1 615	690	216	4 407	1 321	1 078	235	4 365	1 625	908	288
上 海	13 861	3 716	2 599	785	21 946	8 454	3 614	1 306	26 103	13 980	4 097	2 442
江 苏	62 348	14 347	18 004	3 224	83 264	18 989	18 431	4 790	111 929	29 905	22 144	6 440
浙 江	19 916	7 478	3 896	2 231	27 333	26 700	5 472	3 373	34 565	19 285	6 666	4 457
安 徽	9 606	4 075	1 891	858	12 245	7 751	2 413	1 449	15 826	8 633	2 937	1 550
福 建	8 303	5 116	1 253	698	10 870	6 667	1 347	895	12 677	10 720	1 467	1 142
江 西	**3 201**	**6 314**	**581**	**443**	**4 025**	**3 612**	**536**	**564**	**7 798**	**8 193**	**2 116**	**714**
山 东	21 521	7 333	4 454	1 876	26 312	8 955	4 543	2 158	32 443	12 131	4 592	2 538
河 南	13 635	5 987	2 453	1 312	19 511	8 747	3 181	1 869	24 854	11 441	3 026	2 124
湖 北	10 246	10 790	1 709	5 117	16 848	12 249	2 485	2 880	18 646	15 955	2 385	3 787

续表

省份（组织）	2017年				2018年				2019年			
	拥有有效知识产权数/件		拥有有效发明专利数/件		拥有有效知识产权数/件		拥有有效发明专利数/件		拥有有效知识产权数/件		拥有有效发明专利数/件	
	科技企业孵化器	众创空间	科技企业孵化器	众创空间	科技企业孵化器	众创空间	科技企业孵化器	众创空间	科技企业孵化器	众创空间	科技企业孵化器	众创空间
湖　南	6 803	2 303	2 688	636	12 444	6 686	2 982	2 070	17 252	7 608	3 825	2 053
广　东	53 045	15 028	11 008	3 115	85 283	18 644	15 454	3 940	104 325	34 536	18 419	5 796
广　西	2 548	735	880	318	4 184	782	1 229	272	5 209	1 446	909	385
海　南	1 058	155	228	40	1 102	1 261	137	152	961	1 598	124	197
重　庆	3 129	5 865	849	1 504	6 180	6 854	696	1 328	5 597	8 785	882	1 510
四　川	9 485	2 356	1 649	536	13 517	5 444	2 544	1 869	16 538	4 981	2 711	1 062
贵　州	2 001	1 147	468	328	2 515	945	392	125	3 047	1 667	446	211
云　南	1 963	1 802	247	322	3 695	3 573	343	412	4 038	2 987	337	458
西　藏	90	0	7	0	235	0	41	0	131	0	21	0
陕　西	7926	3 369	1 812	956	8 946	7 324	1 984	1 258	18 815	13 680	3 521	1 632
甘　肃	1 287	1 519	373	426	1 857	3 712	534	667	1 913	4 335	465	837
青　海	385	29	151	21	548	417	273	147	542	463	199	91
宁　夏	832	115	122	19	1 072	554	55	117	953	194	78	11
新　疆	1 857	776	229	119	2 562	608	256	88	1 708	815	201	94
新疆生产建设兵团	206	250	102	71	160	279	45	58	146	250	20	109

附表 11　江西省与我国其他省份和组织孵化器发展基本情况五

单位：人

省份（组织）	2017 年				2018 年				2019 年			
	在孵企业吸纳就业数量		应届大学毕业生创业就业数量		在孵企业吸纳就业数量		应届大学毕业生创业就业数量		在孵企业吸纳就业数量		应届大学毕业生创业就业数量	
	科技企业孵化器	众创空间	科技企业孵化器	众创空间	科技企业孵化器	众创空间	科技企业孵化器	众创空间	科技企业孵化器	众创空间	科技企业孵化器	众创空间
北　京	116 544	108 059	7 322	46 515	148 238	137 294	8 356	19 135	160 156	163 784	9 805	25 743
天　津	62 177	19 042	7 590	5 330	59 004	29 360	7 222	5 060	58 383	35 390	5 576	4 786
河　北	77 655	38 856	11 514	12 653	96 166	49 202	10 655	7 983	103 120	55 092	8 752	8 421
山　西	31 456	28 469	3 856	9 398	36 958	46 692	4 596	8 412	37 716	66 183	4 093	11 398
内蒙古	21 737	220 479	2 749	9 800	23 057	38 602	1 690	4 953	25 478	33 661	2 189	5 327
辽　宁	66 266	48 988	5 257	10 809	58 932	44 219	4 044	8 610	55 632	98 154	3 406	9 691
吉　林	59 519	10 517	6 676	3 417	61 904	15 980	5 662	2 922	58 504	13 028	3 885	1 902
黑龙江	41 757	3 210	4 351	1 041	49 587	5 137	5 041	1 109	57 543	8 343	4 109	1 716
上　海	91 650	38 225	7 068	8 770	94 733	49 450	6 503	5 966	84 943	49 370	5 719	4 764
江　苏	407 418	69 063	33 765	22 452	472 057	87 510	40 786	14 740	514 853	106 820	43 236	16 811
浙　江	150 821	68 813	17 354	19 327	189 502	109 374	19 211	19 828	187 378	112 285	17 587	19 878
安　徽	68 298	20 153	6 591	5 622	79 969	39 557	6 792	7 704	78 328	39 074	5 441	7 519
福　建	49 004	28 547	5 532	7 476	49 486	37 301	4 866	6 718	47 594	44 908	4 898	7 337
江　西	**47 251**	**16 512**	**7 097**	**6 087**	**50 022**	**38 268**	**7 593**	**13 087**	**60 800**	**76 073**	**8 696**	**21 133**
山　东	190 268	56 896	26 177	16 953	235 216	85 687	26 941	15 561	197 023	82 257	21 537	16 278
河　南	170 838	42 686	19 157	15 214	166 844	54 919	19 554	12 514	158 926	62 031	20 404	12 494
湖　北	123 324	62 561	14 811	12 581	136 125	64 732	17 485	11 490	144 616	73 224	16 126	12 021

续表

省份（组织）	2017年				2018年				2019年			
	在孵企业吸纳就业数量		应届大学毕业生创业就业数量		在孵企业吸纳就业数量		应届大学毕业生创业就业数量		在孵企业吸纳就业数量		应届大学毕业生创业就业数量	
	科技企业孵化器	众创空间	科技企业孵化器	众创空间	科技企业孵化器	众创空间	科技企业孵化器	众创空间	科技企业孵化器	众创空间	科技企业孵化器	众创空间
湖　南	109 937	43 403	9 809	8 993	113 833	51 253	9 560	11 019	112 448	48 715	9 182	9 760
广　东	315 233	68 690	36 002	19 465	408 950	96 928	38 297	20 254	408 048	128 145	34 695	22 750
广　西	34 394	4 246	3 326	1 539	32 765	9 218	2 712	1 596	36 796	12 939	2 872	2 275
海　南	10 248	922	783	194	8 646	6 223	414	986	7 261	5 666	476	700
重　庆	29 143	44 493	3 700	14 125	33 487	44 603	3 875	7 784	36 000	49 096	3 499	7 794
四　川	94 183	29 104	9 903	10 215	100 874	38 333	8 414	6 147	111 337	42 459	8 919	5 541
贵　州	25 709	12 385	2 160	3 838	28 198	13 260	1 994	1 784	22 950	12 908	2 328	2 035
云　南	22 382	17 454	2 236	3 675	22 958	26 578	2 744	4 716	25 313	26 978	2 316	4 916
西　藏	520	0	32	0	3 823	0	713	0	966	0	117	0
陕　西	78 697	29 412	7 992	10 332	73 304	44 939	6 953	7 831	90 395	55 958	7 631	9 582
甘　肃	32 758	15 580	6 361	4 412	34 407	24 549	4 811	4 692	30 023	27 632	4 262	4 256
青　海	9 221	94	697	56	6 969	12 576	492	901	6 575	8 187	329	715
宁　夏	5 672	1 557	743	529	6 329	4 595	443	702	4 955	1 053	253	160
新　疆	14 101	5 714	1 658	1 793	15 506	8 487	1 992	1 034	17 884	12 017	1 940	2 272
新疆生产建设兵团	6 618	3 551	471	689	6 822	2 661	291	440	7 328	2 099	392	272

附表 12　江西省与我国其他省份和组织孵化器发展基本情况六

省份（组织）	2017 年		2018 年		2019 年	
	获得投融资的企业数/个	获得投融资额/亿元	获得投融资的企业数/个	获得投融资额/亿元	获得投融资的企业数/个	获得投融资额/亿元
北　京	2396	293.72	1799	477.66	1763	584.20
天　津	584	11.73	502	7.28	355	9.70
河　北	875	13.74	949	9.39	707	5.50
山　西	342	3.55	488	3.70	527	3.50
内蒙古	320	3.72	285	5.57	166	2.00
辽　宁	573	8.13	536	8.74	536	19.60
吉　林	371	6.36	373	5.73	319	2.70
黑龙江	173	5.74	100	5.13	95	2.10
上　海	1483	203.17	1465	179.35	1295	194.80
江　苏	2891	118.76	3525	126.29	4073	133.50
浙　江	2374	82.57	3359	88.86	2727	80.00
安　徽	1050	21.66	1037	12.09	1013	15.60
福　建	975	26.14	936	27.32	870	23.10
江　西	**856**	**15.12**	**666**	**7.58**	**1229**	**14.60**
山　东	1854	28.35	1796	23.89	1606	20.60
河　南	1553	16.85	1725	19.87	1710	14.00
湖　北	840	26.57	1311	52.64	1085	27.30
湖　南	831	15.08	1040	27.40	1030	24.90
广　东	3103	160.82	3658	225.59	3919	151.90
广　西	218	2.07	202	6.07	486	3.00
海　南	133	4.12	72	0.97	46	0.40
重　庆	917	11.06	1075	15.37	614	6.50
四　川	562	27.75	685	23.34	696	26.90
贵　州	168	2.84	199	2.38	241	1.70
云　南	183	2.06	272	2.47	218	2.30
西　藏	0	0	3	0.07	1	0.02
陕　西	1128	28.52	1042	42.88	1056	40.70
甘　肃	908	12.45	635	6.43	653	3.50
青　海	19	0.19	120	1.12	112	2.29
宁　夏	41	1.16	115	1.58	19	0.08
新　疆	175	1.45	134	1.52	115	1.30
新疆生产建设兵团	82	1.76	98	1.03	70	0.50

附表 13　江西省与我国其他省份和组织孵化器发展基本情况七　单位：万平方米

省份（组织）	2017 年			2018 年			2019 年		
	孵化器面积	科技企业孵化器面积	众创空间面积	孵化器面积	科技企业孵化器面积	众创空间面积	孵化器面积	科技企业孵化器面积	众创空间面积
北　京	462	250	212	515	313	202	610	330	280
天　津	187	137	50	184	137	47	190	130	60
河　北	487	370	117	684	530	154	650	500	150
山　西	175	105	70	223	123	100	230	120	110
内蒙古	200	106	94	311	159	152	270	160	110
辽　宁	328	205	123	294	178	116	290	170	120
吉　林	297	246	51	350	288	62	300	250	50
黑龙江	262	251	11	265	258	7	280	270	10
上　海	281	234	47	286	238	48	280	230	50
江　苏	2525	2314	211	2744	2487	257	2800	2510	290
浙　江	914	752	162	1229	942	287	1220	900	320
安　徽	390	335	55	500	384	116	520	400	120
福　建	311	228	83	426	343	83	450	340	110
江　西	**242**	**160**	**82**	**290**	**162**	**128**	**360**	**200**	**160**
山　东	1362	1121	241	1835	1462	373	1670	1340	330
河　南	668	604	64	591	504	87	490	400	90
湖　北	594	539	55	573	463	110	590	460	130
湖　南	335	286	49	388	322	66	380	310	70
广　东	1901	1730	171	2137	1949	188	2120	1870	250
广　西	222	195	27	241	205	36	240	200	40
海　南	19	16	3	16	10	6	30	20	10
重　庆	165	80	85	184	91	93	210	120	90
四　川	436	369	67	424	344	80	420	340	80
贵　州	387	356	31	406	372	34	380	350	30
云　南	155	78	77	302	67	235	300	80	220
西　藏	0.2	0.2	0	0.2	0.2	0	0.2	0.2	0
陕　西	366	278	88	384	249	135	480	330	150
甘　肃	375	310	65	396	307	89	390	300	90
青　海	128	127	1	135	119	16	140	120	20
宁　夏	59	50	9	70	50	20	43	41	2
新　疆	94	80	14	95	81	14	110	90	20
新疆生产建设兵团	57	48	9	513	485	28	60	50	10

附表 14　江西省与我国其他省份和组织孵化器发展基本情况八

省份（组织）	2017 年				2018 年				2019 年			
	管理服务人员数量/人	创业导师数量/人	举办创新创业活动数量/场	开展创业教育培训数量/场	管理服务人员数量/人	创业导师数量/人	举办创新创业活动数量/场	开展创业教育培训数量/场	管理服务人员数量/人	创业导师数量/人	举办创新创业活动数量/场	开展创业教育培训数量/场
北　京	7 255	9 952	8 699	8 406	7 545	11 507	10 868	7 782	8 091	13 518	13 131	—
天　津	3 171	6 724	5 409	5 380	2 948	7 410	5 208	4 268	3 043	8 273	6 293	—
河　北	6 603	8 249	6 236	9 031	9 521	11 305	11 002	11 464	9 258	12 304	12 716	—
山　西	3 690	4 096	5 404	4 723	10 385	4 855	6 623	5 698	5 561	6 016	10 215	—
内蒙古	4 048	3 866	3 735	3 066	6 869	4 937	3 769	3 257	3 859	4 529	3 334	—
辽　宁	4 420	5 332	4 870	6 057	4 111	6 127	5 889	4 629	3 761	7 096	6 440	—
吉　林	3 886	3 443	2 624	5 769	3 931	3 751	3 547	3 324	3 232	3 435	3 580	—
黑龙江	2 838	1 766	1 243	2 964	2 621	2 403	3 033	2 980	2 759	2 831	3 418	—
上　海	5 848	4 701	6 357	10 721	4 196	5 347	10 868	7 811	4 160	5 858	11 618	—
江　苏	17 294	14 230	12 643	16 543	18 219	17 419	18 660	15 776	20 146	20 174	23 609	—
浙　江	8 300	11 880	11 528	20 126	14 185	17 302	15 566	12 524	11 658	18 076	17 738	—
安　徽	3 495	3 373	3 605	4 725	5 015	5 174	6 689	5 278	4 800	5 479	6 970	—
福　建	5 301	6 825	5 314	6 410	6 015	7 719	6 349	5 194	5 490	9 325	7 290	—
江　西	**12 462**	**4 464**	**4 598**	**5 075**	**12 249**	**4 765**	**5 390**	**17 250**	**4 474**	**6 688**	**8 039**	—
山　东	10 962	12 425	12 203	20 107	23 722	16 001	17 805	16 271	12 464	17 277	18 214	—
河　南	5 127	5 646	5 462	8 988	6 218	7 494	7 374	7 044	5 698	7 737	8 685	—
湖　北	4 611	5 917	4 913	7 871	8 011	9 579	10 945	8 093	6 381	9 768	12 795	—

续表

省份（组织）	2017年				2018年				2019年			
	管理服务人员数量/人	创业导师数量/人	举办创新创业活动数量/场	开展创业教育培训数量/场	管理服务人员数量/人	创业导师数量/人	举办创新创业活动数量/场	开展创业教育培训数量/场	管理服务人员数量/人	创业导师数量/人	举办创新创业活动数量/场	开展创业教育培训数量/场
湖南	4 836	4 464	4 145	4 904	8 799	5 453	6 085	4 997	3 799	6 284	6 281	—
广东	23 288	16 851	15 280	24 388	27 969	18 608	24 152	21 623	19 701	22 016	29 820	—
广西	1 743	1 989	1 344	2 205	2 858	3 312	2 490	2 309	2 951	3 797	3 741	—
海南	288	324	283	793	594	690	889	634	452	688	1 290	—
重庆	3 757	6 431	5 055	5 052	10 839	7 014	5 481	4 823	3 461	6 023	6 236	—
四川	3 629	6 227	4 900	6 813	3 947	7 244	8 025	6 622	4 294	9 202	8 827	—
贵州	2 555	1 337	1 413	1 827	3 134	1 464	1 527	1 587	2 383	1 855	1 771	—
云南	3 638	3 054	2 501	4 786	7 966	4 501	2 880	2 671	2 525	4 553	3 092	—
西藏	8	24	0	5	380	654	242	235	21	52	53	—
陕西	4 379	6 522	6 339	5 875	4 356	8 401	8 247	6 699	5 819	9 550	10 965	—
甘肃	6 166	3 457	3 479	4 870	6 647	4 282	4 102	3 928	5 374	4 404	4 821	—
青海	341	641	46	351	1 323	1 646	691	864	792	1 712	811	—
宁夏	582	511	248	501	1 258	752	659	483	294	318	315	—
新疆	1 597	1 303	1 098	1 309	1 731	1 487	1 570	1 250	1 223	1 813	1 555	—
新疆生产建设兵团	1 818	473	519	633	798	546	738	1 091	507	414	823	—

附表 15　江西省与我国其他省份和组织孵化器发展基本情况九　单位：亿元

省份（组织）	2017 年			2018 年			2019 年		
	总收入	运营成本	利润	总收入	运营成本	利润	总收入	运营成本	利润
北　京	52.35	46.55	5.80	67.52	61.81	5.71	92.20	86.90	5.30
天　津	5.86	5.39	0.47	5.94	6.00	−0.06	6.80	6.80	0
河　北	8.42	10.58	−2.16	16.20	12.52	3.68	17.30	12.30	5.00
山　西	6.93	6.57	0.36	7.86	8.25	−0.39	12.00	9.90	2.10
内蒙古	4.19	5.37	−1.18	6.59	6.84	−0.25	6.30	5.00	1.30
辽　宁	10.37	7.44	2.93	7.62	7.02	0.60	9.00	7.00	2.00
吉　林	11.53	7.70	3.83	9.19	7.98	1.21	7.30	6.90	0.40
黑龙江	3.64	5.04	−1.40	3.95	4.41	−0.46	4.80	5.30	−0.50
上　海	24.43	23.20	1.23	27.38	27.95	−0.57	28.90	29.00	−0.10
江　苏	109.41	69.38	40.03	88.45	68.00	20.45	93.30	78.00	15.30
浙　江	26.04	23.15	2.89	41.30	38.40	2.90	45.90	43.40	2.50
安　徽	6.50	5.44	1.06	17.55	14.98	2.57	8.80	8.30	0.50
福　建	10.99	11.73	−0.74	13.37	13.72	−0.35	15.30	14.90	0.40
江　西	**17.33**	**10.12**	**7.21**	**17.83**	**8.40**	**9.43**	**14.80**	**10.30**	**4.50**
山　东	24.24	22.14	2.10	31.64	29.78	1.86	28.00	28.60	−0.60
河　南	10.35	11.29	−0.94	11.72	11.25	0.47	12.70	11.30	1.40
湖　北	17.56	12.54	5.02	35.86	45.38	−9.52	21.20	19.90	1.30
湖　南	9.63	8.71	0.92	11.37	11.03	0.34	11.60	11.30	0.30
广　东	91.53	71.55	19.98	131.24	94.36	36.88	129.10	113.50	15.60
广　西	2.50	2.50	0	3.13	3.35	−0.22	5.10	4.50	0.60
海　南	0.52	0.40	0.12	61.30	82.80	−21.50	102.60	153.40	−50.80
重　庆	7.76	6.71	1.05	7.01	6.98	0.03	7.30	7.20	0.10
四　川	12.34	13.65	−1.31	16.96	15.26	1.70	18.00	15.30	2.70
贵　州	14.44	2.25	12.19	13.55	2.90	10.65	10.60	3.00	7.60
云　南	3.02	3.82	−0.80	4.01	4.32	−0.31	4.00	3.80	0.20
西　藏	0	0.08	−0.08	0	0.03	−0.03	0	0.10	−0.10
陕　西	13.12	10.58	2.54	16.55	12.18	4.37	26.10	28.10	−2.00
甘　肃	10.30	10.72	−0.42	9.45	8.28	1.17	8.10	7.30	0.80
青　海	1.63	1.08	0.55	2.51	2.04	0.47	2.70	2.10	0.60
宁　夏	1.34	1.03	0.31	1.32	1.59	−0.27	0.56	0.69	−0.13
新　疆	2.85	2.46	0.39	2.63	2.53	0.10	3.34	3.00	0.34
新疆生产建设兵团	2.40	0.94	1.46	3.10	1.95	1.15	1.95	0.98	0.97

三、江西省部分孵化器情况简介

（一）南昌大学科技园

1. 南昌大学科技园的基本概况

南昌大学科技园是以南昌大学为依托创办的，2001 年经江西省科技厅、教育厅批准成立，位于南昌国家高新技术产业开发区。2004 年，南昌大学科技园被科技部、教育部联合认定为国家大学科技园；2007 年，被科技部认定为国家级科技企业孵化器；2009 年，被科技部、教育部联合认定为高校学生科技创业实习基地。2012 年，工信部同意授予南昌大学科技园发展有限公司为“国家中小企业公共服务示范平台”称号，平台类别为创业服务，服务范围完全覆盖园内中小企业、有效辐射南昌国家高新技术产业开发区内中小企业。2015 年，南昌大学科技园被江西省工业和信息化委员会新认定为江西省级小微企业创业园；2016 年，被科技部备案为国家备案众创空间；2017 年，被工信部确定为国家小型微型企业创业创新示范基地；2017 年，被科技部火炬中心确定为创业孵化从业人员培训机构。

自成立以来，南昌大学科技园以科技创新资源共享为核心，按照“整合、共享、完善、提高”的要求，统一规划、分步实施，初步建成具有科技资源系统全面、服务系统功能完备、保障措施规范标准的一站式中小企业科技创新创业孵化生态系统，辅以“互联网+”资源整合公共服务平台，全面服务园区企业，扎实推进园区建设。自建设以来，南昌大学科技园整合学校研发资源，改造和建设了机电工程、信息工程、稀土工程、发光材料、生物制药、食品工程、化学工程 7 个专业技术服务平台；整合政府和社会资源建设了南昌高新区半导体发生材料及器件产业集群技术研发、江西机械制度 CAD/CAE/CAM 工业设计、江西省动漫产业 3 个专业技术服务平台。

截至 2018 年，南昌大学科技园内有企业、研发和服务机构 220 多个，其中在孵企业 109 个、累计毕业企业 238 个；累计转化科技成果 1500 余项，进行技术改造和技术开发 280 余项，培训各类人才 6.2 万余人，促成大学生自主创业 900 多人，提供就业岗位 4.5 万余个。南昌大学科技园已成为江西省重要的高新技术企业孵化基地，科技成果转化基地，创新创业人才聚集和培养基地，产、学、研结合示范基地和高新技术发展的辐射基地。

2. 南昌大学科技园的创业孵化举措典型案例

2016 年 6 月，南昌大学科技园“星火众创空间”举办中国资本资讯私享会——江西资本对接沙龙活动。本次活动以“项目路演、股权机制、众筹融资”为主题，来自江西全省各地的数十个企业董事长、总经理及 20 多个风投机构负责人，部分科技园创业导师，在校大学生等 100 多人参加活动。知名导师陈学兵在现场授课，和与会者分享了资本运作、股权和众筹融资的经验体会和市场信息。通过多个项目的路演、信息沟通、座谈交流等推介方式，促成了资本与项目的现场意向对接，有效提升了初创者的创新创业能力，拓宽了科研成果的转化渠道。

（二）江西师范大学科技园

1. 江西师范大学科技园的基本概况

江西师范大学科技园创建于 2005 年 11 月，是江西省依托高校建设的第二个大学科技园。2013 年以来，江西师范大学科技园先后被认定为国家级“国家大学科技园”“高校学生科技创业实习基地”“全国高校实践育人创新创业基地”“国家技术转移示范机构”；2017 年以来先后获批“文化创意产业科技服务平台”“国家级众创空间”及“江西省小型微型企业创业创新示范基地”“江西省文化创意产业窗口服务平台”“江西省科技企业孵化器”“江西省服务外包产业示范园”“省级生产力促进中心”“江西省大学生创新创业示范基地”“江西省数字文化创意产业服务平台”等。

自 2005 年创办以来，江西师范大学科技园紧紧依托学校学科、科研、人才优势，以市场为导向，积极创建创新创业教育实践平台、科技成果转移转化平台、“中小微初”企业孵化平台，大力推动技术创新和制度创新，推动产学研用结合、培养创新创业人才、促进师生创业就业，加速技术转移、科技成果转化与高新技术企业孵化。同时，江西师范大学科技园在教育科技、文化创意、空间信息地理等创新创业领域，通过加大资金投入，建设了功能较为全面的公共基础服务设施，形成了一整套集资源、信息、孵化、服务为一体的园区服务体系。

2015 年，江西师范大学科技园倾力打造了总建筑面积 6400 平方米的瑶湖众创空间，并于 2019 年对众创空间进行了升级改造，现总面积达 1 万平方米。众创空间是集导师、培训、路演、大赛、沙龙、资源对接为一体的大学科技园众创空间，打造了众创咖啡屋，搭建了众创创业、众创孵化、众创众筹、众创基金等公共技术服务支撑平台，建立了较完善的创新创业公共服务体系，为创新创业团队提供全方位的服务支持。

自创立以来，瑶湖众创空间先后荣获江西省科技厅颁发的“江西众创”和南昌市科技局颁发的“洪城众创”称号；2016 年获批教育部“全国高校实践育人创新创业基地”称号，是江西省唯一获此荣誉的高校科技园；2017 年荣获“国家级众创空间”称号；2017 年 10 月至今，入驻团队及公司 60 余个，成功孵化团队及项目 10 余项；平台目前拥有专职运营人员 13 人，专职导师 60 人，兼职导师 41 人，高校、企业合作单位及机构 11 个。

瑶湖众创空间创新创业团队参加创新创业大赛取得多项荣誉，先后荣获“创青春”全国大学生创业大赛金奖多项，全国互联网+大赛奖项多个。近三年，接待兄弟院校 100 余批次前来调研学习，《江西日报》、江西卫视等媒体先后对基地创新创业教育相关工作予以报道。众创空间的建设对进一步完善创新创业生态系统、激发大众创新创业活力，特别是培育以大学生为代表的各类青年创新人才和创新团队具有重要意义。

2. 江西师范大学科技园的创业孵化举措典型案例

案 例 1

为更好地做好科技成果转化工作，科技园借助学校提供的政策与专项经费支持，引进了专业化管理机构和团队（南昌阿甘网络科技有限公司），对科技成果转移转化进行专业化运营和市场化推进，通过第三方专业机构的主动性，打通了高校与企业之间的链接，积极促成科技成果有效地转移转化。通过该机构提供服务，科技园近三年累计转化科技成果 64 项。

案　例　2

科技园于 2013 年注册成立了江西师大生产力促进中心有限公司，旨在促进企业与高校信息交流，使科技成果产出和市场需求紧密衔接。该平台的建立，极大地促进了高校科技成果转化方式的推广，实现资源整合和优势互补，为经验与技术的沟通交流提供渠道。近几年，学校教师利用生产力促进中心有限公司与企业签订技术转移合同 46 项，促成技术转移金额 678.83 万元。

（三）南昌工程学院大学科技园

1. 南昌工程学院大学科技园的基本概况

南昌工程学院大学科技园依托南昌工程学院创办，先后被认定为“国家大学科技园”“国家众创空间”“国家小型微型企业创业创新示范基地”“国家级科技企业孵化器”“全省高校大学生创新创业实习基地”“江西省大学生创业孵化基地”“南昌市中小微企业公共服务示范平台”。

南昌工程学院大学科技园充分利用学校的学科优势、创新平台、专业队伍、科技成果、图书情报等资源优势，以建设生态水利和工程特色的科技园为目标，立足服务学校发展、服务水利行业、服务地方经济，通过制度创新、技术创新、管理创新，在推动科技成果转化、开展创业实践、孵化科技企业和培育双创人才等方面成绩显著；已建成配套设施完善、服务体系齐全、科技支撑有力、产业集群优势明显、生态环境优良的，以孵化器为主体，研发、苗圃、孵化、加速和培训于一体的现代大学科技园，成为区域科技成果转化、高科技企业孵化、创新创业人才培育、产学研合作的基地。

南昌工程学院大学科技园由专业化队伍负责运营和管理，搭建了政策引导、技术支撑、网络信息、投资融资、中介服务、人才培训、行政事务、商务服务等八大服务平台，组建了创新创业导师队伍，为入园团队和企业提供创业创新全过程、全方位的服务，形成了孵化体系链式化、高校资源园区化、创业服务平台化、服务效应极大化四大服务特色。2020 年 12 月，科技园建筑面积 2.3 万平方米，设有种子资金 600 万元，在园企业和团队近 120 个，拥有 5 个“国家高新技术企业”。

2. 南昌工程学院大学科技园的创业孵化举措典型案例

案例 1

南昌工程学院2011届校友卢茂华团队于2012年向科技园提供入驻孵化的商业计划书，并参加入园路演与答辩。经过专家评审层层筛选，同意其入驻大学生创新创业园苗圃区进行孵化。经过一年的培育和实战，卢茂华创业团队注册成立南昌云端网络科技有限公司，转移入驻科技园主园区继续孵化。公司从开始做企业网页设计起步发展到网站建设、软件开发，再到电子商务平台建设、电子政务平台建设、网络整合营销、APP应用与开发及“互联网+”教育领域。入驻期间，科技园按照管理制度给予房租场地优惠，并投入种子资金加以扶持，免费提供专业的管理、市场运营等方面的咨询服务，扶持公司的发展。2014年，在园区融资平台的帮助下，公司获得社会风险投资300万元，打破了发展遇到的资金瓶颈。2019年底，公司业务范围不仅涉及教育，还涉及政府、企业、文化等多个领域，现服务的企业事业单位有1138个，包括江西省委党校、江西中医药大学、甘肃中医药大学、南昌工程学院、江西省统计局、江西省洪城监狱、江西省烟草公司、南昌市邮政局、德安县县政府、泰豪集团、汉辰集团、浦创集团、恒大高新等。

案例 2

2016年6月30日，南昌工程学院大学科技园入驻企业江西润赣文旅智业与幽兰镇人民政府达成三年战略合作伙伴关系。江西润赣文旅智业机构从顶层设计、组织保障，项目申报、配套建设，形象塑造、特色传播，活动造势、人气提升，媒介整合、声音传递五个方面整体规划了幽兰镇旅游兴镇的蓝图；策划推出了“十二大亮点”工程，即一本旅游策划书、一个镇徽、一句形象语、一部风光片、一套导览图、一本形象画册、一套地方特色文化体系、一个旅游服务中心、一系列旅游品牌创建、一系列文创产品、一系列旅游人才培训、一系列主题节事活动。

2017 年度，幽兰镇连获省级生态乡镇、省级水利风景区、省级旅游风情小镇和省级特色小镇四项殊荣。在科技园孵化服务的大力支持下，江西润赣文旅智业机构致力于打造成为集乡村旅游策划、规划设计、管理咨询及品牌、活动、培训、发布的“一站式服务”专业智力机构。

（四）江西省科学院科技园

1. 江西省科学院科技园的基本概况

江西省科学院科技园是江西省唯一一个由省级科研院所创办的、专门从事科技创新创业、成果转化、高新技术企业孵化、创新创业人才培育的国家级科技企业孵化器。科技园以江西省科学院为依托，充分发挥江西省科学院的成果、技术、人才、实验设施等优势，为入园企业提供创业孵化、技术创新、科技成果转化、实验仪器共享、产业战略咨询等优质服务；自创建以来，先后被认定为国家级科技企业孵化器、国家小型微型企业创业创新示范基地、国家众创空间。

江西省科学院科技园秉承“科技创新、孵化创业”的服务理念，围绕科技服务、成果落地转化两大方面，建立了全面响应、主动跟进、突出科技创新的创业孵化服务体系。目前，科技园建立了 600 平方米技术创新（转移）服务平台和小企业公共服务大厅，形成了“一园两区”的园区架构，建筑面积 22000 平方米，孵化企业达到 90 余个，涉及生物、化工、信息、软件等多个领域，其中孵化省级重点实验室和省级工程技术中心 2 个、高新技术企业 7 个、新三板上市企业 1 个。

2. 江西省科学院科技园的创业孵化举措典型案例

案　例　1

中国科技创业人才投融资集训营是科学技术部人才中心联合全国有关省市科技管理部门共同搭建的国家高层次科技创业人才公益培养平台。集训营依托国家创新人才推进计划，旨在提升科技创业人才融资能力、解决企业融资问题、培养具有创新精神的企业家，推进“大众创业、万众创新”。

2016 年 4 月，中国科技创业人才投融资集训营（江西专场）由江西省科学院科技园成功承办，庞大的投资人队伍、全国各行业的 300 多个企业的首席执行官等参加此次活动，活动内容包含“融资与企业发展”主题培训、导师团个案融资路演辅导、优秀项目公开路演+投融资对接等三个板块。在活动的互动环节，国内知名专家就多个企业首席执行官提出的企业融资与新三板上市等问题进行了细致解答，为初创企业家提升融资能力与水平起到重要作用。

案　例　2

江西省科学院 VR 工程中心是江西省集 VR 研发、VR 展示、VR 孵化为一体的 VR 研究机构。中心依托于江西省科学院科技园，面向社会开放，为江西省内机关研究人员进行成果转化、工程化研发、技术试验提供良好环境；利用现有的技术、人才、平台等综合优势和基础条件，积极参与 VR 领域的开发与合作，为江西省经济社会建设服务。

2016 年 11 月，由中心自主研发的“虚拟现实自行车 VRBike”项目参加第十八届中国国际高新技术成果交易会。该项目使用当时最前沿的视觉交互技术，通过全景成像，形成立体全沉浸式的视觉映像，使观众仿佛置身幻境，吸引了许多市民观众现场体验、咨询。

（五）九江恒盛科技园

1. 九江恒盛科技园的基本概况

九江恒盛科技园由九江恒盛科技发展有限责任公司创建，于 2008 年投入运营，2012 年被认定为国家级科技企业孵化器，2014 年进入高度发展期，致力于为中小微企业搭建一个集聚发展的平台，以平台创新、模式创新来推进“大众创业、万众创新”。科技园围绕九江经济技术开发区“6+1”产业格局，以电子信息产业为主导，兼顾引进新材料、服务外包、节能环保等领域的高新技术型科技企业。

2. 创业孵化举措典型案例

案 例 1

九江恒盛科技园入园企业江西龙腾生物高科技有限公司是一个集研发、生产、营销、学术、售后为一体的专业医用耗材生产企业，主要从事Ⅱ类、Ⅲ类医疗耗材的生产和全国销售。企业入驻初期，科技园不仅在租金上给予特别优惠，而且积极为企业进行政策对接。2019 年，孵化器为企业申请科技载体专项补贴 70 万元，为企业发展提供了有效助力。同时，科技园运营团队深入企业走访调研，帮助企业梳理品牌优势，并与相关媒体对接，帮助企业拓展产品宣传渠道。在科技园孵化服务的支撑下，江西龙腾生物高科技有限公司先后通过了 ISO9001、ISO13485 质量体系认证，现拥有各项专利 40 余件，获得 10 个国家生物医疗器械批文；获得“国家高新技术企业”“中国质量过硬放心品牌”“江西省守合同重信用单位”“江西省潜在瞪羚企业”“江西省专精特新企业”“江西省科技型中小微企业”等多项荣誉。

案 例 2

在企业发展过程中，政策支持至关重要。但小微企业往往没有专门负责项目申报、政策对接的人员或部门，面对很多符合条件的政策只能望洋兴叹。基于此，九江恒盛科技园积极搭建商务政策对接服务平台，助力企业对接便利注册、产业政策、人才政策、税收政策和地方特别优惠政策等。具体举措包括：引进江西省首个也是唯一一个中小企业服务超市，为入园企业提供完善的配套服务，内设金融服务区、管理咨询服务区、综合服务区、科技节能区、创业大学培训区、品牌文化策划区六大功能服务区；引进九江市科技创业服务中心、九江市科学技术情报研究所、九江市生产力促进中心等定点对接入园企业相关问题。通过此平台，科技园已帮助企业申报了“特色载体专项补贴”“知识产权申报补贴”“留学人员创业就业补贴”“租金补贴”“九江市高校毕业生生活补助”“高校毕业生就业创业扶持”“‘双百双千’人才奖励”等多项奖励政策，减轻了企业创业压力；2019年，先后对接企业创业贷款服务50余个、对接企业政策奖励100余个。

（六）赣州市科技企业孵化器

1. 赣州市科技企业孵化器的基本概况

赣州市科技企业孵化器位于金岭大道与黄金大道交汇处金岭科技园内，由赣州创业服务中心有限公司运营，项目总建筑面积10.9万平方米，包括研发办公楼、标准厂房、视频会议室、创业咖啡屋、路演厅等配套设施，是一个面向创业企业集创业办公、研发、基础配套、公共服务平台于一体的创业服务园区。

目前，中心公司设有中科（赣州）科技创新智库暨科技创新研究院、赣州国家高层次人才产业园创业孵化区南区、江西赣州人力资源服务产业园、“科创吧”、企业协会、工商联、江西省青年创业园等平台（组织）；配备有研发办公楼、标准厂房、视频会议室、创业咖啡、路演厅、创业培训电教室、多功能厅等基础设施。经过多年的努力，孵化器先后荣获国家级小型微型企业创业创新示范基地、国家级科技企业孵化器、国家级众创空间等荣誉称号。

2. 赣州市科技企业孵化器的创业孵化创新举措

（1）补链延链，帮助企业加速转型升级。中心公司经过不断发展提升，在补链方面，逐步形成“众创空间–孵化器–科技企业加速器–科技产业园”科技创业孵化链条，补齐了孵化企业在科技企业加速器过后的环节；在延链方面，逐步探索“综合型孵化器孵化专业型孵化器”模式，帮助加速器企业争取工业用地，建设企业自己的科技产业园，完善企业上下游供应链建设，逐步成为行业龙头，鼓励龙头企业设立专业型孵化器，形成同行业产业集群。目前，赣州好朋友科技有限公司已完成科技园建设，逐步集聚上下游产业链条，下一步将鼓励企业申报专业型孵化器。

（2）因企制宜，构建精细化孵化体系。一方面，针对企业种子苗圃、创业团队、小微企业再到成熟企业发展的各阶段，中心公司为其提供精准帮扶。对入驻众创空间的种子苗圃、创业团队，主要为其提供创业辅导、工商税务申报、企业运营管理等初级服务；对小微企业，注重绩效管理、股权架构、核心技术、金融对接、人脉共享等方面的支持；对于成熟企业，为其对接科技企业加速器，收集企业上下游供应链信息，精准招商引资，同时，让企业享受更多的政策支持和投融资服务。另一方面，对入驻企业按行业进行分类，工业生产型企业主要对接上下游资源；鼓励工业生产型企业加大研发投入，结合“互联网+”模式，逐步转型为服务型数字经济企业，目前已有3个企业成功转型。

（3）建立企业挂点帮扶制度，定期评估企业情况。中心公司从种子苗圃、创业团队、小微企业到成熟企业，建立了导师挂点帮扶制度，为企业提供 24 小时“随叫随到”保姆式服务，当好服务企业的“店小二”；定期走访企业，及时掌握孵化企业的发展状况，为企业把脉，定期对在孵企业进行评级，为企业投融资服务做好基础工作。面对疫情影响，通过导师挂点帮扶服务园区入孵企业，通过微信群、公众号及时向企业转发上级有关通知精神、工作指引，沟通解决企业生产经营、招工用工等遇到的问题和困难。2020年，中心公司共服务企业600余次，解决企业实际困难130余件次，解决招工800余人，开展招聘活动及培训近30次。

（4）创新拓展融资渠道。聚焦企业融资难，中心公司积极协调对接省信用担保机构、信贷公司、银行等金融机构，大力推广“小微快贷”等纯信用类普惠金融产品，建立科技企业融资需求信息库，帮助孵化企业融资 800 多万元，协助推动赣州好朋友科技有限公司与江西百富源新材料创业投资基金签约股权投资 4800 万元；依托区本级 1500 万元创业种子基金，引进天使投资、创业投资、股权基金等投资机构，撬动社会资本，设立 2000 万科创壹号基金，专为双创平台内科技型企业解决融资难题，精准激发“双创”活力。

（5）营造良好的双创文化氛围。近年来，赣州市科技企业孵化器双创活动亮点不断，通过联合会牵头组织各类讲座、培训、活动 62 次，参加人员达 4500 余人次。例如，中心公司先后在江西理工大学、赣南师范大学举办了以“相约青春盛会绽放创业梦想”为主题的大学生创业分享会，激发了大学生创业激情；成功举办赣州经开区首届创新创业大赛，吸引来自全国各地 40 多个创新创业项目报名参赛，为想创业、敢创业、能创业的创客们提供了创梦舞台，也为产业转型升级、优秀项目落地、民营企业发展打造了快速通道，取得了较高的社会关注度和影响力。

（6）畅通成果转化渠道。近年来，赣州市科技企业孵化器牢固树立湾区思维，走访对接了中科院深圳先进技术研究院、中科院广州电子技术研究院、华南理工大学及中科院半导体所、电工所、自动化所等科研院所，梳理合作意向 7 个，可落地的科技成果 39 个；走访江西理工大学、赣南师范大学等驻市高校 8 次，对接可落地科研成果 27 个。同时，加快科技产业融合发展，开展企业大走访、上下游产业链对接等活动，充分利用中科（赣州）科技创新智库的资源优势，每月定期刊发《中科（赣州）科技创新智库动态》，向孵化及毕业企业提供前沿技术与科技成果转化项目，目前已累计印发 32 期。